社会数字治理信用化体系建设研究

周金泉　著

吉林大学出版社
·长春·

图书在版编目（CIP）数据

社会数字治理信用化体系建设研究 / 周金泉著．—长春：吉林大学出版社，2020.12
ISBN 978-7-5692-7986-3

Ⅰ．①社… Ⅱ．①周… Ⅲ．①社会治理—研究—中国 Ⅳ．①D63

中国版本图书馆 CIP 数据核字（2020）第 263218 号

书　　名：社会数字治理信用化体系建设研究
SHEHUI SHUZI ZHILI XINYONGHUA TIXI JIANSHE YANJIU

作　　者：周金泉　著
策划编辑：邵宇彤
责任编辑：王　洋
责任校对：马宁徽
装帧设计：优盛文化
出版发行：吉林大学出版社
社　　址：长春市人民大街4059号
邮政编码：130021
发行电话：0431-89580028/29/21
网　　址：http://www.jlup.com.cn
电子邮箱：jdcbs@jlu.edu.cn
印　　刷：定州启航印刷有限公司
成品尺寸：170mm×240mm　　16开
印　　张：16.25
字　　数：290千字
版　　次：2020年12月第1版
印　　次：2021年1月第1次
书　　号：ISBN 978-7-5692-7986-3
定　　价：89.00元

前　言

随着时代的变迁和互联网信息化计算机技术的不断发展，社会管理也在不断发展，社会管理的机器——科层制组织的管理模式，其顽固的信息不对称等弊端，越来越不适应现代社会管理的需求。新的社会治理理论备受期待，学者、政府机构、相关组织等不断为社会治理理论著书立说，出现了大量的著作、期刊文章等文献资料，社会治理的话题纷纷出现在网络媒体上，成为目前社会关注的热点。

随着我国经济社会的不断发展和参与国际化的社会分工，社会各类新型组织如雨后春笋不断涌现，社会管理相关的内容也在不断丰富。为此，对政府在社会管理方面提出了更多新的要求，急需通过创新制度和创新技术，来实现与经济社会高质量发展相适应的社会治理的各项目标，从而满足经济社会快速发展的需要。目前社会需要解决的问题，主要包括如何实现经济社会高质量的发展、如何激发社会创新活力、如何引导人们自觉参与社会公益，以及共同维护社会长期稳定等问题。完成上述社会管理的各项目标，需要社会主义制度来保障，对于不法行为要与之进行坚决的斗争。需要通过打造“人人有责、人人尽责”的社会治理共同体来实现。国家治理体系和治理能力现代化的具体要求，将为社会治理共同体的建立，提供了理论创新和技术创新的依据。社会信用体系建设的理论及其工具，为社会主义制度的有效执行进行精细化的规划，让社会主义制度优势转化为实实在在的各种社会价值，将有望成为社会治理的主要技术工具。

社会信用体系是社会主义市场经济体制和社会治理体制的重要组成部分，承载着由社会管理向社会治理转型等多项任务。社会治理是国家重大的战略调整，社会治理不仅重视社会发展的结果是否公平和富有效率，还要进行社会治理主体的绩效评估，来关注社会发展过程的合法性、透明性、责任性、回应性等原则。公平涉及机会平等、结果平等；绩效评估涉及经济、效率、效能、公平等指标衡量。社会治理与社会管理不同的是，社会管理以往是自上而下的单一管理模式为主，而社会治理是自下而上与自上而下相结合，通过上下互动的合作、协调、沟通的伙伴关系，依靠法治权威，来确立共治共识的共同目标，从而完成国家事先规划的各项战略任务。这有赖社会治理中各项制度的执行能力，所谓制度执行能力是通过制度执行来释放和转化为社会正能量的过程；制度执行力与组织和个体的诚信行为紧密相关，社会治理和社会自治是有组织的活动，各项诚信行为不仅涉及组织，还将涉及组织中的个人；而对于诚信行为的考核，可以从组织中的“责权利”关系分析入手，但是组织中的责任，通常不一定是独立责任，具有连带关系，公正地证明责任的分配，可以对“法不责众”现象进行深层次的剖析，需要将“责权利”关系的模糊现象转化为精确的数字，才能建立与现代数学科学的联系。它需要通过社会数字治理信用化的数字化过程，才有可能实现。社会数字治理信用化客观的数据资源，为社会学研究领域提供了更多的解决社会问题的路径，为各种数学模型的创新开发提供了广阔的应用前景。

社会治理与自治，包括社会各类型的职业组织治理和社区治理，但都属于组织治理和自治的范畴。组织内包括职业人和社会自然人，职业人与自然人是重叠的；每个人在社会中的角色不同，承担的相应责任也不同。可以将诚信账户分为职业人账户和自然人账户。责任和贡献在担任不同的角色下，记录到不同的账户中。每个人的诚信账户，将为社会提供除学历能力证明、职业资格能力证明后的第三种证明——社会诚信力证明书，这种证明包含贡献收益和失信成本等综合信息，是像学历证明里的成绩证明单一样的凭证。符合质量要求的社会诚信力证明书，应该能够体现一个人为社会提供了多少正负能量；但是目前社会上的学历能力证明书、职业资格能力证明书，可以看出这个人为社会提供了多少正能量吗？他为社会做出贡献了吗？如果能力证明书，不能够证明其向社会提供正向能量的价值转移，那么这个人，可能是一个“搭便车”的人。

建立创新社会需要法治社会来保障，社会诚信水平的提高，促进了社会群体之间的信任，信任社会有利于群体之间的创新合作。中国经济社会的快速发展，促进了社会城市化的进程。人们带着对美好的向往，纷纷走出自己的常住地涌入城市，五湖四海地汇聚到一起，但人们的价值观和生活习俗不一定是相同的，从而引起了各种矛盾和冲突。公平的社会主义制度为缓解各类矛盾提供了制度性的保障，但是制度能不能被管理者有效执行，考验着每一位社会治理者对国家制度的忠诚度。社会治理要确保人人有责，人人尽责。那么从“责权利”关系分析，责任与权力相连，那么人人都有权来维护个人的利益，维护组织利益、国家利益。一个人的责任就在于运用法治权威，也就是他的权力运行在法治轨道上，在此基础上与违法权力者进行斗争。其可以通过组织形式，进行检举、举报，为维护社会正义贡献力量。

社会治理人人有责、人人尽责。对于中国这样的一个人口大国而言，要完成这样的人人尽责目标和评判是非曲直，工作量巨大，需要制度创新和创新技术来承担这项重任。整个社会管理是一个由不同的科层制和非科层制组织叠加而成的，更大的科层制组织的格局。科层制组织内部的信息不对称，导致制度执行上可能存在消极面，这将对社会正义形成威胁，使组织内部有限理性和机会主义蔓延，如果不进行遏制，那么许多人将成为科层制组织下的受害者，阻碍社会发展的步伐。为解决这类问题，可以尝试用社会数字治理信用化的系列工具，它是将责任建立在真凭实据的基础上，运用创新技术形成责任共识，使责任和贡献得到量化和分配；将社会治理下的组织治理主体和社会自治进行单元分割，利用组织和管理中的指挥链，逐级建立治理体和自治体的独立分布式账户，进行点对点的治理，诚信信息记录通过电子信息传输和记账。以诚信信息提取、记录的公开性和透明性，来确保社会治理、自治行为过程的公正性；可以通过智能合约、共识机制、证明机制等实现社会治理的部分中心化和非中心化的结合。引入科层制组织外的横向组织参与到与组织治理相关的制度执行的监管中来，通过社会信用理论体系的相关奖惩机制，逐步建立起社会主义诚信价值观的文化根基。通过制度的诚信执行，来促进构建高度信任的社会，将有利于形成高度文明的社会主义法治国家，也有利于形成充满创新活力的社会主义创新型国家。社会主义治理的制度创新和技术创新，让社会群体之间和个体之间互助、协调、合作，促进经济社会共同繁荣，最终形成社会和谐的美好局面。

周金泉

2020 年 10 月

目 录

绪 论

构建我国涵盖经济交易信用体系和社会诚信体系在内的广义的社会信用体系，与欧美等发达国家狭义的仅限于经济领域信用系统有着很大的区别，在《2014—2020年中国社会信用体系建设规划纲要》中，我国的社会信用体系建设，包含政务诚信、商务诚信、社会诚信和司法公信四个方面。这与我国“国家治理现代化”的具体内容相吻合，是实现我国社会治理现代化的一个重要方面。

我国社会信用体系建设承载着稳定社会、维护社会公正、激发社会良性的竞争活力等多项任务，结合中国社会治理的实际情况，将社会治理和基层自治与社会信用体系理论相结合，来提高社会治理的质量水平；社会信用体系作为社会治理工具，与社会治理一样面临着制度的创新、技术创新等，来解决社会治理现代化的技术难题，从而将我国社会主义制度优势转化为社会治理的效能。为我国全面建成中国特色社会主义法治化国家，奠定坚实的基础。

社会创新治理活动的开展，进一步推动国家各项战略得到落实。如何在组织中调节好人与人之间的诚信关系，来调动组织成员创新的积极性；社会信用体系除了自我制度创新外，还要能够为社会治理制度创新和社会自治制度创新提供助力，来促进社会科技、文化、体制等各类有效制度的全面创新，让社会信用体系成为解放社会生产力的有力武器，并且有能力承载社会数字化精确治理的各项任务；社会治理信用化的过程，必须以法律、法规、标准和契约为依据，借助世界范围内的哲学社会科学、信息网络、数理统计等相关理论成果，依托社会信用风险度量创新技术，建立组织的责任中心，明确社会治理与被治理的职责，明察社会基层组织的社会治理与自治活动是否合法有效；这需要构建网络数字化社会诚信（信用）管理和评价平台，形成覆盖全社会的数字化治理与自治网络评价体系；通过治理对象对各治理与自治要素的确立，并以证据的形式对诚信（信用）行为进行采集与记录，规划编制具有证据特征的信用信息元数据，然后对采集与记录的信用信息元数据，运用信息技术进行分类归档；组织的每一个责任中心，事先要有协议（契约）的约定，涉及组织（群体）和个体之间的责任和义务，其实需要在组织中，将责任切割成若干个责任单元，责任信息来自各个单元，是附有证据特征的诚信（信用）信息，再经过规范化的采集和记录，用信用度量创新技术对模糊的信用信息进行数字量化，来确认诚信（信用）行为主体的客观状况。将量化后的信用信息记录进行精确的分配，行为主体诚信（信用）的行为结果，可以对各类型的社会组织、社会自然人的诚信（信用）主体行为实施精确奖罚；以增强社会各组织及成员和自然人诚实守信的履行能力；从而解决多种类型组织中管理低效率、低合作等问题；可以有效降低社会管理成本优化社会诚信（信用）环境，为国家社会经济的高质量发展保驾护航。

诚信（信用）作为一种社会资源，可以通过规范人们的诚信行为来获得，没有评价就谈不上什么治理（管理）；国家法律框架下的各种规则制度，执行的质量是好是坏更是无从谈及，为此社会信用体系理论下的各项诚信（信用）评价活动，对社会各类组织的信用交易活动和自然人诚信活动变得非常有意义。社会各项治理和自治活动的开展，社会治理各主体内在的社会经济活动、社会生活活动的行为，存在着各种诚信（信用）关系。对其中的各种诚信（信用）要素的分析，可以反映社会治理与自治的有效性、合规性、可持续性。不过，这是一项非常复杂系统工程，承担此项工作的任务既复杂又繁重；主要是社会基层治理涉及面广，对社会基层治理与社会基层自治的理论，需要结合社会实践并得到科学的检验。通过对社会数字治理信用化系列工具的不断优化，发掘其社会治理等理论价值，才能促进社会现代化治理能力得到不断发展。

社会治理理论，将会涉及各项社会科学的各项学科和社会科学以外的相关交叉学科；诸如制度经济学、信息计算机技术、模糊数学、组织与管理学、信息经济学与博弈论等，以及国家的相关政府政策文件等指导意见。构建和完善《2014—2020 年中国社会信用体系建设规划纲要》下的理论工具，被专家学者认为能够成为社会治理的理想工具。社会治理人人有责、人人尽责、人人享有社会治理共同体的提出，是国家智慧也是我们这个时代的呼唤，需要有一个相对应的应用场景。这个场景是一个多中心结合去中心化的有组织的、可控的应用场景。也就是说，社会治理和自治，以组织治理为主，但治理组织不仅仅局限于一个相对独立组织范围内的治理，而是多组织建立起来的多中心的协同治理。就要对组织治理的组织结构网络进行重构和剖析，按照组织设置各项管理的“责权利”关系进行规划，对组织治理的结构网络做精细的责任分割，利用组织现存的指挥链上的职权链，按组织等级切割成相对独立的责任体，厘清治理需要的若干个治理体和自治体，和与之相结合的共治结合体，从而可以设立多个控制责任中心，便于客观责任的分配。责任中心的设立，从组织最高管理部门一直延续到职业群体中最基层的岗位。

从治理与被治理、自治、管理与被管理的责任结果与贡献结果入手，对组织治理具有价值的信用信息元素进行标准化和规范化的采集，为了避免各项争议，降低组织内政治活动成本，需要运用信息化科学技术，通过建立互联网计算机网络治理平台，形成与治理相关共识机制。社会治理下的诚信（信用）信息的采集，需要附有证据特征，并能够对发生的信息记录来源形成可追溯。对所采集来的信用记录，按类别进行归档。通过计算机软件系统处理，获得组织或个人的责任、贡献相关的诚信（信息）数据，作为诚信（信用）评价重要资源。这个社会治理系统性的评价过程，前期需要做许多工作，事先将治理或自治实践中各种相关的治理（诚信、信用）信息要素，按作用、功能、重要程度等进行排序，建立治理（诚信、信用）信息元数据目录，治理相关的诚信（信用）信息采集依据目录，采集的信息是以已发生的客观存在事实为依据。

社会治理相关的治理和自治组织的各项活动，各主体行为是否诚信（信用），涉及责权利关系的责任边界的界定，在界定前，诚信（信用）责任边界划分的信息其概念通常是模糊的，用模糊数学方法，将诚信（信用）责任信息进行量化分解，使其模糊诚信（信用）责任关系相关的概念转为数字化、可以用于定量分析法。社会治理相关的诚信（信用）责任的界定，要为每一个治理、自治主体，建立独立的账户。

与治理相关的诚信（信用）信息元数据的获得，每个行业组织的着重点是不同，需要经过一定的流程筛选，以适合社会治理下各种类型组织治理各自的需要，来提高社会治理下组织治理的效率。要充分了解诚信（信用）信息具有知识的特点，结合社会科学相关的社会交易成本、组织管理等理论工具，引入一定的约束条件，才能从治理或自治活动中取得重要程度不一的、有价值的诚信（信用）信息；有效地度量社会诚信（信用）风险，科学地划分责任和责任的边界，才能在组织治理（管理）工作中化解诚信（信用）风险；数字化的信用度量模型，需要的是简单的、集成度高的，又是高效的诚信（信用）责任分解方法的技术，并且结合计算机网络化的智能协议（契约）技术和治理（管理）。创新诚信（信用）风险度量技术与方法，需要结合互联网计算机信息化的分布式账户等区块链技术，也算实施该项任务的一项重点（需要不断优化升级）。

社会数字治理信用化系列工具，通过科学合理的与治理活动相关的诚信（信用）信息采集，能够对揭示诚信（信用）主体之间的责任与贡献关系，从而引导社会治理走向精确治理，实现社会治理能力和社会治理现代化。在治理与被治理等责任的分配过程中，责任得到重新再认识，责任分配的过程也可以提升社会治理的认识过程；因为目前现实中大量的社会组织中的管理，对责任和贡献的部分分配，各级社会管理者、各级组织的管理者，很多还停留在凭情感和直觉来做出主观判断，然后利用职权随意摊派责任的阶段，很多本来应该承担责任的责任人，积极启动了非诚信的政治活动，从而在组织中洗脱自我责任，尤其在等级组织（科层组织）中，信息的不对称必然会形成部分的受害者，真正违法违规的责任人却逍遥法外，这部分受害者既得不到贡献的确认，又摊上了不该承担的责任，主要原因是对制度的执行没有一个整体性安排和有效监管，其形成的结果，让科层制（等级）组织中的受害者尤为无奈，最终使整个组织失去活力，并让组织蒙受各种损失。社会科学家在解决科层制（等级）组织的信息不对称问题上，经过了长期的争论、探讨与努力，其成效甚微；就目前而言，社会管理中出现层出不穷的信息不对称问题，能够在实际的管理活动中成功解决这类问题的效果并不令人满意；主要原因在于社会快速发展，社会分工不断精细化，精细化的制度创新没有跟进，真正能够了解和解决基层问题症结的基层技术人才往往被压制积极性，懂技术的技术人员的积极性没有被调动起来，以及各类交易活动的信息量太多，致使解决这类问题的工作量太大，使制度创新发展缓慢，造成了仍旧以陈旧的制度和控制监管模式，来应对日益快速发展社会分工精细化的组织，必然造成整个社会精细化社会治理能力不足和提高社会整体管理成本。

随着社会经济和科学技术的发展，尤其是微电子计算机技术的蓬勃发展，推动了网络信息化技术不断进步，以此为基础，通过信息化、网络化社会治理（管理）技术的创新，建立一个在法律框架下的以道德伦理为基础的诚信（信用）责任控制系统，以中国特色社会治理理论和社会信用体系建设理论为蓝本，通过社会数字治理信用化系列技术工具的介入，提高社会法律制度等规则执行能力，从而推动社会公平正义事业的进步，降低实行公平正义制度的成本；社会数字治理信用化的理论和技术，将从哲学社会科学中博采众长、兼收并蓄，将符合国家社会治理的观点准确提取，逐步提升社会数字治理信用化系统性理论和技术能力，为全社会服务。抓住“责任”这个中心议题，做好公正公平的责任分配，打破“法不责众”的怪圈，因为法理上其实不存在法不责众的情况。通过网络化的相关技术参与实现社会共识，为社会各类型组织和岗位个人、自然人等提供高质量的诚信（信用）评价评级报告。

随着我国的城市化进程的不断加快，社会人口出现了大迁徙；2019 年 12 月 16 日，第 24 期《求是》杂志发表习近平的重要文章《推动形成优势互补高质量发展的区域经济布局》。文章强调，尊重客观规律，发挥比较优势，增强中心城市和城市群等经济发展优势区域的经济和人口承载能力。我国是个农业大国，农业人口不断涌入城市，导致农村与城市人口的不断波动，对城乡治理提出了更多的挑战。原有的城市向更深层的陌生人城市发展，在此背景下，城市社会经济的发展，社会自然人经济活动和社会组织中的职业活动，更加需要社会各界来推动社会治理机制和社会信用体系建设，从而让社会职业群体、自然人之间的社会团结基础得到稳固。社会数字治理信用化的研究，希望解决社会管理相关的科层制（等级）组织治理世界性难题，找到阻碍人类社会发展和进步的原因，解决信息不对称所引起的制度无法触碰的角落。这个是由两部分原因引起的：一部分是制度执行者玩忽职守，有制度不执行，乐意看到制度破产，是责任问题。另一部分是相关的管理者，没有积极研究制度的问题和管理制度执行能力的科学评价，从而没有及时进行更为有价值的制度创新，仍旧使用落后的陈旧制度。以上两个部分是造成各种制度创新缺失等技术性原因。而制度能力和制度执行力的因素，通过社会数字治理信用化的研究，让社会治理下的制度能力得到体现和制度执行成本大幅降低，提高社会治理效率，有效地规范组织和自然人的诚信（信用）行为，来降低整个社会的管理成本。

近年来，由于国家提出“大众创业、万众创新”的号召，“创业”“创新”也成为社会高质量发展的新常态。这对社会治理提出了更高的要求，社会治理面临着治理精细化问题，高质量的创新活动需要组织内部网络化的协作，群体团结需要公平正义下的制度执行力的诚信治理，利益公平分配将从物质层面深入人的精神、心理层面。“大众创业、万众创新”的号召涉及社会诚信治理的方方面面，社会治理需要结合更多的理论和技术，提高制度执行能力，有效控制人们有限理性和机会主义的行为。

社会数字治理信用化需要满足社会高质量发展的各项诚信评价的要求，需要集聚更多的各类优秀的人才，尤其是具有业务能力的，同时具有共产主义信仰、道德信仰、制度信仰的人群的参与。必将为社会治理能力和社会治理现代化提供强劲动能。互联网下无数的组织治理平台，社会治理数据经过线上线下信用师的诚信管控，来不断提升数据质量，社会治理数据将成为社会治理大数据分析的重要来源，确保社会治理各项活动既充满活力，又能够在和谐的氛围中进行，充分体现社会公平正义。中国特色社会法治化下的现代化社会治理，为我国社会大团结、大合作提供了坚实的保障，对推动我国社会主义的社会改造具有里程碑式的意义。

第一章　社会数字治理信用化

《中共中央　国务院关于新时代加快完善社会主义市场经济体制的意见》（2020 年 5 月 11 日）明确提出：加快培育发展数据要素市场，建立数据资源清单管理机制，完善数据权属界定、开放共享、交易流通等标准和措施，发挥社会数据资源价值。推进数字政府建设，加强数据有序共享，依法保护个人信息。强化经济监测预测预警能力，充分利用大数据、人工智能等新技术，建立重大风险识别和预警机制，加强社会预期管理。这将为中国实现互联网、人工智能、大数据的社会数字治理更快发展提供国家层面的重要政策性支持。

随着计算机技术和通信技术的快速发展，可以将社会治理理论与社会信用管理技术相结合，通过互联网的数字信息化技术平台，提高国家治理体系和治理能力现代化建设速度。我国正步入信用经济时代，迎来了社会数字技术、信息技术等的快速发展，促进了社会政治、经济、文化形成新的交融，将开启与时代相呼应的制度变迁窗口。制度变迁是以制度创新为后盾的，制度创新要为数字经济服务，数字技术为数字经济提供支持，数字技术创新为人们开拓了未来数字经济快速发展的空间，从而让人们对国家层面的各项制度创新需求不断增加，以应对由于社会经济的快速发展所形成的各类社会矛盾。数字技术创新要为化解社会矛盾和激发社会活力提供助力。

社会信用体系建设的构想在我国经过多年的不断推进和正确引导，逐步走向成熟。社会科学界的学者著书立言，阐述了建设信用社会对社会全方位发展带来的各种利益，将逐步唤醒社会信用意识，推动社会信用创新管理实践活动得到持续开展，但是目前社会信用管理体系建设仍然处于理论探索阶段，对于如何科学有效地处理社会失信行为，还没有一套完整的切实可行的方案。低成本巧妙地控制社会失信行为，激发社会活力，促进社会公益事业的发展是全社会需要关注的重大问题。能否熟练处理各种社会信用关系，巧妙运用各种方法解决社会诚信问题，考验着每一个社会管理者的能力。

我国社会信用体系一体化的成功构建将标志着我国社会进入一个崭新的信息化社会治理发展时期，将推动中国国家治理体系和治理能力现代化。但是，要全面完成这个伟大的壮举，需要通过社会治理逐步建立一个更加公平正义的社会环境，使人人都能够得到平等的发展机会。

2014 年 3 月，习近平参加上海代表团审议时明确指出："加强和创新社会治理，关键在体制创新，核心是人，只有人与人和谐相处，社会才会安定有序。"社会治理和自治可以参照社会交易成本理论，要考虑到社会治理是有成本的，如果各单项成本能够得到估算，就能够估算出提升社会治理精准化水平所应付出的代价和所创造的各项收益。目前，我们面对的完善与社会治理相关的体制与机制问题都与社会治理的成本有关，还无法用社会交易成本测量得到相对客观的数据。如果有一个社会治理模型，就能够粗略地估算出社会治理的大致成本。没有可靠的各类社会治理相关数据作为后台来说明各种社会治理问题是不够客观的，相反掺杂着不少的主观判断因素。社会信用体系作为社会治理的重要工具，需要逐步完善测量社会治理与自治的社会成本的方法，为海量的自动化数字评价提供可能。

在社会信用管理体系理论下，通过更多的制度创新来完善具有信用预警的各种风险度量模型，为社会治理与自治的绩效考核提供数据支持，为社会法治框架下的行政干预、行政处罚、社会监管、公众建言、社会评价等提供可靠的诚信（信用）数据资源，从而解决我国可能存在的社会诚信控制监管滞后问题，发现部分社会治理（管理）上的短板问题，让社会治理和自治活动的开展变得更加有效，解决个体对组织管理人员的诚信缺乏信心和个体在组织中发挥自己聪明才智时的受限问题等。社会治理和自治的体系化构建最终将创造一个充满活力的公平竞争环境。

党的十八大报告明确提出坚持走中国特色新型工业化、信息化、城镇化、农业现代化道路。促进工业化、信息化、城镇化、农业现代化（简称"新四化"）同步发展的战略目标，其中信息化是"新四化"的重要发展目标之一，能够代表当代更为先进的生产力水平。信息化的区块链技术手段为我国社会治理能力现代化注入活力，社会治理能力现代化将为我国经济社会高质量发展提供新的动力来源，社会治理能力和治理体系现代化将为实现"新四化"提供大力支持。

第一节 互联网信息技术的快速发展

一、数字技术

数字技术（Digital Technology）是一项与电子计算机相伴相生的科学技术，它是指借助一定的设备将各种信息，包括图、文、声、像等转化为电子计算机能识别的二进制数字“0”和“1”后进行运算、加工、存储、传送、传播、还原的技术。由于在运算、存储等环节中要借助计算机对信息进行编码、压缩、解码等，因此数字技术也被称为数码技术、计算机数字技术、数字控制技术等。

通过 40 多年的发展，中国在数字技术领域取得了令人瞩目的进步，2015 年党的十八届五中全会提出“实施国家大数据战略”，包括实施“互联网 +”行动计划。大数据时代的到来让“数据驱动”成为新的全球大趋势。2015 年 8 月 31 日，国务院印发《促进大数据发展行动纲要》；2016 年，“十三五”规划纲要对全面促进大数据发展提出方向性目标和任务；2018 年 5 月，“助力数字中国，构建命运共同体”飞企互联第七届全国合作伙伴大会在互联网小镇——乌镇召开。2018 中国国际大数据产业博览会（简称数博会）在贵州省贵阳市启幕，习近平向会议致贺信，习近平在贺信中指出：“中国高度重视大数据发展，我们秉持创新、协调、绿色、开放、共享的发展理念，围绕建设网络强国、数字中国、智慧社会，全面实施国家大数据战略，助力中国经济从高速增长转向高质量发展。”① “什么是数字中国？专家认为，狭义上的数字中国指的是以整个中国作为对象的数字地球技术体系，但党的十九大报告中的数字中国是更加广义的概念，是中国的国家信息化范畴，“‘宽带中国’‘互联网 +’‘大数据’‘云计算’等都是数字中国的内容。”② 在信息化时代，需要运用信息技术来参与社会数字治理和数字自治的网络化建设，数字技术及其创新将变得越来越重要。

---

① 央视网 . 全面实施国家大数据战略 [EB/OL].（2018-05-26）[2018-05-27].https://search.cctv.com/search.php?qtext=%E5%85%A8%E9%9D%A2%E5%AE%9E%E6%96%BD%E5%9B%BD%E5%AE%B6%E5%A4%A7%E6%95%B0%E6%8D%AE%E6%88%98%E7%95%A5&type=web.

② 徐勇，胡虎 . 什么是数字中国？如何建设数字中国？ [N]. 民邮电报，2017-11-17.

二、电子商务

根据《中华人民共和国电子商务法》，电子商务是指通过互联网等信息网络销售商品或者提供服务的经营活动。

电子商务的运作让我们可以利用很小的物理空间低成本开展网络交易活动，而且电子商务所涵盖的范围非常广泛，涉及人们的生活、工作、学习及消费服务等领域。为了规范电子商务活动有序进行，国家相继出台了各种相关的法规和规范性文件，如电子商务类法规、网络购物类法规、电子支付类政策等。

互联网电子商务的兴起极大地便捷了人们的生活生产方式，小到个人购物、家庭理财，大至企事业单位的经营管理、国际商贸活动等诸多方面。

电子商务的诚信问题日益突出，比较典型的有网络诈骗活动、网上销售商品质量低劣的三无产品、违规违法经营、窃取网络商业秘密、侵犯客户隐私等，互联网电子商务各种正当权益需要得到切实保护。在电子商务平台上，可以开展个人的商业活动，也可以开展有组织的商业活动，同样需要通过社会治理来协调电子商务活动中的各种社会关系、规范社会行为、解决诚信（信用）问题、化解社会矛盾、促进买卖公正、维持线上线下的社会和谐等。

三、社交网络

Social Network Service（SNS）即社交网络服务或网络社交平台，它的理论依据是哈佛大学心理学教授斯坦利·米尔格兰姆（Stanley Milgram）在1967年最先提出的六度分割理论，即“你和任何一个陌生人之间所间隔的人不会超过六个”。SNS最具威力的一个功能是“社交网络”功能，它能基于个人的服务器以便满足多人一起工作和娱乐的需要，甚至让上百人聚在一起召开会议、讨论问题、共享照片、欣赏音乐成为可能。简单地说，社交网络是在互联网上，通过互联互通点对点交流的形式与其他的群体和个体进行信息交换，可以让远距离的群体和个体在互联网的平台上，相互之间建立相对稳定的交流平台。对于组织的治理（管理）来说，可以在计算机或移动智能手机上，通过信息网络的互联互通，在网上建立一个治理（管理）中心，也可以通过建立网络群体实现组织内的群体自治。就组织治理（管理）的社交网络来说，其主体是组织中的每一个个体，依靠网络将组织中的各个个体联系起来，组织社交网络可以设置几个与管理相关的功能：①创建组织群和维护群体关系；②上传与组织活动相关的信息；③上传与组织制度规则相关的信息内容；④设置组织群体和个体可以浏览的权限；⑤可以在组织内浏览点对点交流或点对群交流信息；⑥根据组织治理（管理）发展的需要，可以进一步开发其他的相关功能。

四、移动媒体与社会治理

移动媒体是指利用各种信息技术以满足流动人群需求的新型媒体。移动媒体一般以移动终端为主要承载体，为移动着的人群提供音频或视频媒体的信息交流服务。移动终端的设备通常包括笔记本电脑、手机等能够上传和下载、播放音频、视频的各种信息电子移动终端设备。

“移动媒体是近年来在世界范围内新兴的一种信息媒体，其充分利用数字传输技术来实现视频、音频等信息的传输，以此满足流动人群对视听信息的需求。移动媒体的兴起在给传统媒体带来严重冲击与挑战的同时，也为传媒行业带来了新的发展机遇。在信息技术迅速发展的当下，移动媒体已成为人们生活、生产的一部分，其在人们心中的地位也呈直线上升趋势。”[①] 所谓媒体，是指传播信息的介质，通俗地说就是宣传平台，能为信息的传播提供平台的就可以称为媒体。新媒体就是“所有人面向所有人进行的传播。它既不分生产者和消费者，也不分读者和作者。它不是多对一的，也不是一对多的，而是多对多的传播形式”[②]。上述对新媒体的概念的描述，显然说明新媒体有“去中心化”的功能，那么什么是“去中心化”呢？“去中心化”，顾名思义，是去除或抹平原有的中心结构状态的变化过程。新媒体“去中心化”则意指经由新媒体作用的社会变化，是一个伴随功能分散或重配的远离中心位置的过程。细究起来，新媒体“去中心化”包含两个维面的内涵：一方面，中心是一个相对的概念，其另一面是外围或边缘。基于新媒体所建构的网状连接，每一个节点都可以视为中心。因此，就相对意义而言，中心的相对面被消解了，处处是中心也就是没有中心。另一方面，中心是一个空间的概念，是空间中的位置所在。新媒体是新的技术支撑体系下出现的媒体形态，如数字杂志、数字报纸、数字广播、手机短信、移动电视、网络、桌面视窗、数字电视、数字电影、触摸媒体等。新媒体作为一种技术，可以为社会治理的新模式提供技术支持。治理理论

① 张文卿 . 我国移动媒体发展模式探讨 [J]. 科技传播，2014（23）：190.

② 黄升民 . 新媒体：从“去中心化”到“再中心化”[EB/OL].（2008-06-07）[2008-06-07]. http://www.voc.com.cn/Topic/article/200806/200806070842467274_3.html.

的兴起主要目的是应对官僚制（科层制组织）模式的短板。治理“否认官僚体制在提供公共服务方面的核心地位，取而代之的是寻求合作方式和利用个人参与来强化政府效能”[①]。官僚制（科层制组织）管理模式已经不能与目前的信息化社会相适应，官僚制（科层制组织）的信息不对称，造成许多组织的目标难以实现，而且造成组织决策层无法查找责任主体，或者查找自我责任的成本太高。同时，治理理论反对国家中心主义，提倡公共治理格局的多中心化、分散化。就其现实表征而言，新媒体“去中心化”具体表现在四个方面：第一，信息的去中心化；第二，关系的去中心化；第三，影响的去中心化；第四，文化的去中心化。“去中心化”并不是完美无缺的，社会治理技术是为人服务的，不是为机器服务的，社会治理技术存在大量的人文精神内容和意识形态内容，所以纯粹的“去中心化”，如入无人之境是不可取的。技术只有真正解决了问题才能发挥作用，不应否认去中心化确实具有自身特点，但同时应该看到该技术在功能、组织和管理多个方面存在效率低下等先天性局限。形成共建共治共享的社会治理格局，打造人人有责、人人尽责的社会治理共同体，需要关注社会治理的一个重点是，与制度有关的诚信行为的治理和监管，对治理主体多中心与被治理主体多中心的治理活动的责任监管，会产生一种监管的成本交易费用，也就是通过社会治理实现社会公平正义是有成本的，新媒体的信息技术将有助于降低这类成本。社会治理信用化体系，能够收集到社会治理成本交易信息，通过成本测量，可以分析制度优劣或制度执行质量的优劣等。

新媒体也可以称为“互动式数字化复合媒体”，包括微博、微信、直播、电子杂志、移动数字电视等，利用该技术将相关治理要素的各种内容分发到每个相关人员的媒体平台中去，治理主体与被治理主体、自治自律主体之间利用新媒体平台进行互动，可以帮助组织治理实现信息对称，能够更好地完成符合社会治理质量要求的各项任务。

2019 年 6 月 25 日，中国社会科学院新闻与传播研究所及社会科学文献出版社共同在京发布了《新媒体蓝皮书：中国新媒体发展报告 No.10（2019）》。蓝皮书中提出了加快网络强国建设的八项对策建议，其中第五项、第八项的对策建议与治理有关。第五项：提高数字治理能力，推动互联网治理进一步精准化和精细化，加强网络主流意识形态建设，强调新媒体报道人文价值，防止出现“信息娱乐化”倾向，深化媒体和智库交流，鼓励大力发展国家级新媒体专

① [美]PETERS B G. 政府未来的治理模式 [M]. 北京：中国人民大学出版社，2001：71-72.

业智库。第八项：坚持依法治网，重视网络安全，加大依法保护数据力度，进一步完善网络空间综合治理体系，坚持发挥“数字丝绸之路”对共建“一带一路”的引领推动作用，通过新媒体讲好中国故事，推动全球网络空间互信共治合作。现实中的社会治理要形成社会共识，要消除社会治理中信息不对称问题，需要新媒体等相关技术的支持，这样能够让社会治理的参与者在线上与线下的社会治理的各项活动中成本大幅降低。

第二节　互联网大数据及相关技术

一、“互联网 +”

“‘互联网 +’就是互联网与传统各行各业的融合，或者说是互联网对传统三大产业的融合与改造，即互联网 + 工业 = 工业互联网，互联网 + 农业 = 农业互联网，互联网 + 传统服务业 = 服务业互联网。”[①]

2015 年 3 月 5 日，李克强在 2015 年政府工作报告中，提出了制定“互联网 +”行动计划，推动移动互联网、云计算、大数据、物联网等与现代制造业结合，促进电子商务、工业互联网和互联网金融健康发展，引导互联网企业拓展国际市场。2015 年 12 月 16 日，习近平在第二届世界互联网大会上指出，构建互联网治理体系，促进公平正义。国际网络空间治理应该坚持多边参与、多方参与，由大家商量着办，发挥政府、国际组织、互联网企业、技术社群、民间机构、公民个人等各个主体的作用，不搞单边主义，不搞一方主导或由几方凑在一起说了算。各国应该加强沟通交流，完善网络空间对话协商机制，研究制定全球互联网治理规则，使全球互联网治理体系更加公正合理，更加平衡地反映大多数国家意愿和利益。

“互联网 +”已经成为一项国家战略，其重要性不言而喻。“互联网 +”有利于将国家管理模式转型为社会治理现代模式，降低制度执行成本，增加社会治理活动的透明度，明确社会治理主体的责任范围，引导社会成员更为理性地表达诉求、反映社会存在的各种问题，形成与社会治理相关的多渠道信息来源，从而提高社会治理的针对性，使社会管理效率不断得到提升。“互联网 +”

① 辛妍 . 如何理解“互联网 +”战略 [J]. 新经济导刊，2015（5）：12-14.

社会数字治理信息化将有可能成为社会治理的新模式。我国通过互联网深化应用推进政府治理现代化可从以下五个方面着手：一是加强国家层面的战略统筹，制定未来 5 ～ 10 年我国大数据发展的国家战略，明确我国大数据发展的战略目标、方针、行动计划和保障措施，设立专项计划，促进大数据的创新发展和试点示范；二是大力推进政府数据开放，加强大数据资源公开和共享平台建设，为公众服务和创新应用提供数据保障；三是推进立法执法工作，对于大数据应用过程中涉及国家安全、金融安全、商业机密和个人隐私的问题，制定专门的法律进行约束，依法从严从重打击利用大数据技术破坏和威胁网络信息安全的违法犯罪行为；四是保障公民的隐私安全，平衡好安全与共享的关系，化解数据安全风险；五是加大人才培养力度，要培养、培育大数据领域法律人才、创新人才、大数据科学家和工程师、企业家。

推进国家治理体系和治理能力现代化。国家治理体系和治理能力的现代化基础是政府治理能力的现代化。互联网深化应用推进政府治理现代化可从以下五个方面着手：第一，社会治理的战略计划、目标需要数据信息资源的支持；第二，社会治理是在法治框架下的社会理性治理；第三，社会治理要化解社会的各种风险，包括制度执行中的诚信风险；第四，社会治理能够实现国家的预定目标，需要培养、培育与社会治理相关的各种人才，才能真正实现社会治理能力的现代化；第五，社会治理的内容和范围是海量和宽广的，必须通过制度创新和技术创新，用相对低廉的成本获取社会治理系统性信息，抓住社会治理相关的重点领域，突破“互联网 + 社会治理 + 社会信用”的各种技术壁垒，提高社会治理各领域的治理效率、效能。在政府引导下，有计划、有步骤地推动社会治理的重心不断下沉，解决基层社会迫切需要解决的各种实际问题。

二、大数据

大数据是指无法在一定时间内用常规软件工具对其内容进行抓取、管理和处理的数据集合。它具有分散、数据量大等特点。

麦肯锡（美国首屈一指的管理咨询公司）是研究大数据的先驱。该公司在报告《大数据：创新、竞争和生产力的下一个前沿领域》中给出的大数据定义如下：大数据是指数据量级超过传统数据库软件工具捕获、存储、管理和分析能力的数据集。这个定义是主观的，并且包含了一个数据量级的动态定义（超过这个大小才会被认为是大数据）。也就是说，我们没有定义一个确定的值（如多少 TB）。国际数据公司（IDC）以四个特征定义大数据，即海量的数据规模（Volume）、快速的数据流转和动态的数据体系（Velocity）、多样的数据类型（Variety）、巨大的数据价值（Value）。

亚马逊（全球最大的网络电子商务公司）大数据科学家约翰·拉瑟（John Rauser）给出了大数据的简单的定义：大数据是任何超过了一台计算机处理能力的数据量。维基百科中则只有短短的一句话："巨量资料（big data），或称大数据，指的是所涉及的资料量规模巨大到无法透过目前主流软件工具，在合理时间内达到撷取、管理、处理，并整理成为帮助企业经营决策更积极目的的资讯。"①

大数据的特征是数据量大、内容丰富，复杂的数据对不同行业有着不同的价值，需要经过专业分类才能得到充分利用，快速获取本行业、本单位、本专业需要的数据，才能有效运用社会大数据资源。

2015年9月，国务院印发《促进大数据发展行动纲要》(国发〔2015〕50号)，提出了政府治理大数据工程相关内容，"建设社会治理大数据应用体系。到2018年，围绕实施区域协调发展、新型城镇化等重大战略和主体功能区规划，在企业监管、质量安全、质量诚信、节能降耗、环境保护、食品安全、安全生产、信用体系建设、旅游服务等领域探索开展一批应用试点，打通政府部门、企事业单位之间的数据壁垒，实现合作开发和综合利用。实时采集并汇总分析政府部门和企事业单位的市场监管、检验检测、违法失信、企业生产经营、销售物流、投诉举报、消费维权等数据，有效促进各级政府社会治理能力提升。"

2016年7月，中共中央办公厅、国务院办公厅印发《国家信息化发展战略纲要》，提出："提高社会治理能力。加快创新立体化社会治安防控体系，提高公共安全智能化水平，全面推进平安中国建设。构建基层综合服务管理平台，推动政府职能下移，支持社区自治。依托网络平台，加强政民互动，保障公民知情权、参与权、表达权、监督权。推行网上受理信访，完善群众利益协调、权益保障机制。……形成全社会参与的治理机制。坚持依法治网，加快建立政府引领，企业、社会组织、技术社群、公民共同参与、相互协作的互联网治理机制。"

社会治理指的是党委、政府、社会组织、企事业单位、社区及个人等诸多行为主体，通过平等的合作型伙伴关系，依法对社会事务、社会组织和社会生活进行规范和管理，最终实现公共利益最大化的过程。大数据时代下，信息技

---

① 赵国栋，易欢欢，糜万军，等.大数据时代的历史机遇[M].北京：清华大学出版社，2013.

术与互联网技术的快速发展和广泛应用为社会治理提供了及时、全面的动态信息数据，有利于各级政府在履行社会治理职责时能及时、正确地掌握社会的变动情况和变动趋势，并根据这一变动及时制定相应的应对措施，进一步推动我国社会治理模式向动态社会治理模式的转变。社会治理通过社会治理行为主体之间的平等合作型伙伴关系，依据法律、法规、标准、契约完成对社会事务、社会经济和社会生活等领域的规范化、多元化、协同治理，由于参与的行为主体较多，所以必须从治理内容的专业角度进行网络化的分层分次，否则将会导致杂乱无章，增加社会治理成本，不利于社会治理行为的规范。为应对社会治理可能出现的海量的、高增长的、多元化的、巨大的信息量，需要用科学的手段和管理技术来处理社会治理的各种事务，引入网络大数据信息技术和互联网技术，最终实现社会治理公共利益最大化。

随着近年来信息技术的快速发展，互联网电子商务、移动支付、社交网络，以及云计算、大数据等得到广泛运用，互联网技术和商业模式正在改变人类的生产生活方式。社会治理也需要跟上社会发展步伐，创新社会治理模式，加快制度创新和技术创新的进度。“与社会科学有关的大数据问题，如舆情分析、情感分析等，许多理论问题过去没有考虑过，才刚刚开始研究。迫切需要计算机学者与社会科学领域的学者密切合作，共同开拓新的疆域。借助大数据的推力，社会科学将脱下‘准科学’的外衣，真正迈进科学的殿堂。”[①] 社会科学的快速发展，导致社会各领域内对与管理相关的决策精度的要求越来越高，数字测量所形成的结果，往往比语言逻辑推理的结果更高效。随着现代数字信息技术的发展，人们的数字意识不断增强，用数字来精确描述社会领域中的各种现象的愿望越来越强烈。既然我们的直觉和情感无法精确描述社会现象的本质，我们就要用我们的智慧开发出适合精确描述事物本质的数字化的测量方法，从而满足社会快速发展的需求。

大数据的运用为推进国家治理体系和治理能力现代化打开了一条技术赋能的高效的治理路径。找准社会治理的重心，即责任与贡献，对与治理主体和被治理主体的责任与贡献的划定和分析，需要运用社会学科的众多分支学科和理论，如组织行为学、行政管理学、企业管理学、公共管理学、心理学、博弈论、信息经济学、行为经济学、制度经济学、信用经济学、模糊数学等。

---

① 李国杰，程学旗．大数据研究：未来科技及经济社会发展的重大战略领域——大数据的研究现状与科学思考 [J]. 中国科学院院刊，2012（6）：647-657.

提速数字中国建设，无论是政府公务员、企事业单位的管理人员，还是社区、村两委干部，在实际工作中都要变革思维方式，主动熟悉和使用各种数据的采集、整理、存储、处理等技术，通过利用相关信息技术，对数据和信息进行加工、处理和利用，以便解决身边的实际问题。

运用大数据技术，为社会提供更好的服务管理，以适应法治社会建设的需要，让社会规则体系得到有效监管，遏制各社会群体中的机会主义和寻租活动，从而确保社会各项竞争公平合理，使国家制定的各项政策能够得到有效实施。创新社会财富公平分配制度，开创社会成员不以财富多少论英雄，而以为社会贡献多少论英雄的社会价值准则。这些都离不开打造精准数字治理、各社会组织之间多方协作的社会治理新模式。

三、区块链技术

“区块链是一个去中心化的分布式数据库，该数据库由一串使用密码学方法产生的数据区块有序链接而成，区块中包含有一定时间内产生的无法被篡改的数据记录信息。”[①] 区块链技术是利用块链式数据结构验证与储存数据、利用分布式节点共识算法生成和更新数据、利用密码学的方式保证数据传输和访问的安全、利用由自动化脚本代码组成的智能合约编程和操作数据的一种全新的分布式基础架构与计算范式。

“区块链是指去中心化的分布式账本，具有点对点、完全公开、不可篡改等特点。”[②]

从微观上看，区块链技术是一种能够通过时间逻辑排序，将该系统中的所有数据以区块的数据结构按时间先后顺序依次相连接的方式形成的链式数据存储结构，并且通过复杂的密码学保证该系统链中数据不可篡改和不可伪造，以此存储完整的分布式账本。在宏观视角下，区块链技术通过特殊的链式结构认证和储存数据，并且利用可信的分布式节点及共识算法产生和更新数据，密码学的复杂性保证了数据传输和访问的安全。

区块链技术的应用打破了互联网无序、混沌的状态，构建了一个更加有序、安全、稳定的新世界；区块链就是块数据（块数据是基于特定平台的数

① 孙小丽．区块链技术下的账户管理 [J] 青海金融，2019（6）：26-28.

② 张璟霖，伦祖炜．区块链技术与供应链金融结合研究 [J]. 合作经济与科技，2017（21）：58-59.

据，可以自我计算、多维融合、关联分析，做出更加快速、更加全面、更加精准、更加有效的研判与预测，从而揭示事物的本质规律）组织，它通过超级账本技术、智能合约技术和跨链接技术建立起一套共识和共治机制。这套机制通过编码和代码把时间、空间、瞬间多维叠加所形成的数据流加以固化，形成可记录、可追溯、可确权、可定价、可交易的技术约束力。

从根本上说，区块链最重要的组成部分不是算法，也不是挖矿和节点，而是每一位参与到这个系统中的人，即人与人之间的问责制度。互联网解决的是通信问题，区块链解决的是信任问题。

2016 年 12 月，《国务院关于印发“十三五”国家信息化规划的通知》首次将区块链技术列入其中。通知提出了创新社会治理：“以信息化为支撑，加强和创新社会治理，推进社会治理精细化、精准化。……推行网上受理信访、举报制度，拓展网上政民互动，畅通群众利益协调和权益保障渠道。推进智慧社区建设，完善城乡社区公共服务综合信息平台，建立网上社区居委会，发展线上线下结合的社区服务新模式，提高社区治理和服务水平。”

区块链技术也被国家所重视，对于区块链的某些组合优点，目前还没有其他的技术可以替代，如匿名性、去中心化、信息不可篡改、自治性、开放性等。创新社会治理需要对区块链技术进行发掘，通过社会治理制度的创新，将对区块链技术的具体运用进行规范，使区块链技术成为社会治理的一项有效工具。

社会治理未来将围绕着国家信息化规划的内容展开，充分利用区块链技术的优点，为社会治理实现社会公共利益最大化做贡献。区块链技术的利用，从目前来看还有待完善，可以通过开展社会治理信息化的制度创新和技术创新，促进制度和技术不断升级。制度创新和技术创新往往需要通过社会实践的检验不断得到完善，并最终获得社会广泛认可。主权区块链就是在坚持国家主权原则的前提下，加强法律监管，以分布式账本为基础，以规则和共识为核心，根据不同的数据权属、功能定位、应用场景和开放权限构建不同层级的协议。主权区块链技术可以为参与社会治理的人与人之间展开的制度问责提供新的路径。问责依据的是各项完善的与之配套的社会治理的法律法规等制度体系，从而实现社会数字治理体系的现代化。区块链技术的应用可以逐步解决社会治理过程中信息不对称的问题，增强社会共识与社会信任，降低社会合作成本。

党的十九届四中全会明确提出“建设人人有责、人人尽责、人人享有的社会治理共同体”的伟大构想。随着区块链技术的不断创新发展，结合社会治理和自治的制度创新，将有利于社会治理。均衡组织内外的“责权利”关系。区块链技术所拥有的分布式账户的数据存储、点对点的数据传输、民主化的共识机制、加密算法等计算机技术的新型应用模式，使“责权利”关系变得更加透明规范，让权力在阳光下行使。

第三节　“互联网＋社会数字治理”

一、数字治理

数字治理的概念有广义和狭义之分。“从广义上讲，数字治理不是信息通信技术（ICT）在公共事务领域的简单应用，而是一种与政治权力和社会权力的组织与利用方式相关联的社会政治组织及其活动的形式，它包括对经济和社会资源的综合治理，涉及如何影响政府、立法机关以及公共管理过程的一系列活动；从狭义上讲，数字治理是指在政府与市民社会、政府与以企业为代表的经济社会的互动和政府内部的运行中运用信息技术，简化政府行政，简化公共事务的处理程序，并提高民主化程度的治理模式。”①

“数字治理是传统‘电子政务’从技术层面到治理层面的跃升，体现着数字要素和治理要素的结合，是对现实治理实践活动的真实反映，是信息通信技术渗透政府内外行政过程的产物，是将信息技术的效用从政府组织内部延伸到组织外部的过程，不仅实现了对政府组织的内部‘赋能’，也实现了对外部的公众‘赋权’，使公众可以借助信息技术所开辟的通道，参与到政府决策过程中来，进而促进政府管理走向‘以公民为中心’的治理转型之路。”②

“数字治理理论是治理理论与互联网数字技术结合催生的新的公共管理理论准范式，它的代表人物是英国学者帕特里克·邓利维（Patrick Dunleavy），该理论主张信息技术和信息系统在公共部门改革中的重要作用，从而构建公共部门扁平化的各类机制，促进权力运行的共享，逐步实现还权与社会、还权与民的善治过程。”③

---

① 徐晓林、刘勇．数字治理对城市政府善治的影响研究 [J]. 公共管理学报，2006（1）：13-20.

② 颜佳华，王张华．数字治理、数据治理、智能治理与智慧治理概念及其关系辨析 [J]. 湘潭大学学报（哲学社会科学版），2019（5）：25-30.

③ 韩兆柱，马文娟．数字治理理论研究综述 [J]. 甘肃行政学院学报，2016（1）：23-35.

从上述文献对数字治理和理论的定义得知，可以把数字治理理解为政府的管理活动，从原来的利用口头或书信形式，对政府内部、外部传达指令，改为借助新的信息技术，形成社会管理模式向社会治理模式的演进。社会治理模式要求社会管理内外连接，形成自上而下的管理和自下而上的管理网络化的格局，管理信息可以互通互联，政府管理的中心不是在政府内部，而是以公民为中心。这将从本质上解决信息不对称的问题，提高社会管理效率，降低社会管理成本。《中华人民共和国宪法》第二条规定："中华人民共和国的一切权力属于人民。人民行使国家权力的机关是全国人民代表大会和地方各级人民代表大会。人民依照法律规定，通过各种途径和形式，管理国家事务，管理经济和文化事业，管理社会事务。"目前，社会治理活动受制于制度与技术因素，人民群众参与社会治理的活动仍然是有限的。按照我国宪法的精神，人民是国家的主人，所以社会治理人人有责。2019 年 10 月，党的十九届四中全会审议通过的《中共中央关于坚持和完善中国特色社会主义制度、推进国家治理体系和治理能力现代化若干重大问题的决定》明确提出要建设人人有责、人人尽责、人人享有的社会治理共同体。

要"建设人人有责、人人尽责、人人享有的社会治理共同体"，除了需要互联网数字技术提供硬件支持外，更需要在制度创新和数字化的软件技术方面创新突破。

二、社会治理的法理思维

社会治理需要法治精神，党的十八届四中全会通过了《中共中央关于全面推进依法治国若干重大问题的决定》，指出推进多层次多领域依法治理，坚持系统治理、依法治理、综合治理、源头治理……深化基层组织和部门、行业依法治理，支持各类社会主体自我约束、自我管理，发挥市民公约、乡规民约、行业规章、团体章程等社会规范在社会治理中的积极作用。

面对社会数字治理过程中不断出现的新问题，可以通过立法程序，逐步填补社会数字治理规则体系中与法治有关的部分空缺。社会数字治理事关国家命运，社会数字治理制度创新，要剔除利益团体、利益集团和地方保护主义等。严格依据国家法律、法规等来界定社会治理过程中责权利的关系，明确数字治理主体之间的权利、责任、义务关系。在具体执行社会治理任务时，对治理相关活动依照已有协议（契约）规则，制定社会治理活动的各种操作规程，使社会数字治理相关活动的开展有法可依，加强对社会数字治理主体的数字治理行为的监管控制，避免社会数字治理中出现脱离国家法律法规的、与国家法律法规相违背的“人治”模式，对数字治理过程中乱作为行为进行追踪追责，无论是数字治理主体还是被数字治理客体，都应该承担相应的违规责任。社会数字治理效果评价需要社会各界足够的重视，社会数字治理的效果评价与问题反馈能使社会数字治理水平不断提高，是不断改进社会数字治理的重要途径；建立科学的、与客观状况相适应的考评机制，需要理顺线上与线下的数字治理网络化的纵横渠道，使社会治理的考核评价工作得以顺利开展。

三、“互联网 + 社会数字治理”信用化单元划分

社会数字治理信用化是指在社会治理中，首先建立社会治理相关的信息元要素集，这些信息往往与社会治理中的“责权利”的诚信相关联。信息元要素集的采集按照一定的规则流程进行，以便能够获取客观真实的治理信息的各种组合。参与治理与被治理关系的群体事先需要在参与人之间，达成一系列与“责权利”诚信相关的责任、义务等的承诺协议（契约），并依据协议（契约）将社会治理的经济、公平、效率、效能等相关结果，通过一定的程序向参与者和社会公布。

社会治理的群体，可以按照社会治理目标的需要，对社会群体进行细分，建立贡献、责任与诚信相关概念的可归属、可落实的单元。将社会治理的贡献、责任等诚信相关的结果落实或归属到相关的单元上，社会群体已划分的单元实际上是组织与组织、个体与个体、组织与个体之间的各个单元，各个单元可能存在协调与合作关系，依据约定的承诺协议（契约）的相关诚信信息，可以作为在一定范围有效采集信息的依据。群体中与社会治理相关的责任、贡献等相关诚信信息，通过细分后的单元来归属，群体中的贡献与责任不一定是独立存在于某一个单元中，可能是与多个单元相联系。责任、贡献相关信息具体归属哪一个单元，存在概念上的模糊性，要将归属信息的单元的模糊概念确切化，就要建立起能够量化贡献、责任等诚信相关的信息要素的度量模型，以便能够通过量化和分配责任、贡献等诚信相关信息，公平公正地将分配后的责任、贡献等相关诚信信息落实到相关单元上，从而能够反映社会治理实际状况。社会数字治理环境下的信息架构与数据模型是完善社会治理绩效分析和评价的基础，最终构建完整的社会数字治理信用化体系。

四、“互联网 + 社会数字治理”信用化的制度监管和控制

根据《国务院办公厅关于加快推进社会信用体系建设构建以信用为基础的新型监管机制的指导意见》（国办发〔2019〕35 号），“以习近平新时代中国特色社会主义思想为指导，深入贯彻落实党的十九大和十九届二中、三中全会精神，按照依法依规、改革创新、协同共治的基本原则，以加强信用监管为着力点，创新监管理念、监管制度和监管方式，建立健全贯穿市场主体全生命周期，衔接事前、事中、事后全监管环节的新型监管机制，不断提升监管能力和水平，进一步规范市场秩序，优化营商环境，推动高质量发展”①。根据文件相关精神，对社会数字治理中的协同共治的监管，应该具有实现社会数字治理的全生命周期的衔接事前、事中、事后的监管能力，社会治理全过程监管各个环节，需要建立一种新型监管机制。社会数字治理监管的重点是制度的执行力的可靠程度，社会数字治理权责不明，监管机制建设不科学，必将导致社会数字治理的“失灵”。

五、“互联网 + 社会数字治理”信用化的网络化环境

互联网社会数字治理系统具有如下特点。

（1）互联网社会数字治理系统的结构是个多层次的纵横向的阶梯结构。互联网社会数字治理系统充分利用原已存在的社会各类型组织管理系统中的指挥链，设置由低到高的纵横向的网络账户节点，作为社会治理虚拟化的账户考核平台。根据公有组织或私有组织社会治理的特点不同，沿着组织管理的指挥链，设置个人账户平台、低级组织账户平台、中级组织账户平台、高级组织帐户平台等。各级虚拟账户考核平台既相对独立又相互联系，能够反映社会治理活动的真实原貌。

（2）互联网社会数字治理系统具有多样性。由于社会各种类型的组织所承担的任务的多样性，组织内外的“责权利”关系也相对复杂。按照社会数字治理人人有责的原则，社会治理的主客体之间每个节点上都应该设立一个独立诚信账户，独立诚信账户可以分设为自然人账户和组织账户，分别由不同的治理

① 国务院办公厅 . 国务院办公厅关于加快推进社会信用体系建设构建以信用为基础的新型监管机制的指导意见 [EB/OL].（2019-07-09）[2019-07-16. http://www.gov.cn/zhengce/content/2019-07/16/content_5410120.htm.

主体分管。这种账户是多层次的，能够体现各种组织内外的“责权利”关系的分布式账户（区块链账户）。

（3）互联网社会数字治理系统是网络化的、多层次的。个人计算机、服务器、各种智能终端相互连接形成数字化、网络化的虚拟空间。在一定的空间中，账户数量相对稳定，账户之间按照一定的顺序进行数据的传递、交换和有限共享。

（4）互联网社会数字治理系统分为治理大系统、中系统、小系统。社会数字治理具有层次性，量化后的治理数据需要有一个海量信息存储空间。治理数据能够累加，往下递减，往上递增。在虚拟空间中，治理的信息被量化后，数据成为治理信息的最基本的表达方式。

（5）互联网社会数字治理系统具有一定的自我调节、自我维持能力。随着信息元数据的采集技术、计算机通信技术、计算机存储和处理技术等快速发展，利用人工智能技术能够处理更多的更复杂的社会治理信息元数据。

每个行业承担的任务不同，所以社会数字治理的侧重点不同，就会涉及组织跨行业、跨系统、跨组织处理社会数字治理与信用相关的信息元问题，为体现社会数字治理为社会提供的价值，就要从社会治理的大数据中挖掘有价值的数据资源。这就要求社会信用体系具有处理大数据的能力。大数据不是指数据量大，而是搜索、聚合和交叉引用的能力大。面对大量的存在于社会不同行业的数据治理信息，必须解决制度、执行、监管、记录、效率、技术等一系列问题，通过制度创新和技术创新逐步解决社会治理的一系列问题。

六、“互联网 + 社会数字治理”信用化平台

社会数字治理信用化要能够体现社会成员履行社会治理规则和道德准则义务的诚信（信用）关系。在社会自然人和组织中，存在着海量的诚信（信用）关系的信息元，需要运用互联网信息数字技术，对社会治理形成的诚信关系的信息元数据进行处理，提高社会治理的质量和效率，从而推进社会治理能力和治理体系的现代化。

社会数字治理信用化平台是社会治理的系列工具之一，涉及公共部门和私人部门的组织、组织成员、自然人等多层次社会治理关系。社会治理有主体、客体之分，主体是治理者，承担社会治理的任务，一般由特定的社会组织和政府承担具体的治理任务，同时按照社会治理人人有责的要求，每个组织和个人都有可能成为治理的主体。客体是被治理的对象，包括社会各类组织、组织成

员及居住地的自然人等。社会治理依据法律、法规、标准、契约执行社会治理的任务。社会数字治理信用化是运用社会信用管理体系的系列工具，从社会治理的理论层面和实践层面，对社会治理的治理信息要素进行细分，面对治理形成的信息元数据架构的特征，对具有价值的、与诚信关系相关的核心治理信息元数据建立标准。治理核心数据是开放的，随时可以增加或剔除。由于每个行业的核心治理信息元数据的价值不同，选取核心数据也各有差异。

社会治理过程是治理主体之间、治理主体与治理对象之间的互动、沟通、协调的过程，通过互动、沟通、协调、合作，有利于形成符合现实社会实际需要的治理权威。治理权威被治理的主客体认同，以寻求获取社会良好治理的效果。治理权威的认同是以集体理性为前提的，体现部分社会治理的集体智慧，它需要结合社会治理理论和社会信用体系建设理论与技术，通过制度创新和技术创新，量化社会治理相关治理要素，建立社会治理的衡量标准。为了应对社会治理复杂和海量的信息元数据，运用大数据时代的计算机信息处理技术，以精确处理社会治理的各项数据，在保障数据质量的前提下，用数据说话，逐步完善社会数字治理信用化体系。

社会治理运用互联网技术，也会涉及互联网自身的信用建设问题。“进入 21 世纪以来，随着大数据、互联网技术的快速发展，逐步兴起了一种新业态——互联网经济。互联网经济的核心是信用，所谓互联网信用，狭义地可以理解为网络语境下各类主体的诚信状况，广义地讲就是以互联网为载体的信用关系的总和。由此类推，互联网信用生态可以理解为影响互联网信用关系的各种因素及其表现。”[①] 互联网平台是基于互联网信息技术，融合了区块链技术、大数据技术、人工智能技术而兴起的一种新业态，是互联网治理的一个重要组成部分。互联网平台的虚拟空间包括微博平台、网店评分、网店客户评分、朋友圈、网络论坛、QQ 群、微信群、区块链超级账本等，同样需要遵纪守法，使用网络的行为人同样需要承担社会责任。目前，互联网平台存在的问题主要有谣言和虚假新闻泛滥；内容低俗且与国家倡导的政策相违背；涉及科学问题的内容无依据，考证困难，有误导群众的嫌疑等；媒体发布人员在发布专业内容时，没有提供发布人的专业许可；电商平台中的伪劣商品的社会责任追究难；等等。互联网的治理是社会治理的重要组成部分，需要社会各组织和自然人的共同参与和共建共治。互联网平台打破了空间限制，高流动性、多元化低

① 章政 . 论互联网信用的三大价值 [J]. 中国市场监管研究，2016（11）： 42-44.

成本形成的社会纽带是一个全新的虚拟公共空间，对于完善互联网平台的诚信建设提出了新的挑战。

社会数字治理信用化，运用互联网信息技术，将包含线上与线下的治理信用化问题，事关社会治理信息元数据的真实性与数据的质量问题，需要对数据的质量进行把关负责，建立起完善的线上和线下的责任制度，突破现有的社会治理的监管方式，建立起有效的标准化监管模式。根据党的十九届四中全会精神："必须加强和创新社会治理，完善党委领导、政府负责、民主协商、社会协同、公众参与、法治保障、科技支撑的社会治理体系，建设人人有责、人人尽责、人人享有的社会治理共同体，确保人民安居乐业、社会安定有序，建设更高水平的平安中国。"① 制度是社会博弈的规则，就要从制度执行的行为人的"责任"入手，对制度的执行行为进行有效监督。"制度不仅是包含宪法制度、一般性制度规则和社会意识形态方面的道德规范的规则制定问题，还包括制度自身的实施效率问题。"② 对于制度的执行问题不是没有漏洞的，不是总是有效率的。制度为什么缺乏效率，这就要从制度执行的机制上找原因。制度经济学认为，如果没有制度的阻拦，人都是机会主义的。人们的个体理性所引起的对制度的偏见等主观因素，形成制度的执行行为中的社会诚信缺乏，造成的信息不对称，影响了对制度的执行效率。制度的阻拦可以理解为制度监管，解决制度为什么缺乏效率的问题，需要引入制度监管中的公平竞争机制，以"建设人人有责、人人尽责、人人享有的社会治理共同体"的国家政策导向为依据，开展以国家行政执法为主的监督体系，与社会组织和公私专业团体、自然人等多元化监管体系之间展开竞争。新型监管模式从技术上来说是不难实现的，就是要建立对社会治理的以法律、法规、标准、契约为依据的监管规则体系，建立社会治理监管的效率、质量指标体系，同时要对所有专业性的执法监管主体、非专业性的监管主体进行科学评价，只有这样才能将中国特色社会主义的制度优势充分发挥出来，为社会创造更多价值。

---

① 共产党员网 :http://www.12371.cn/2019/10/31/ARTI1572515554956816.shtml.

② 靳涛，石玉洁，蒋凯 . 制度有效性测度解析——基于制度经济学的视角 [J]. 桂海论丛，2012（4）：56-59.

第四节　社会数字治理与制度建设

一、制度的定义及相关概念

《现代汉语词典》对“制度”的定义为：要求大家共同遵守的办事规程或行动准则。约翰·R. 康芒斯（John R .Commons）给“制度”下了定义：“我们可以把制度解释为集体行动控制个体行动。”T.W. 舒尔茨（T.W.Schultz）和林毅夫认为，从最一般的意义上讲，制度可以理解为社会中个人遵循的一套行为规则。柯武刚和史漫飞把制度定义为用于共同体内的，众所周知的规则，它抑制着人类交往中可能出现的机会主义行为，并对违规行为施加某些惩罚。道格拉斯·C. 诺斯（Douglass C.North）则认为制度应该被视为社会的博弈规则，是人类设计的制约人们相互行为的约束行为，它定义和限制了个人的决策集合。

通过查阅 MBA 智库百科，制度一词有广义的解释与狭义的解释。就广义而言，在一定条件下形成的政治、经济、文化等方面的体系就是制度（或称体制），如政治制度、经济制度、社会主义制度、资本主义制度等。就狭义来讲，制度是指一个系统或单位制定的要求下属全体成员共同遵守的办事规程或行动准则，如工作制度、财务制度、作息制度、教学制度等。制度可使某个团体或单位的所有成员共同遵守某些办事规程和行动准则，从而为完成任务或目标提供保证。

社会治理是有组织的治理活动，社会治理必须在制度框架下，实行有秩序的、有纪律的社会治理。社会治理主体的各项治理行为必须合规合法。社会数字治理信用化是对社会治理制度执行情况进行客观的评价。

二、中国特色社会数字治理信用化制度建设

中国共产党第十九次全国代表大会明确指出，要加强社会治理制度建设，完善党委领导、政府负责、社会协同、公众参与、法治保障的社会治理体制，提高社会治理社会化、法治化、智能化、专业化水平。党的十九届四中全会提出：“坚持和完善共建共治共享的社会治理制度，保持社会稳定、维护国家安

全。”社会治理制度的建设涉及内容非常广泛，包括政治、经济、社会、法律等内容。诺斯认为，制度应该被视为博弈规则，是立法者、官僚资本或从事机制设计的经济学家明确设计的结果。社会治理制度的建设首先要关注博弈规则可能形成的结果是否与我国社会主义社会的宪法、法律规定的相一致，将关系到社会治理中各项活动是否能够顺利开展。社会治理需要依据国家宪法、法律、法规等，建立社会治理相关的法理性权威体系，社会治理中的权力应该远离个体理性，运用集体理性、开发群体智慧是社会治理理性化的治理前提。社会治理要在社会群体、组织、个体之间，营造一个相互协同、相互合作、增进互信、团结和谐的诚信社会环境，构建高度发达的信任社会。

1943 年，毛泽东在《关于领导方法的若干问题》中，首次明确提出“从群众中来，到群众中去”的领导方法，他指出：“在我党的一切实际工作中，凡属正确的领导，必须是从群众中来，到群众中去。”这就是说，将群众的意见（分散的无系统的意见）集中起来（经过研究，化为集中的系统的意见），又到群众中去进行宣传解释，化为群众的意见，使群众坚持下去，付诸行动，并在群众的行动中检验这些意见是否正确。然后将群众的意见集中起来，再到群众中检验这些意见是否正确。如此无限循环，一次比一次更正确、更生动、更丰富。这就是马克思主义的认识论。广泛发扬民主，到群众中采集群众的正确的意见，也是运用群体智慧的方法论。美国作家詹姆斯·索罗维基认为，我们要么是低估了群体的智慧，要么是高估了精英或者专家们的作用。同时，他提出，从逻辑上说，决策需要集中尽可能多的管理者的意见，构建创新型社会和高度发达的信任社会，也需要群体智慧。

当今的社会，计算机信息技术和互联网传媒技术的快速发展使组织与组织之间、组织和个体之间的距离变得不再遥远，合理科学地利用群体智慧，在技术上变得可行，并且利用的成本会大幅降低。需要了解利用群体智慧相关数学理论，构建符合客观事实的分析模型，把握激发组织内群体智慧的原则，通过社会治理信用化各项工具，激发社会治理下的组织活力，从而提高社会治理效率。对于群体智慧科学有效的具体运用将会对制度创新和技术创新活动，以及制度的执行产生深远的影响。社会治理制度高性价比的选择可以降低制度自身的缺陷，规避社会治理中由于制度的短板所形成的制度风险。

社会数字治理信用化是社会治理理论结合社会信用体系理论下的创新，社会信用体系被专家称为制度诚信（信用）。社会数字治理需要遵守数权法。互联网解决了数字信息的传输问题，对于数字信息数权问题，数权法在保护数权的情况下，实现数字信息的价值。数权法作为社会治理制度的一部分，对社会数字治理的数字政府治理、数字组织治理的建设，以及数字文明的进步和发展，必将产生积极而又深远的影响。

第五节　社会数字治理中相关的责权利关系

一、社会治理中的责

在国家治理体系和治理能力现代化上，真正的“治理”活动需要人民作为“主体”的承担者和实践者。人民的主体地位首先表现为主体意识和主体责任，而主体责任则主要体现在人民对国家的责任，人民对自己行为的责任。只有真正建立起人民的主体地位、责任意识，才能实现人民当家作主，实现人民群众对人类历史的主动创造和直接推动。

责任是什么？责，分内应做的事；任，相信，信赖。责任指个体分内应做的事，来自对他人的承诺、职业要求、道德规范和法律法规等；指没有做好自己工作，而应承担的不利后果或强制性义务。责任有道德责任、社会责任、法律责任、经济责任、公共责任、公众责任、组织管理责任、企业社会责任等，这些责任都与社会治理的责任相关联。

在依法治国的前提下实现国家治理体系和治理能力现代化，要转变政府职能，同时要确立政府、社会和个人这三大治理主体之间平等的伙伴关系。

社会治理责任来自国家、市场和社会三者间的关系，社会治理的主体是由政府、社会、个人组成的，这些责任主体可以分成组织和个人两大类。组织是由于社会分工形成的职业群体（团体），有了职业群体（团体），才有了个人在职业群体（团体）中承担不同的角色。一般情况下，没有法律规则和道德约束的组织是难以承担起组织内外各项繁重而又复杂的任务的，尤其是在如今竞争日趋激烈的创新社会中。实际上，个人对自己的负责就是对社会的负责，就是对组织的负责，组织对自己的负责就是对社会的负责。一个人的绝对责任不在于把普通人的所有特质都集中在自己身上，而在于把这些特质用于他的职业。同时，我们应该清楚认识到，在职业群体（团体）中成员的个人责任，因为受群体利益相关者利益博弈的影响，其个人的责任可能是有限的。同样，职业群体（团体）的责任受到其他群体的影响，其责任也可能是有限的。通常可以通过对群体、群体成员之间内外制度的博弈分析来明确职业群体（团体）和群体成员等相关的行为主体所应该承担的责任。

二、社会治理中的权力

权力是什么，权力的概念有很多，社会学、政治学、经济学等都对“权力”进行过研究，且各学科的侧重点不同，如政治学偏重于权力的强制性，社会学偏重于权力的社会关系本质，管理学偏重于管理权力的控制性。韦伯认为“权力是某社会关系中一个行为者将处于不顾反对而遵循自己意志的地位的概率，不管这种概率所依据的基础是什么”。[①]权力是政治意义上的概念，是指有权支配他人的强制之力。现实中的权力运行更多地与组织内的服从联系起来，往往指的是上级支配下级的控制能力。政治学常将权力作为利益集团实现其目标的工具。马克思认为无论是财产权力（所有者拥有的权力）还是政治权力（国家拥有的权力），它们都是一个阶级用以压迫另一个阶级的有组织的工具。[②]波朗查斯认为“权力是一个社会阶级实现其特殊的客观利益的能力”，在这里，阶级被看作利益集团，权力成为阶级实现其集团“私利”的工具，同时包括实现社会利益从而巩固其权位的机制。我们提出了经济学研究的权力范式，所谓权力，泛指凭借所掌握的资源而形成的对他人的影响力和控制力。从经济学角度来看，权力就是权力主体对资源的控制力。在这里，资源可以是物，如生产资料、货币、资本、自然资源等；可以是人，如人力资源；也可以是政治资源、经济资源或社会其他资源。人们进行经济活动的根本目的是追求利益最大化，利益通过分配机制来获得，利益分配机制的形成是各种权力博弈的结果，权力的格局决定分配的格局，分配体系与权力体系是同构的。为了达到资源的充分利用和最优配置，进而实现社会利益和社会福利的优化，对于不同的经济主体要求权力对等，同时确保每一经济主体权力与责任的对称。

在组织层面，权力是一种组织结构变量，是组织等级结构的基础。人们为了获取社会和物质资源而彼此相依，但由于资源分布的不平衡，一些个体就具有了控制其他个体获取资源的能力，控制手段可以是提供资源（奖赏）或阻止资源获取，甚至实施惩罚。奖赏和惩罚可以是物质的，如实物、金钱、身体伤害，也可以是社会的，如知识、情感、友谊、决策机会、排斥，所以“相依”

① 许斌龙．法理学视野下的权力概念 [J]. 党政论坛，2008（17）：41-43.

② 朱启才．经济学中的权力范式及其运行关系研究．财经研究，2008 年（12）：97-106.

和“控制”是绝大多数权力定义的核心和本质特征，这与拉莫斯（Lammers）等人提出的社会权力概念非常相似。组织行为学对权力的定义：权力一般而言是一种能力，具体是指某人影响其他的人做其原本或许不愿意做的行为的一种能力。此定义有三种内涵：①权力是一种潜力，不需具体实现；②权力间有依赖关系；③被动人对其自身行为有一定判断力。组织中的权力是指个体或组织利用资源来实现特定目标的能力，它存在于关系之中。“组织中的权力可分为个人权力和职位权力，两者对组织的影响并不相同。同时，虽然权力与地位同为组织的两个相似基本要素，但两者概念有所区别且对组织影响也不相同。权力对组织同时具有消极、中性及积极的影响，并可以通过三种理论进行解释。”①

在社会治理的过程中，应清楚了解社会学、政治学、经济学、组织管理学中的权力概念，同时对组织中的行政权力、专家权力等概念也要有全面认识。

2015 年 2 月 2 日，习近平在省部级主要领导干部学习贯彻十八届四中全会精神全面推进依法治国专题研讨班开班式上强调：“权力是一把双刃剑，在法治轨道上行使可以造福人民，在法律之外行使则必然祸害国家和人民。把权力关进制度的笼子里，就是要依法设定权力、规范权力、制约权力、监督权力。”②

“权力的拥有者亦是自然人，而自然人的自利属性决定着其本身追逐私利的可能性。‘权力寻租’是‘理性人’追逐自己利益最大化的最好体现。权力寻租的拥有者在获取政治资源的过程中，必然付出了相应的代价（时间的机会成本、身体健康、闲暇的享受）。‘权力寻租’是政治资源的拥有者前期投入后期获益的过程，也是一个政治家的投入产出过程。只要有权力，‘权力寻租’自然会相伴相随。”③

依法治国、建设社会主义法治国家，所有权力的行使都要合法合规。权力的行使一般是在群体或组织中开展的。社会治理有责任对组织和个人的权力进行规范，社会治理信用化就是使权力的行使规范化，要有一个一般性的衡量标准。这就需要对权力的运行轨迹，在技术层面设置观察点，因此要有足够多的

① 段锦云，卢志巍，沈彦晗．组织中的权力：概念、理论和效应 [J]. 心理科学进展，2015（6）：1070–1078.

② 内蒙古日报．习近平：把权力关进制度的笼子里 [EB/OL].（2013–1–22）[2015–09–07]. http://theory.people.com.cn/n1/2017/0608/c40531–29327086.html.

③ 汤黎明．“权力寻租”的经济学思考与规避 [J]. 中国证券期货，2009（6）：70–71.

渠道来获取这方面的信息，提高对权力行使合法性的判断能力。因为提升社会治理能力依赖这部分信息提取的质量，高质量的信息有助于实现社会治理中的各种治理目标。

组织中不同等级的领导一般拥有不同的权力。领导者素质理论是管理科学的基础理论，也是管理科学自 20 世纪产生以来研究探讨的问题，素质理论认为，领导绩效的优劣与领导者自身的素质高低有关，而领导者自身素质高低也必然成为影响领导者权力大小的条件，即构成权力要素，或称为权力资本。“权力资本化指的是利用自身拥有的政府公共权力，以及通过资本的经济活动获取政治特权的方式，以谋取个人或集团的非正当的额外利益或垄断利益的行为。”[①] 领导者利用自身拥有的权力开展的权力寻租活动，所导致的结果往往就是权力和资本的结合，即权力资本。

权力对一个组织来说是一种稀缺资源。组织中的权力大小与职位等级的高低有关、与组织中可支配资源的多少成正相关，同时组织中的权力是组织中的稀有资源，很多人希望拥有权力，也导致有些人拼命去争夺权力。不同的人在组织中，运行权力的能力是不同的，既可以为组织获取合法权益，也可能获取非法权益，非法权益有可能给组织带来损失。非法的权力运行主要是由个人的诚信风险引发的，这就意味着组织中的权力运行人存在着信用能力问题，如果给组织或社会带来损失，就要承担相应的责任。权力越大意味着责任越大。组织管理者（领导人）的权力运行是为了有助于实现组织目标，并非用于先行实现个人目标，组织目标任务完成的程度和质量能够体现出组织或个人实施权力的能力。组织中权力赋予不同的人，为组织做出的贡献是不同的。社会治理对权力运行的有效性的观察需要社会治理（管理）技术的不断进步，获取相对精准的信息数据，才能真正将其运用到组织和管理中。为保证干部岗位的公平竞争，应实施干部能上能下的相关政策。

社会治理中的权力属于广大人民群众，权力就意味着责任，社会治理的主体是人民群众，人人有责，人人尽责。这就意味着要让广大人民群众广泛地参与到社会治理活动中来。人人有责，责任是与权、利相续的，也就意味着要将基层管理模式切换到基层治理模式，需要进行制度创新和技术创新，实现我国现代化的社会治理模式。明确社会治理主体与被治理主体的权责范围，社会治理的各项制度将在社会治理实践过程中不断创新。

---

① 李祚海，王雷．权力资本及其背后的寻租探讨 [J]. 商场现代化，2010（25）：208-210.

三、社会治理中的利益、权利

利益是什么？“利益的内涵是人们对现实与未来‘好处’的追求，利益诉求在经济发展的初期是以物质利益为主导的，随着社会的发展，对精神利益的追求愈发重要，并成为时代的特征。”①根据对 MBA 智库百科的查询，利益包括个人利益、集体利益、国家利益。

个人利益包括个人物质生活和精神生活需要的满足、个人身体的健康、个人才能的利用和发展等。

集体利益是社会集团全体成员的共同利益，与所在社会的生产资料所有制有密切联系，不同的所有制关系决定了集体利益不同的性质。在社会主义国家，集体利益从一定意义上讲，是指国家和全体人民的利益，同时也指人们所在集体的全体成员的共同利益。集体利益具体包括社会集团公有的自然资源或集体所有的生产资料、资金、教育、文化娱乐设施等。

从国家整体利益上考虑利益关系，国家利益就是满足或能够满足国家以生存发展为基础的各方面需要并且对国家在整体上具有好处的事物。

马克思指出：“人们奋斗所争取的一切，都同他们的利益有关。”②这就告诉我们，利益是人们进行历史活动乃至一切社会活动的最终目的，是一切社会冲突和社会矛盾现象产生的根源。社会治理关注社会各类组织内外部的利益协调问题，从而解决破坏社会团结和谐的各类矛盾。

利益协调是指“在充分考虑各主体利益需求的基础上，统筹兼顾，合理调节和化解各种利益矛盾，妥善处理整体利益与局部利益、当前利益与长远利益、物质利益与精神利益等方面的关系”。③

权利是什么？“权利之本质为法律所保护的利益。凡依法律归属于个人的利益，无论是物质的还是精神的，即为权利。”④

权利的内涵：“权利一词的内涵十分丰富，作为一个抽象意义上的名词，权利指正义或伦理上的正当。由以上权利的概念可以看出权利有以下几个特征：首先，权利是法律关系的两大内容之一；其次，权利是法律关系的主体依

① 孔爱国，邵平．利益的内涵、关系与度量 [J]. 复旦学报（社会科学版），2007（4）：3-9.

② 中央编译局．马克思 恩格斯选集．第一卷．北京：人民出版社，1991：21.

③ 杨少垒．马克思恩格斯利益协调思想的当代解读 [J]. 求实，2009（9）：4-7.

④ 征汉年，章群．利益：权利的价值维度——权利本原解析之一 [J]. 国家教育行政学院学报，2006（7）：33-39.

法能够作为或者不作为一定行为的权能；最后，权利是依赖国家法律而存在的，即权利与法律是紧密相连、密不可分的，法律以权利为核心内容，权利以法律为其存在形式。”①

社会治理中权利依赖国家的法律而存在，正当权利受法律保护。社会治理中相关利益的保护需要依据社会治理中的制度来协调。群体和个人的利益协调主要包括横向的组织与组织之间、纵向的组织内部各部门之间存在结构性的各类利益分配协调机制问题，尤其要关注组织内部人员之间的利益分配问题，是社会矛盾集中体现的部分，涉及人民群众的获得感和对国家的认同感问题，是国家的一件大事，关系到创新型社会的构建。创新型社会是以激发社会活力为前提的。激发社会活力，首先要解放人性，才能放开手脚，投入社会创新活动中去，经济利益分配的公开、公正、公平是基础，在此基础上提高人力资源的有效利用率，要有以人为本的社会发展观。通过社会治理的创新制度来引导社会各个领域的利益分配，朝着更加公正、公开透明的方向发展。按照国家的宪法、法律、政策中有关收入分配的原则精神，结合政治、社会、经济领域对社会利益分配的科研成果，对社会各类相关组织的内部分配制度的合理性、规范性、执行质量进行监管。这既涉及政治和法律领域，也涉及经济等领域，需要更多的政府部门、社会组织等主体参与到利益分配的制度创新和技术创新的工作中来。人民群众的利益公平分配要与社会主义法治社会和创新型社会的建设相依相随。

四、数字治理中的责权利

什么是责权利？责权利是责任、权力和利益的简称。“责”就是应当承担的责任，是对应职位上所应当负责的义务，通俗地说是分内应该完成的事情或实现的目标；“权”是权力，是个人职责范围内被赋予或拥有的支配力量，通常被描述为组织中人与人之间的一种关系，一般指由国家行政体系与业务运行中向特定人（岗位）或单位明确的支配力量，特指处在某个管理岗位上的人对整个组织或所辖单位及人员的一种影响力，简称管理者影响别人的能力；“利”是利益，是指在一定的生产基础上获得的社会内容和特定的需要，是一个社会学意义上的概念。

通过对责权利关系进行量化分析，解决责权利三者之间相互结合的均衡度

① 赵全礼．浅析权利与权力的关系 [J]. 现代经济信息，2009（11）：231.

量问题，可以得到以下的责权利关系：责权系数和责利系数都小于1，显然是责小于权和责小于利，并不公平；责权系数和责利系数都等于1，显然是责权利相称；责权系数和责利系数都大于1，显然是责大于权和责大于利，很不公平。贯彻“责权利相结合”原则，要求做到：①责权利三位一体，即责任、权力、利益均统一于责任承担者一体，责任者既是责任的承担者，也是权力的拥有者和利益的享受者。②责权利互相挂钩，使成员能够有责权有利，克服有责无权或有责无利的责权利脱节状况。③责权利明晰化，使成员知道具体的责任内容、权力范围和利益大小。

现代管理学认为，责任、权力、利益三者应该大体匹配和均衡，不匹配或不均衡会产生许多消极甚至危险的现象。领导者的任务之一就是纠正和平衡三者的关系，避免诸如责大而权小、利小或者权大、利大而责小之类的失衡现象。监督应该是全方位的，不是仅对权力的监督，而且是对责权利的全面监督；否则，就会出现各种“死角”。当然，重点是对权力行使的监督。不受监督的权力必然导致腐败，这是毋庸置疑的铁律。

责任往往与权力、利益相伴。以责任为首，权力、利益均统一于责任之下。责权利的量化有很多的前提条件需要解决，比如，组织中的各种公平竞争主要由创新公平制度及制度诚信执行的监管来保障的。随着现代社会专业分工的精细化程度越来越高，管理者的各项决策需要更多专业知识来获取相关的数据资料，并根据所获的数据进行科学的决策。组织中个人权力的运行能够体现决策者规避风险的能力，决策前获取数据资料往往需要群体之间的合作，否则决策给组织带来的风险会越来越大。社会治理要更加注重组织内外的合作协调，组织领导需要汲取组织中的群体智慧，这对领导者的决策精度和权力运行平稳至关重要，同时利用集体智慧来监管权力运作的规范性。组织中的权力不仅有行政权力，还有专家权力等。对组织中各种权力的监管要纳入日常规范性的工作流程，不可流于形式，将权力和责任、义务相分离，及时制约权力行使中的违规行为。

利就是利益，维护利益，也就是得到好处，权力对利益的分配有支配力量，利益包括物质利益和精神利益。权力决定着组织的剩余财力资源在成员之间如何分配，利益分配往往是社会矛盾和冲突的起点，加强社会矛盾的源头治理，就要从权力支配形成的利益分配关系出发，解决社会或组织中的利益分配不公产生的矛盾，要能够体现利益分配关系的合法合规，分配利益制度的规则要公开公正，获得社会或组织内部广大成员的普遍认同。对违反组织利益分配规则的，组织中每一个人依据规则都有权提出反对意见，对分配制度存在争议的事项，可以引入社会力量参与设计相关制度，实现收入分配公平的最大公约数。这些需要国家层面提供的政策支持，借助社会治理的制度创新和技术创新成果，深入组织的每个与利益相关的环节，让社会利益分配公开、公正、合法，为组织中的每一个人建立参与组织治理、提出合理建议和合理批评的保护机制。科学的、精细化的利益分配制度执行体系能激发组织成员的积极性、创造性，对快速壮大组织具有重要意义。

第六节　社会治理中的责任

一、问责制

问责制本质上就是一种对责任的追究机制。“问责制是监督公职人员的履职机制，在国家治理中，公职人员的履职状态直接决定国家的发展和治理水平。”[①]可见，问责制是社会治理中非常重要的一个环节，如果缺失了这个重要环节，社会治理的质量将无法得到保障。党中央高度重视社会治理中的责任问题，党的十九届四中全会提出了“建设人人有责、人人尽责、人人享有的社会治理共同体”。这为社会治理中问责制的创新制度建设提供了政策依据，社会治理中的责任概念必将得到更大范围的拓展。

人在社会中的角色不同，其责任大小也不同，一般责任与权力的大小相联系，权力越大，责任也越大。社会治理中的组织治理要到相关的群体中找到责任的源头，这需要建立责任分配的规则，而所有的社会治理问题都是要找出责权利不均衡的原因。责任在职权和利益之前，所以治理责任是个重点。社会治理通过治理主体之间的上下互动、协商、合作、沟通的伙伴关系，让原本利用组织多层结构的信息不对称来隐藏自己责任的人主动来承担自己的责任。构建科学而又精细化的社会治理中的问责制体系，必将在社会治理体系中发挥其重要的作用。

① 刘素华．启动问责制，推进国家治理体系和治理能力现代化 [EB/OL].（2020-2-12）[2020-02-15].http://www.calaw.cn/article/default.asp?id=13540.

二、社会治理中权力问责

美国的民主权力的选举权对广大民众来说是一种形式，因为还有权力大于政府的利益集团来左右政府的行为。所以，美国最核心的社会制度不是为广大国民服务的，而是服务于一部分利益集团和少数富人阶层。美国腐败的一种表现是政党分赃制度化。美国资本主义社会的一切权力集中在少数人手中，普通民众仅有选举权。但根据我国宪法规定，中华人民共和国的一切权力属于人民。美国宪法也没有一个单独的、系统规定公民权利的权利法案，我国的宪法和美国的宪法存在着很大的区别。中国人民用好手中的权力，维护国家宪法的权威，也是每个人的责任。

我国的宪法与西方资本主义国家宪法有着本质的不同。《中华人民共和国宪法》序言指出："中国人民掌握了国家的权力，成为国家的主人。"《中华人民共和国宪法》第一条规定："中华人民共和国是工人阶级领导的、以工农联盟为基础的人民民主专政的社会主义国家。社会主义制度是中华人民共和国的根本制度。中国共产党领导是中国特色社会主义最本质的特征。禁止任何组织或者个人破坏社会主义制度。"

权力是尽到责任所必需的手段，但是就责任和权力两者而言，责任始终应该在权力之上。"要加强对权力运行的制约和监督，把权力关进制度的笼子里，形成不敢腐的惩戒机制、不能腐的防范机制、不易腐的保障机制。各级领导干部都要牢记，任何人都没有法律之外的绝对权力，任何人行使权力都必须为人民服务、对人民负责并自觉接受人民监督；要加强对一把手的监督，认真执行民主集中制，健全施政行为公开制度，保证领导干部做到位高不擅权、权重不谋私。"①

上述我国宪法精神和国家层面的相关政策指引对加强对权力运行的制约和监督，把权力关进制度的笼子里提出具体的要求，为问责制提供了法理性和政策层面的依据。权力问责更多地存在组织中的职权，国家行政、企事业单位组织的行政领导的职权代表着国家的利益和人民的利益，是权力问责的重点。权力资源是指在权力形成过程中所凭借的各种主客观条件，是权力形成过程中所耗费的有形、无形的资源总和。通过上网查询，在百度百科里获得资源的经济

① 习近平在十八届中央纪委二次全会上发表重要讲话 [EB/OL].[2013-01-22].http://www.china.com.cn/news/txt/2013-01/22/content_27763596.htm.

学名词解释：资源是指一国或一定地区内拥有的物力、财力、人力等各种物质要素的总称。资源可分为自然资源和社会资源两大类。前者如阳光、空气、水、土地、森林、草原、动物、矿藏等。后者包括人力资源、信息资源及经过劳动创造的各种物质财富等。权力运行过程中会消耗各种资源。随着社会的进步和科学技术的发展，该资源可以通过数字量化形成货币化的计量单位。同时，数字化分析权力运行过程中所消耗的资源多少，能够体现权力运行能力的一个重要方面，可以成为考核权力运行能力的重要方法。

张永忠在《现代化视野中权力资源的配置》一文中指出："权力资源配置依次经过了以暴力资源、经济力资源、说服力资源为主导的三大阶段。"[①] 暴力资源的局限性：暴力资源所配置出的权力具有先天的合法性缺损；通过暴力资源配置出的权力主体极易形成特权集团；运用暴力资源配置权力是人类理性有限性的结果。经济力资源仍然具有其局限性：依靠经济力资源配置出的权力从表面上看不再带有暴力资源所特有的强制性，但它仍具有隐性的强制性；经济力资源占主导地位的权力配置阶段正是人发展的第二阶段，人处在有限的独立性阶段，还没有达到人的全面发展阶段。说服力资源代表了人类权力资源新的发展阶段，代表了人类权力配置的最新方向，这是因为说服力资源的运用体现了人类理性的力量，体现了人类自主性力量，说服力资源在权力配置中的运用会带来权力运行的低成本、高效益。

社会治理的理论与统治不同。治理指的是一种由共同的目标支持的活动，这种管理活动的主体未必是政府，也无须依靠国家的强制力量来实现。治理是一个上下互动的管理过程，主要通过合作、协商、伙伴关系、确立认同和共同的目标等方式实施对公共事务的管理。社会治理理论与说服力权力资源理论能够找到结合点，就说明社会治理自上而下与自下而上的互动过程更加需要权力的说服力资源，但在社会治理过程中运用说服力资源，是要根据社会治理的原则来执行的，社会治理的原则制定是以法律、法规、标准和契约为依据的，从而建立社会治理的权威体系。也就是运用说服力权力资源，事先要制定社会治理的制度，制度制定是以法律、法规、标准和契约为依据的。社会各治理主体能不能履行制度的"约定"可以在社会治理各主体之间以契约的形式出现。诚信履行自己职责范围的制度是个道德问题，社会治理信用化的作用就是要检测制度执行的诚信度。遵守道德就意味着履行责任，任何责任都是有限的，都会

① 张永忠．现代化视野中权力资源的配置：中共中央党校硕士学位论文 [C]. 2005（5）：1.

受到其他责任的限定，如果我们为他人所做的牺牲太多，就不免要自暴自弃，如果我们过分地发展自己的人格，就不免会自私自利。此外，我们的所有责任也是受我们的其他自然需要限制的。在社会中，组织内的相关责任或许并不是独立的，会受到其他的责任主体或者自然因素的制约和关联。所以，责任需要实证分析，充分运用说服力权力资源，才有说服力，权力的运行才具有权威性。社会数字治理信用化需要依靠高质量的责任证据数据资源来实现社会治理主体之间的责任分配的客观性。高质量的责任证据数据资源为社会治理未来充分利用大数据、人工智能等科学技术提供了可能，也是用先进的科学技术手段来处理海量的社会治理信息的基础性条件。

三、社会治理的责任主体分析

社会治理的权力问责首先要搞清楚哪些是社会治理主体及主体间的关系。“主体间关系主要体现在党委、政府、社会、居民这四大社会治理主体的治理功能上。这四大主体之间是一种双向互动的线性功能关系。”[①]社会治理是一个整体系统，包括主体和客体等要素。作为多元集合体的主体要素由党委、政府、社会组织和公众构成。这个多元集合体内部的各个治理主体间并非毫无关联、各自发挥作用，而是相互协调的，在社会治理中形成合力。上述学者通过对国家政策精神的概括，将社会治理主体分为党委、政府、社会、居民（公众）四大社会治理主体，还提到了社会治理主体是一个多元集合体，集合体内部还有各个治理主体。又有学者提出了社会治理主体精确界定还不够精准。“诚然，社会治理的主体可能不太明确，在现实社会生活中难以精准界定，而且在不同的时空语境中，主体序位和权重系数也可能会有所变化。但社会治理的主题却一直十分清晰，主题虽然处于流变之中，但是其变迁的轨迹仍有迹可循、清晰可辨。”[②]这其实需要将社会治理纵横向集合体内部的治理主体进行延伸。这样才能与习近平总书记在党的十九届四中全会中提出的“建设人人有责、人人尽责、人人享有的社会治理共同体”的要求相符合。社会治理也是需要社会分工的，不同的治理主体承担的治理任务是不同的，不同行业有不同的治理任务，行业、部门、单位往下延伸到个人，由于承担的责任义务不同，也

① 曾维和，贺连辉．社会治理体制创新主体结构及其运行机制 [J]. 理论探索，2015（5）：82–87.

② 龚维斌，龚春明．中国特色社会主义社会治理体制基本框架论略 [J]. 社会科学研究，2016（5）：86–92.

存在着不同的治理任务。问责也存在于不同类型的组织内外部，不同的部门可以有行政问责、制度问责、诚信问责等。社会治理信用化将为社会治理提供技术支持，在政府主导下及在征求专家、学者的意见的前提下，将对社会治理的问责要素进行分解，建立一般性的问责标准衡量指标体系，从而满足建设社会治理现代化体系的迫切需求。

四、数字治理中的问责依据

数字治理中的问责制可以依据委托代理理论，通过社会治理各方相关的责任关系，形成委托人和代理人之间的委托代理关系，这一系列的委托代理关系需要进行科学的制度性安排，从而实现委托人对代理人的约束力，它一般需要代理人必须积极回应和满足委托人对代理人已约定的相关要求。“委托代理理论是近代以来契约理论最重要的发展之一，由美国经济学家伯利和米恩斯提出，主要研究在利益相对冲突和信息不对称的环境下，委托人如何设计最优契约结构激励代理人。”[①]委托代理理论建立在非对称信息博弈论的基础上，是制度经济学契约理论的主要内容之一。委托代理关系是指一个或多个行为主体根据一种明示或隐含的契约，指定、雇用另一些行为主体为其服务，完成委托的任务，同时授予代理者一定的决策权力，并根据代理者提供的服务数量和质量向其支付相应的报酬。

社会治理中的问责是在有层次性和结构性的组织内寻找相关责任。社会治理主体由党委、政府、社会组织和公众构成，社会治理是有组织的多层次组织治理活动。问责是以国家的法律、法规、标准和契约为依据的。根据不同层次的组织、不同层次的组织任务来设计不同的协议（契约）。通常需要在沟通、协商、互动、合作、共识的基础上，建立符合组织实现目标和任务的各种协议（契约），并且以组织治理的相关制度来监督各种协议（契约）被有效地执行。

数字治理是利用计算机网络化的信息技术，根据社会治理人人有责的原则，每个人都是责任主体，都是一个责任单元，建立每个责任网络电子单元账户，将协议（契约）责任明细输入每一个网络单元账户。一旦问责程序启动，就可以通过查询协议（契约）条款来认定是否存在相关责任。

① 王晓荣 . 委托代理理论视域中的政府服务与民众参与关系研究 [D]. 南京：东南大学，2018.

五、社会治理中的党委

党委是党的各级委员会的简称。在中国，党委指的是中国共产党的各级委员会，特指中国共产党的地方各级委员会和基层委员会。从党委问责来看，2019 年 9 月，根据新的形势、任务和要求，党中央对 2016 年 7 月中共中央印发的《中国共产党问责条例》予以修订，为党的问责工作提供了制度遵循，推动失责必问、问责必严成为常态，发挥了全面从严治党的利器作用。通知要求，各级党委（党组）要增强“四个意识”，坚定“四个自信”，做到“两个维护”，担负起全面从严治党政治责任，坚持有权必有责、有责要担当、失责必追究，把制度的刚性立起来。要抓好《中国共产党问责条例》学习宣传和贯彻落实，把学习贯彻《中国共产党问责条例》与“不忘初心、牢记使命”主题教育结合起来，组织党员干部进行对照检视，切实把《中国共产党问责条例》要求转化为担当行动。各级纪委（纪检组）要履行好监督专责，党的工作机关要立足本职，敢于问责、善于问责，提高制度化、规范化水平。修订后的《中国共产党问责条例》新增规定，防止问责泛化、简单化等问题，发现问责事实认定不清楚、证据不确凿、依据不充分、责任不清晰、程序不合规、处理不恰当，或者存在其他不应当问责、不精准问责情况的，应当及时予以纠正。

对于上述《中国共产党问责条例》中的概念需要仔细研究。比如，“四个意识”即政治意识、大局意识、核心意识、看齐意识。“四个自信”即中国特色社会主义道路自信、理论自信、制度自信、文化自信。“两个维护”是指坚决维护习近平总书记党中央的核心、全党的核心地位，坚决维护党中央权威和集中统一领导。这对社会治理中不同治理事务的问责具有指导作用。《中国共产党问责条例》可以作为社会治理中对党委领导下的社会治理的具体事务进行问责的政策参考依据，为社会治理事务精确问责提供了政策引导，对及时开启我国社会治理的制度创新的窗口有着重要意义。制度创新将会涉及相关法律、法规、标准、契约等，在社会治理中的实际运用中侧重点的调整最终体现出社会治理能否达到精确治理的问题。社会治理需要有一个持续治理制度创新的环境，良好的社会治理制度也是构建我国法治化社会的一个重要组成部分。通过对社会治理主体的社会治理事务的精确问责，能够加快社会法治化建设步伐。

《党政领导干部选拔任用工作条例》《中国共产党纪律处分条例》《关于实行党政领导干部问责的暂行规定》等党内法规和《中华人民共和国公务员法》、中共中央印发的《中国共产党党组工作条例（试行）》等都涉及社会治理中与责任相关的问责重点要素。依法治国要求社会治理的一切行为都纳入法律的框架内，一切社会治理活动都要有法可依。在上述法律法规的指导下，以相关的法律法规、制度、契约来制定各项社会治理制度，是社会治理中党委问责制走向制度化的重要依据。

六、社会治理中的政府

罗豪才教授说："国家行政机关是一个国家的统治阶级运用国家权力，组织和管理国家事务的机关；国家行政机关又称国家管理机关，简称政府。"[①]《辞海》："政府，即国家行政机关。国家机构的组成部分。"《简明政治学辞典》："政府[②]，通常指国家行政机关。国家机构的重要组成部分；统治阶级行使国家权力和实施其政策的主要工具。"从目前看，比较统一的看法是："政府即国家权力机关的执行机关。"[③]

政府组织指行使国家赋予的职权，执行国家意志，代表国家处理政务的机关。政府组织有广义和狭义之分，组织结构是纵横向的网络结构。

中国共产党第十八次全国代表大会上的报告明确指出：要按照建立中国特色社会主义行政体制目标，深入推进政企分开、政资分开、政事分开、政社分开，建设职能科学、结构优化、廉洁高效、人民满意的服务型政府。

《法治政府建设与责任落实督察工作规定》《国务院办公厅关于加强行政规范性文件制定和监督管理工作的通知》《中共中央关于全面推进依法治国若干重大问题的决定》《民政部关于 2019 年贯彻落实〈法治政府建设实施纲要（2015—2020 年）〉情况的报告》等政策性文件为社会治理中的政府问责制度建立提供了法理性依据。

社会治理中的政府问责就是要建立责任政府。所谓责任政府是指政府及其公务人员能够积极地对社会民众的需求做出回应，并采取相应的政策举措，公正无私、卓有成效地满足民众的需求。责任政府如果缺少政府问责制度，必将导致"政府失灵"现象。所谓政府失灵就是政府克服市场失灵所导致的效率损失已超过市场失灵所导致的效率损失，即政府未能有效克服市场失灵，甚至阻碍和限制了市场功能的正常发挥，引起了经济关系的扭曲，加剧了市场缺陷和

① 谢庆奎．当代中国政府与政治 [M]. 北京：高等教育出版社，2003：5..

② 简明不列颠百科全书 [M]. 北京：中国大百科全书出版社，1998：345.

③ 蒋玉林，地方政府机构改革中的"能力本位"构筑 [J]. 云南行政学院学报，2000（1）：39-43.

市场混乱，难以实现社会资源的优化配置；或者政府的干预效率低下，成本高昂。“政府失灵”也称“政府失效”的原因有很多，其中包括政府的决策数据失真导致的错误决策、信息不对称导致政府组织运行效率低、政府组织内部人员诚信缺失引发的寻租和腐败等。另外，这与历史上古代中国社会长期实行的社会制度有关。“中国传统的史治文化存在着许多的不良思想。首先是官本位思想，它只要求官员对上级负责，没有要求对民众负责，致使各级官员只重视手中的权力，而忽视其履行的义务和应承担的责任，造成了社会公众与政府的疏离，致使政府及其官员在社会公众心目中的形象受损，权威性不足。”① 政府官员的权力是人民赋予的，政府官员要对国家和人民负责。所以，需要建立责任政府概念。通常意义上的责任是指：①使人担当起某种职务和职责；②分内应做的事情；③若做不好分内应做的事，则应接受惩罚。也就是说，责任指一个人做分内应做的事，在做不好时应当接受制裁或惩罚。政府组织自身的自我革命确实不太容易。组织从本性上就是保守的，它们积极抵制变革。针对“政府失灵”的矫正措施需要引入社会治理创新方法和技术，协助政府问责制的完善。政府问责制是一系列问责制度的综合，是一套完整的责任体系与责任链条，主要涉及为什么负责、对谁负责和通过什么机制负责。

不是每个政府组织都是完美的，其总会在组织内部管理上存在着各种各样不同的短板，建立政府问责制是消除各项短板的有效方法。社会治理有各种理论方法和技术工具，政府有责任使用这些创新的方法和技术成果，通过治理过程的协调、互动，运用群体智慧和集体行动，增进各项责任的共识。建立一种合适的政府组织良性竞争机制，落实明确的政府职责，利用社会治理构建的社会治理网络，消除组织等级之间的信息不对称现象，从而提高各项决策的准确率，提高政府组织的效率和政府组织自身的管理能力。引入市场机制，大力吸引社会组织专业网络治理力量，破除家长式、独裁式、官僚的形式主义管理模式，清除与国家宪法、法律、政策相抵触的为寻租活动提供便利的潜规则，清理与国家政策相抵触的违规内部制度，从而让国家的政策和法律法规等顺利抵达组织内部的各个环节，形成民主、公平、公正的组织环境，充分发挥组织中每一个人的潜能和智慧，为社会提供多样化的高质量社会服务，满足公众不同的需求。

---

① 吴练斌 . 问责制度的理论基石及意义探究 [J]. 法制与社会，2009（25）：209-235.

七、社会治理中的社会组织

“首先要明确社会组织的界定。社会组织有广义和狭义之分：广义的社会组织指社会整体以及构成社会整体的各个部分的结构形态，包括人们从事各种共同活动的所有群体形式；狭义的社会组织指人们为了实现特定的目标，按照一定的宗旨、制度、系统建立起来的社会群体，尤其是那些建立在业缘关系之上的现代社会组织，如政党、政府、企业、学校、医院、社会团体等。这里我们取其狭义的界定。此外，有两点需要说明：一是文中所指的社会组织不包括政党、政府；二是社会组织更多的是指非营利性的社会团体，在特殊情况下包括企业、学校、医院等机构。”[①] 社会治理中涉及的组织概念是广义的社会整体各个部分的结构下的各种类型的组织。

社会组织又称非政府组织、非营利组织、公民社会等，在提高社会治理效率，改善社会治理结构，满足现代社会公众多元化、个性化的需求方面发挥着日益重要的作用。在中国的语境里，社会组织主要分为三类，即社会团体、基金会和民办非企业单位；与政府、企业相区别；社会组织具有非营利性、非政府性、独立性、志愿性、公益性等基本属性；在社会组织的基本属性中，公益性是与组织目的相关的基本价值取向。这里所描述的社会组织，我们要关注的是在社会治理中有能力提供社会治理相关专业服务的第三方社会组织。因为社会治理是源头治理、精准治理、依法治理、体系治理、综合治理，所以服务于社会治理的社会组织够能提供专业服务，具备符合社会精细化治理要求的技术能力。

2012 年 11 月，胡锦涛在中国共产党第十八次全国代表大会上明确提出：“加强社会建设，必须加快推进社会体制改革。要围绕构建中国特色社会主义社会管理体系，加快形成党委领导、政府负责、社会协同、公众参与、法治保障的社会管理体制，加快形成政府主导、覆盖城乡、可持续的基本公共服务体系，加快形成政社分开、权责明确、依法自治的现代社会组织体制，加快形成源头治理、动态管理、应急处置相结合的社会管理机制。”上述报告摘录中明确了我国政府与社会组织关系发展的定位，强调依法自治的现代社会组织体制参与社会事务管理。社会要有更多的协调合作，社会的协同、协调需要建立更

① 郝宇青 . 社会组织在打造共建共治共享治理格局中的角色定位 [J]. 国家治理，2019（31）：18−21.

多有专业能力的社会组织，服务于社会治理。社会专业服务组织可以作为横向组织，参与到科层制（等级组织）中进行协调合作的服务，改善科层制（等级组织）内部信息不对称的状况。

2016 年 8 月，中共中央办公厅、国务院办公厅印发《关于改革社会组织管理制度促进社会组织健康有序发展的意见》，明确指出："以社会团体、基金会和社会服务机构为主体组成的社会组织，是我国社会主义现代化建设的重要力量。"该意见也明确要求对社会组织严格管理和监督：对社会组织负责人的任职、约谈、警告、责令撤换、从业禁止等管理制度；落实法定代表人离任审计制度；社会组织资金的监管；社会组织活动的管理；规范管理直接登记的社会组织；加强社会监督，鼓励支持新闻媒体、社会公众对社会组织进行监督；健全社会组织退出机制；对严重违反国家有关法律法规的社会组织，要依法吊销其登记证书；对弄虚作假骗取登记的社会组织，依法撤销登记；对未经许可擅自以社会组织名义开展活动的非法社会组织，依法予以取缔；完善社会组织清算、注销制度，确保社会组织资产不被侵占、私分或者挪用。

社会组织同样以相关的法律、法规、制度、契约来制定从事各项社会治理事务的制度。社会组织参与社会治理事务的问责制有法理性的依据，才能够让社会各界共同参与监督。

公众泛指一般人民、群众。通过百度百科查询，公众是指与公共关系主体——社会组织发生相互联系、作用，其成员面临共同问题、共同利益和共同要求的社会群体。

社会治理中的公众是社会治理的主要社会群体。我国公众参与社会治理存在着多方面的问题，其中最主要的问题："一是公众参与社会治理缺乏制度规范；二是公众参与社会治理有效性不足；三是参与社会治理的公众主体意识能力不足；四是公众参与社会治理的组织化程度较低；五是公众参与机制不健全导致非制度化参与。"[①] 公众参与社会治理缺乏制度规范：没有制度规范的支撑，将无法对公众参与社会治理的责任进行完全有效的追溯。公众参与社会治理有效性不足：没有制度的指引和技术的支持，公众参与社会治理事务就会杂乱无章、漫无目的，更谈不上社会治理的有效性。参与社会治理的公众主体意识能力不足，在缺少制度的引导下，具体的行动计划难以落实，公众治理的权利和义务也不清晰，公众主体治理意识无法统一。公众参与社会治理的组织化

① 胡仙芝 . 公众参与制度化：社会治理创新的突破点 [J]. 人民论坛，2014（13）：46-47.

程度较低。这也需要制度的引导，社会治理和自治是有组织的活动，组织是有结构的，在一定的组织结构里，才能落实社会治理各项目标和任务，才能有效组织公众有序参与社会治理。公众参与机制不健全导致非制度化参与：公众参与机制的设计是一个制度创新和技术创新的过程，需要有社会公认的创新成果的出现，而非制度化参与必将导致混乱。

创新社会数字治理信用化的技术工具，让社会公众找到各自与治理相关的社会角色，成为社会治理主体的一部分。在社会治理制度规则的范围内，通过合作、协商、协调、互动、共识、伙伴关系，来各司其职，共同促进和保障公众的各项政治和经济利益。因为社会公众的各项利益就是国家利益的具体体现。社会数字治理信用化体系的不断完善，需要在社会治理各主体的协同互动下，逐步完成社会公众参与社会治理机制的设计。

公众参与社会治理的制度构建需要基于社会多方面的合力，以国家宪法、法律、法规体系为依据，为社会治理提供制度性的支持和保障。同时，制度创新与技术创新相结合，充分利用现代信息化技术手段，建立畅通的社会治理自下而上与自上而下的协作、沟通的渠道。通过教育宣传增强公民自我治理的意识，促进社会治理相关管理组织的不断发展，让社会逐步形成良好的社会治理和自治相结合的氛围。社会治理的制度构建是社会各治理主体之间基于多方合作形成合力。制度经济学认为制度分为内在制度和外在制度。内在制度是在治理主体内部已有部分与治理相关的制度，可以运用于治理事务。但内在制度要通过外在制度的推进来进行创新，才能符合社会治理的要求。可以用国务院文件、条例、领导人讲话、报告会等精神主导社会治理的内在制度创新活动，同时指导外在制度创新。社会治理外在制度创新是更高层次的制度创新，需要更多的客观经验数据，才能真正体现制度价值。外在制度是由一批代理人设计和确立，并依靠政治行动自上而下地执行的原则。外在制度设计和创新是高度集成的技术活，需要考虑制度形成对组织治理的影响。

在党的十九届四中全会中提出了“建设人人有责、人人尽责、人人享有的社会治理共同体”的要求。可以发现社会治理的制度创新的工作量非常之大。如果通过社会治理主体之间沟通合作，将这些工作量进行逐步分解，那么完成这些工作完全是没有问题的。同时，我们要考虑到每个行业的组织目标和任务不同，制度体系内的单个制度在行业内部的权重会不同，所以每个行业分别进行社会治理的制度创新，可能使新制度的质量更高。

对于行业内社会治理的制度创新的难点，比如，组织内的公平分配利益平衡点测量，需要实验数据来指导。利益公平分配是增强人民群众的获得感的一个重点，需要用有效的制度来支撑起社会公平。对于这些难点重点的制度设计，也可以通过委托代理人的形式来参与，比如，可以委托社会各类智库、大学、研究所等。为了对海量的制度的执行能力进行数字化的检测，需要对行业内社会治理制度进行标准化等。社会治理制度创新的推进是一个有序的过程，需要获得国家政策的支持，并以法律法规为依据，对社会治理新制度进行有序推广。无论行业内外，新制度推广首先需要进行各项教育宣传工作。

我国是社会主义国家，具有制度上的优势，应充分发掘原有的社会制度体系，进行社会治理制度创新。充分运用现有社会制度体系，可以快速开展社会治理的各项治理事务，并在社会治理的实践中逐步进行制度创新，为社会治理提供更有效的社会治理制度。

在互联网时代，网络虚拟与网下对应的社会组织建立成本更低，为公众参与社会治理提供了便利。网络化的社会数字治理会让社会治理的成本大幅下降，从而提升公众参与社会治理的组织化程度。公众参与社会治理的好处是减少组织内部的信息不对称的不利因素。博弈论认为，一般情况下，集体利益最大化本身不是博弈方的根本目标，人们在经济博弈中的行为准则是个体理性，而不是集体理性。如果没有约束的协议，集体理性是实现不了的。这里所说的约束的协议需要制度来确保其得到落实，制度的执行需要监督，但是多层次的组织结构将造成信息的不对称，就会使对制度执行的监督大打折扣，影响社会治理中的问责效率。对于社会治理中的关键信息，可以通过互联网信息的各项技术，如区块链技术，形成以多元主体共同治理为基础的制度执行的监督网络，让社会治理公众共同参与到各项制度监督中来，可以提高社会治理问责信息来源的质和量，从而有效遏制社会各类型组织中个体理性不断滋生。

第二章　哲学社会科学相关理论

《基于信用管理视角的〈社会信用法〉立法思考》一文中有一段论述："从技术层面和方法论视角看，社会信用体系是一种技术工具。不论针对信用还是针对诚信，治理任务是同类型的，都是在控制风险，只是风险的种类和性质有所不同。两者的区别在于，社会信用体系局限于经济领域（或曰商务诚信领域），大约覆盖经济领域信用的60%～70%。而社会诚信体系主要在社会领域里'执行任务'，涉入政务和司法领域有限。"① 上文中的论述能够比较清晰地让我们认识到，社会治理涉及经济学、政治学、社会学等学科领域。按照党的十九届四中全会中提出的"建设人人有责、人人尽责、人人享有的社会治理共同体"的要求，每个社会成员都是社会治理的主体，参与者既有参与建设的责任，又有参与建设的义务，同时社会治理成果可以让社会每一个人来共享。社会治理相关的宏观理论是通过党的领导和政府引领、以人民为中心，推进社会治理、自治、法治、德治相结合，提高社会治理的社会化、法治化、智能化、专业化水平，并以基层社会治理为突破口。基层社会治理主要包括各类公有和私有的基层组织，社区有居委会和村委会等。新时代社会治理宏观理论思想的具体实践要遵循公平法治、责权利均衡、协调合作、绩效衡量等。社会治理要达到良好的经济效益和社会效益，要从宏观层面的社会治理理论开始，向社会治理微观层面的社会实践不断拓展，从治理中学习治理，不断积累经验。社会治理是个系统性工程，需要理论和实践相结合，因此哲学社会科学中的许多学科将会被纳入社会治理的研究范围中去。例如，经济学、心理学、法学、管理学、社会学、政治学、逻辑学、伦理学等学科。此外，还会涉及数学、通信技术、计算机技术等。

---

① 林钧跃．基于信用管理视角的《社会信用法》立法思考．来源：搜狐网：[EB/OL].(2019-6-15)[2019-06-20].https://www.sohu.com/a/321841644_777813.

我国有学者认为，微观信用经济学的内涵应该包括信守合约、诚实交易、摈弃机会主义行为。这紧扣重诺守信这个信用的内在规定性，符合经济信用的特点，着眼于诚信交易，信守合约，绝不利用自身的信息优势损害经济交往中对方的利益。依据这样的判断，若干已经获得诺贝尔经济学奖的研究成果可以“划入”微观信用经济学理论框架内，如机会主义模型和理论、信息经济学的绝大部分研究成果。另外，经济博弈论、新制度经济学、演化经济学公共选择理论和经济社会学相继被引入信用经济学研究，而且经济学界已在上述领域内进行了逻辑自洽和一致性的研究。

这样看来，我们可以将组织与管理学、公共管理学、行政管理学、企业管理学、信息经济学、博弈论、制度经济学、契约经济学、信用经济学、组织行为学、法学、社会调查、统计学等作为重要的理论工具，运用于社会治理的社会实践。同时，社会治理要抓住一个关键点，就是“责权利”中的“责”，这样社会治理就会在无数个组织中有了一个中心观察点，就会理出头绪，不至于漫无目的、主次不分。社会分工形成了不同的职业群体组织，实现组织的目标，需要职业道德伦理来形成组织成员之间的凝聚力，组织的道德伦理通过组织诚信管理来保障，组织诚信管理是社会诚信管理的重要组成部分。诚信管理：通过责任和义务的制度性安排实现诚信管理的目标。责任的落实：要将组织切割成细小得不能再分的组织结构，才能让责任公正地得到落实。充分利用现已存在于社会各种类型组织管理中的指挥链（指挥链是指从组织的最高层扩展到最低梯次的完整的职权链）确定谁向谁汇报。社会治理中的基层治理可以运用契约形式对组织管理与社会治理相一致的责任重叠内容加以规范，将组织职权链中的责任与社会治理中的重叠责任连接。我国社会各种类型的组织都应该遵守国家的宪法、法律、法规、规章等这些外在性制度，执行上述制度是组织的分内责任，组织成员人人有责。组织分层后的细微组织的各个环节上都有外在性制度和内在性制度的存在，每一项制度都需要认真执行。外在制度和内在制度相辅相成，并且能够被认真执行，社会的公平正义才能在组织中得到体现。

根据组织类型的不同，每个组织中可能存在着不同的部门，不同的部门执行着不同的任务。不同的部门有着不同的责权利关系。要能够分析不同部门责权利的均衡关系，需要借助哲学社会科学的相关学科和相关交叉学科等工具来获取与责权利关系相关的各方基础性的科学依据，用于提升社会治理能力和治理体系现代化建设的水平。社会治理理论需要不断从实践中获取经验数据，不断发展中国特色社会治理理论。社会治理的基层治理要协调各方的利益冲突，让不同的利益主体得到调和，还需要通过采取联合行动来完成不同的治理任务。

第一节　组织管理学与科层制

一、什么是科层制（又称“官僚制”）的反功能

“官僚制指的是一种权力依职能和职位进行分工和分层，以规则为管理主体的组织体系和管理方式，也就是说，它既是一种组织结构，又是一种管理方式。”[①]科层制的反功能：“反功能”被社会学家用来指称社会系统中有损适应和调解的一些特性，而适应和调解是使社会系统发挥功能的能力。

二、主要组织类型分析

巴纳德认为正式组织是有意识地协调两个以上的人的活动的一个体系。他认为这个定义适用于各种形式的组织，从公司的各个部门或子系统到由许多系统组成的整个社会，不管哪一级的系统，全都包含三种普遍的要素：协作的意愿、共同的目标和信息沟通。组织分为两种正式组织：一是源于自由协定——基于双方的理解，基于合约的条约的“横向组织”；二是垂直、分层式的、一级一级的组织，笔者将这种组织命名为“等级组织”。前者定义的组织形式，随着社会经济的发展，个人与组织、组织与组织之间依据契约缔结的合作越来越广泛，这种组织形式日益被重视。而后者就是社会组织中最为普遍的科层制的等级组织。科层制最早是由马克斯·韦伯（Max Weber，1864—1920）提出来的，他是德国的政治经济学家和社会学家。科层制组织的科层制理论是韦伯提出的有关组织结构的经典理论。韦伯的科层制：从纯技术性的观点来看，经验无一例外地倾向于显示，纯粹的行政官僚模型能够实现最高的效率，因此也是形式上已知的对人进行控制的最理性的方式。科层制的基本特征：专业化、权力等级、规章制度和非人格化。韦伯的观点是科层化促进了组织的合作和控制，进而有利于提高行政效率。这是需要在理想状态下才能得到的效果。对科

① 朱国云．科层制与中国社会组织管理模式 [J]. 管理世界，1999（5）：207-208.

层制理想特征的整理主要有以下五点：①实现组织目标所必需的日常工作作为正式的职责分配到每个工作岗位；②所有岗位的组织遵循等级制度原则，每个职员都受到高一级的职员的控制和监督；③组织活动是由一些固定不变的抽象规则控制的，包括特定情形；④理想的官员要有排除私人感情的精神；⑤组织中的成员必须在技术上符合要求，不能随意解雇；等等。从这些特征我们可以发现很少有科层组织能够完全符合上述的这些特征，因为科层制组织内还有大小不等的组织，尤其是理想的官员要有排除私人感情的精神这一点要求科层制组织的指挥链上管理者共同遵守，显然是难以做到的。

“官僚制封闭的组织结构实际上使官僚成为某种既得利益群体，其行为取向常常严重偏离公共效用最大化的方向。在这方面，一些学者提出了官僚自主性（bureaucratic discretion）的概念。所谓官僚自主性，是指官僚机构或个人超越其法定的地位和职能，超越政治家的控制，在公共决策过程中发挥主导作用的现象。”①

科层制管理模式一味强调控制压制民主，组织体制的臃肿、僵化、刚性等难以适应多变的环境，导致组织效率低下。在等级森严的官僚制体系下，其内部人员工作繁忙，任务冗杂，导致了组织内部劳逸不均、搭便车等现象，组织内的岗位升迁及利益分配缺乏客观依据，或选择利用制度漏洞进行搪塞，责任和贡献的识别和归属混乱，随意摊派责任和虚构贡献受益人，致使组织缺乏活力，人浮于事，互相之间推卸责任。僵化、刚性、低效导致了大量的组织的物质资源和人力资源被白白地浪费掉，这与组织最初建立的目标是完全背离的。

组织中的个体为了摆脱本应该是自己的责任，或者争夺与利益有关的名分，进行不必要的政治活动，这种活动的目的主要是博得某些领导的主观裁决和强制力的介入，进而影响与责任和贡献相关的利益分配的最终结果。科层制组织中存在着大量的谋取个人利益的政治活动，增加了组织的管理成本，需要运用社会治理与自治等相关理论，从在组织中建立诚信制度开始，有理有据地精确计量责任与贡献，通过技术手段，明晰责任与贡献的最终归属，从而激发组织活力，推动组织上下合作，减少组织中不必要的争取自我利益的政治活动，全面降低组织内部的交易成本，通过社会治理与自治的协调，提高诚信能力，强化责任意识。

在现代社会基层治理下的基层组织的职权运行中，其权力获得、使用等的

① 何显明．现代理性官僚制的理性审视 [J]. 中共浙江省委党校学报，2004（1）：5-14.

合法性要得到大多数组织成员的认同。组织治理中的网络化的纵横向治理与自治可以制定与组织治理和自治相关的制度，各个岗位明确责任与义务。社会数字治理信用化的评价将沿着组织治理网络化的每个节点，进行与制度执行相关的诚信信息的数据采集，以组织和个人的诚信行为的结果信息为依据，通过一定的规范技术和规范标准，提取和记录行为人相关的诚信信息，从而判断社会组织中的个体与治理和自治相关的各种能力和结果。

三、科层制组织的某些争议

目前，许多组织依旧沿用了科层制的外壳。科层制历来存在着广泛的争议，尤其对大型政府机构、企事业单位的科层组织内部的低合作、低控制、低效率等批评不断。翻译《现代社会中的科层制》的北大教授马戎在译者序言中指出：马克思和列宁是带有政治色彩，将科层制（官僚制）作为资产阶级国家机器来看待的，无产阶级夺取政权后要坚决粉碎（科层制）官僚制的国家机器，并时刻警惕它的复辟，因为科层制妨碍了大多数人行使民主。回顾历史，在列宁的领导下，俄国人民终于在 1917 年 11 月 7 日取得了十月社会主义革命的胜利，著名的马克思主义者，无产阶级革命家、政治家、理论家、思想家列宁是第一个社会主义国家的缔造者，然而在建设社会主义的过程中，官僚主义在苏维埃制度内部重新复活起来。列宁病情于 1923 年开始恶化，第二年不幸与世长辞，终年 54 岁，没有来得及解决发生在社会主义事业建设阶段中，有关社会组织学领域的科层制反功能问题。事实证明，列宁对科层制组织的保守主义对革新反抗的担忧是正确的。而韦伯把科层制作为一种中性的组织形式，是西方资本主义社会组织的理论上的探索与实践，科层制需要理想状态下的组织结构和组织成员的行为，才能实现有效的合作。

马戎教授 1989 年 4 月《现代社会中的科层制》的稿初、1999 年 6 月的再稿译者序言发表已经过去几十年了，但马克思和列宁对反功能的科层官僚制的警惕、担心它会复辟是有道理的，由于苏联的科层制组织结构内的官僚主义复活，导致苏联的机构臃肿和权力过度集中，科层制理想功能不能发挥，使苏共的官员和各级行政管理人员中饱私囊与贪污腐败问题越来越严重，最终苏联的各级官员掏空国库，以权谋私在各行各业及各个领域不断泛滥，部分苏联领导人没有尊重国家宪法，没有能够坚守共产主义的崇高信仰，开始颠覆无产阶级的国家政权。1991 年 12 月 25 日，苏联总统戈尔巴乔夫宣布辞职，1991 年 12 月 26 日，苏联最高苏维埃共和国院举行最后一次会议，宣布苏联停止存在，意味着苏联解体，并解体为十五个国家，苏联共产党完全失去了执政党的地位，给这个国家人民带来的灾难和损失是不可估量的，并波及世界各个社会主义国家阵营的社会意识形态领域，有人开始对社会主义建设事业的信心出现动摇，出现了大量的国有资产流失、工人下岗等。然而中国历代领导人始终没有放弃对共产主义的信仰，坚持走中国特色社会主义政治发展道路。

官僚科层制现在依然是各种社会组织及政府机关采取的主要结构形式。我国对组织管理领域的科层制改造从来没有停止过，目前在理论与实践相结合的问题上不断取得突破。通常社会治理主体之间分工与协作的责权利关系需要进一步明晰，最终要体现各自职责范围，体现主体应承担的各项责任。在社会参与治理活动中，每一个组织和每一个个人都要对自己的行为负责。在责权利的关系中，责任是首要的，责任落实在组织管理过程中，在参与人之间进行分配，需要依据技术的力量，在公平公正的基础上，获得组织成员或参与者广泛的认同，解决责任和贡献的分配问题。互相认同、形成共识的解决责任问题的方案有利于减少组织内的各种摩擦，降低组织成本，提高组织的工作效率。

四、科层制在中国的发展

在我国目前各种行政机构中封建等级的残余虽然与科层制的管理形式有关，但体现的是消极的存在。有些组织机构表面上似乎采用了科层制的组织形式，但在各级干部的选定、干部的行为规范等许多实质性的方面完全违背了科层制的基本原则。目前，我国大量的科层制组织中仍然存在着带有半封建主义等级制色彩的残余，与科层制组织固有的、消极因素的反功能有关，主要表现为机构重叠、人员冗余、多头领导、选择性执行制度、压制人才、干部任命舞弊、没有客观依据的极端民主、人为操控利益收入的分配、违反按劳分配原则和功绩制原则等，与违背了科层制的基本原则有关。

中国历史上的资本主义社会科层制组织的发展是封建的清王朝用权力催生出来的，半封建的资本主义社会科层制组织在中国的发展并不完善。中华人民共和国成立后，我国社会组织的科层制由于当时人的集体主义思想觉悟非常高，得到了快速发展。但是到了 1958—1960 年的“大跃进”和 1966—1976 年的“文化大革命”期间，官僚主义与官本位思想问题突出。国家决策层的愿望是要快速改变中国社会经济落后的面貌，解决阻碍社会经济发展各领域的重大问题，以便于让社会主义建设的初级阶段向高一级方向快速迈进。然而在管理社会机器的科层制管理模式下，官僚主义与官本位思想问题难以根除，导致组织的指挥链及指挥系统出了问题，各组织结构上下的信息不对称，干部没有尊重客观事实，组织之间的协调与合作变得效率低。这是由当时中国社会技术条件决定的。有制度，没有技术，导致国家政策在由上往下推行过程中出现问题，个体理性与集体理性不能有效协调，集体智慧不能有效发挥，组织中的责权利无法得到均衡。国家政策推进到基层组织，就变质了。不过仍有一批共产主义的信仰者与官僚主义现象进行了不屈不挠的斗争，让中国社会主义建设事业始终向前发展，并取得了很大的成就。

五、科层制组织能不能自我革命

许多研究都发现了科层制结构各个层面的伴生物，大多数都表明，导致科层制兴起的因素存在于组织的内部，多数可计算的外在于组织的因素对科层制结构的影响甚小。

某些科层制组织建立自己的内封闭的环境，为组织内建立利益团体提供了沃土，外界很难发现各组织内部的情况，就有可能出现如下情形：科层制组织内部形成不计其数的潜规则，执行制度选择具有随意性，对不同的成员适用不同的制度进行规范，无公平可言，对自己有利的就认真，和自己利益不相关的就马马虎虎，没有将权力用于主持公正，体系内制度的监管就如同走马观花，走个流程而已。

克罗茨认为，科层制是没有能力修正自己错误的组织，因此“科层制的反功能正好是其自我平衡的一部分”。我们一定要认识到，等级组织中存在的极权主义的倾向很有可能会破坏掉各级组织之间的平衡。科层制自我修复能力有限，关键是权力的极权、滥用、寻租等，国家的职权变成私人特权，以权谋私，权力缺乏规则的约束。权力是组织的一种稀有资源，人的能力不同，权力的运作给组织带来的利益也是不同的。我国很多的大中型的国有企事业单位组织结构大多是以科层制为主的。2015 年 7 月，中共中央办公厅印发《推进领导干部能上能下若干规定（试行）》。《推进领导干部能上能下若干规定（试行）》的颁布实施对贯彻落实党的十八大和十八届三中、四中全会精神，贯彻落实习近平总书记系列重要讲话精神，完善从严管理干部队伍制度体系，着力解决为官不正、为官不为、为官乱为等问题，推动形成能者上、庸者下、劣者汰的用人导向和从政环境，建设高素质干部队伍，具有十分重要的意义。该规定的颁布实施涉及具体的政策落实与执行。目前，行政执行中存在的一些问题，如上有政策下有对策、有令不行、有禁不止、有章不循、有法不依、知法犯法等，都影响着政府决策的实施。

来自科层制组织的三个反功能：科层制的反功能之一来自规则和规范运用中的过分刚性，过分刚性导致科层制无力回应外界发生的变化和组织的成长，因此无力满足完成任务的基本需求；另一个反功能就是保守主义和革新的抵制；科层制选择和预先程序也会固化社会阶级差别，进而固化社会不平等，这是科层制的第三个反功能。组织是人们在一定的社会环境中，为了某些具体的目标而有意识地建立起来的群体，是人类活动协调、合作的形式。每一个组织都具有一定的组织规则和规范，维持组织的存在和发展。组织中的有效协调与控制是通过对遵守规则与规范的组织成员给予正向的激励来维持的。这就需要权力规范地运行。要知道权力行使是否公正，就要分析责权利之间的关系。组织治理需要沟通、互动、学习、参与、交流、奖励变革者等，组织治理的理念需要平等、公开、正义的组织环境。科层制等级森严的组织结构很难形成平等、公开、正义的组织环境。底层组织或底层员工的制度创新活动变成了一种风险行为。

古人云："奉法者强则国强，奉法者弱则国弱。"一个组织的兴衰也是如此。中国是世界文明发祥地之一。然而，中国的古代文明并没有孕育出现代法治理念与制度。自秦始皇统一中国及西汉统治者"罢黜百家，独尊儒术"以来，统治中国长达两千多年之久的政治和法律制度是建立在封建专制和农耕经济基础上的，具有"皇权至上""言出法随""外儒内法""诸法合一""严刑峻法"等特点的封建法治。中国法律和制度成为一个独特的混合体，既有大城市中西方法律的雏形，又有广大农村地区半封建的统治。也就是说，一直到中华人民共和国成立前，法治观念始终未在全国推广开来，"权大于法""唯权力是从"始终是中国传统制度难以根治的沉疴旧疾，这种传统的人治理念一直蔓延至今，阻碍着依法治国的全面推进。"人治代替法治，组织行为缺乏理性精神。长期处于封建社会的统治下，我国形成了以宗族关系为核心的人际交往模式。因此，我国在社会交往中非常注重人情、血缘等感性因素，而忽视法律、规则、规范等理性精神。"[①] 社会上有大量的各种类型的大中型的经济组织、政府组织、工商组织等科层制组织，为达到组织目标，就要发展科层制等级制度。科层制组织都具有一定的组织规则和规范，维持组织的存在和发展。

① 李春玲 . 从科层制组织理论谈我国行政体制改革方向 [J]. 广东经济，2017（9X）：126-126.

人治模式是农耕文明时代的产物，如果依然存在于科层制组织中，就会有两个不利因素的叠加。因为组织中有规则和规范要组织成员共同遵守，组织中规则与规范的组织制度涉及国家的法律法规等，不仅需要法律的保障，也需要职业道德、职业伦理的约束。在科层制等级组织中，如果出现“科层制反功能”加“半封建社会的人治模式”，组织内部如果依旧对法律、规则、规范有选择性地执行，那么科层制组织的自我革命将会任重道远。

六、改善科层组织低效率、低合作弊端。

科层制从结构上看是垂直等级组织，是等级组织管理与运行的重要工具。社会学家韦伯认为，科层制的优点是有较高的工作效率强调了控制与合作，但是需要在理想状态下才能实现。同时，无论是发达的资本主义国家，还是社会主义国家，对于解决科层制的等级组织低效率问题的实证研究的数据资料都很少。由于科层制等级组织上下层之间信息的不对称，给组织合作与效率带来了问题的复杂性。研究这类问题，需要到基层组织提取数据样本，这显然不是纯理论工作者擅长的。实证研究数据量的有限性给后续研究者带来很大麻烦。少量经验数据不能证明各种行业科层制等级组织中存在的各种问题。数据资料有限性导致难以对社会组织进行科层制组织反功能的大规模改造。科层制组织的管理如果达到韦伯所述的理想状态，就能对组织内部的合作与控制做出有效贡献，从而提高组织效率。

科层制组织是有其优势的。只要控制了科层制的反功能，凸显科层制的理性特征，就能形成合作，提升组织效率。其实科层制需要研究的问题很多，比如：降低科层制组织的政治成本问题、组织协同创新问题、亲组织不道德问题、协同激励问题、多层次问责问题等都涉及一系列的原则和规范，这些原则和规范需要协调和控制，才能提高组织效率。科层制的反功能形成的原因非常复杂。回归科层制的理性特征，需要对其反功能进行甄别、矫正、监督、评估等，从而消除科层制组织的负面影响。我们需要根据行业的特点搜寻到可靠的客观数据资料，仅依靠做几个课题和数据的人工采集，显然这部分工作的工作量会很大，而且数据不全面，同时将要承担很高的社会成本。解决数据采集等上述相关问题，可以运用现代信息化网络工程技术，结合创新社会治理理论与创新社会数字治理信用化技术等方法，通过社会各类型组织集体行动，发挥集体智慧获取数据，剖析科层制组织的各种问题。

对于解决科层组织低效率、低合作弊端的重难点问题，以下内容或许可以给我们一些启示：科层组织具有权力滥用、责任分担不清、制度执行的断层、上下沟通的有限性、专业人员训练不足等问题。很难依靠科层组织自身的努力来消除组织反功能带来的危害。法国社会学家克罗茨认为，科层制是没有能力修正自己错误的组织。科层制反功能的困惑由来已久，但是我们还是能从学者各类文献、著作中找到解决它们的一些思想：通过压缩科层制组织结构层次，解决业绩与薪酬不挂钩。操纵薪酬、权力滥用现象。组织通过法理性权威，对权力监督、建立民主，利用非人格化技术控制机制（财务控制代替命令等级制）等。等级组织依赖成员对组织的忠诚，满足成员的自我利益。确保忠诚成员在组织危难时放弃个人利益，服从组织利益，是组织权威赖以存在的基础；科层制大型组织的活动复杂，这些活动在时间上或空间上被分解成更小的部分，而且即使这些部分之间完全相互依存，其关系也比较简单。对以上解决科层制反功能的方法进行总结：压缩科层制组织的等级规模，已经引起了国家层面的足够重视。2016 年 7 月，国务院办公厅印发的《国务院办公厅关于推动中央企业结构调整与重组的指导意见》中指出：近年来，中央企业积极推进结构调整与重组，布局结构不断优化，规模实力显著增强，发展质量明显提升，各项改革发展工作取得了积极成效。但总的来看，中央企业产业分布过广、企业层级过多等结构性问题仍然较为突出，资源配置效率亟待提高，企业创新能力亟待增强。层级过多等结构性问题不利于各项制度的执行，增加了组织管理成本。同时，组织职权行使要建立在法理性权威基础上，需要利用技术创新建立控制机制，才能确保组织成员对组织的忠诚，协调好个人利益、组织利益和国家利益三者的关系，将组织复杂活动分解成更小的部分，然后将复杂的组织事务简单化。

七、对科层制组织治理分层模式的探索

既然科层组织不具备自我革命的能力，导致无法修正自我错误，不如在科层组织内部设置一个灵活的横向组织——诚信管理部门，在业务上保持独立性，不受科层制组织的垂直控制，这个横向组织可以称为社会信用管理科 / 部门。或者横向组织在业务上受组织党委或国家社会治理的相关部门党委的双重领导，该部门的道德标准、职业伦理、制度规范等仍然需要社会各政党、社会专业组织、组织自治、舆论等监管。除了在内部设立诚信部门外，具有专业权威性、合法性的社会第三方服务机构可以为科层制组织提供各项与诚信治理相关的服务，服务内容依据法律、法规、标准化制度、契约管理、行业职业道德

伦理等确定。信用管理人员的编制根据组织情况安排，非编制内的信用部门的管理人员的工资福利也要包括在协议中，更具体的运行机制还可以进一步协商后细化。社会信用管理部门通过契约方式与所在的科层组织达成书面协议，划定业务范围。

这个信用管理部门不仅要承担一般经济意义上的诚信（信用）管理任务，还要利用文献资料发掘社会学、组织学等与治理相关的理论，结合社会信用管理体系理论，以国家法律、法规、标准、契约为依据，承担除经济意义以外的与制度执行能力相关的诚信（信用）治理任务，解决社会治理中的制度漏洞问题。社会治理的综合治理可以通过网络信息化技术，联合组织内部、外部等相关监管职能部门，对职业岗位人员的违规违法行为以及贡献、努力行为，利用符合客观事实的诚信信息进行记录。

无论是职业人的诚信管理还是自然人的诚信（信用）管理，按照社会治理的相关要求，仍然是以科层制的分层模型下的组织治理为主。因为社会治理是在党委领导下的有组织的治理活动，党委是一个组织概念，往下还有组织可分。

诚信体系建设涉及全社会各类型组织的道德建设，诚信属于道德范畴，是诚实、守信的意思。它用于对社会、组织中人的行为进行规范。

信用体系建设是指人们客观交往中的约定关系，约定关系表现为口头、电子信息、书面等约定。因为有了客观的约定关系，导致针对约定的信任，人们才会做出下一步行动。涉及组织、个人之间交往（交易）的制度、协议（契约）等规则的建设。

将组织内的职业人分为职业岗位诚信（信用）和社会（自然）人诚信（信用）两种状态。就组织岗位中的个人而言，上班在岗时是职业人群，由组织内部的诚信（信用）管理部门记录，下班后就是社会的社会（自然）人，由社会信用组织或社区诚信（信用）管理部门记录。纯属社会自然人的诚信（信用）记录一般是由辖区（或居住地社区）内的诚信（信用）管理部门进行记录的。

在科层组织中，诚信（信用）管理组织，需要建立自己的管理和业务流程，这个过程包括对所管辖的科层组织的各种形态的组织建立起有效的协调、沟通渠道，使上下信息对称，实现高效的互动协同合作治理网络。分层模式下的组织治理分层为总部（党委等）、科 / 部门、组、组员，分层为独立的单元。单元之间通过网络化串联形成互通互联的合作平台，结合信用管理相关技术和社会学、政治学、经济学等理论工具的使用，克服组织内部低效率等问题，释放组织活力，促进组织创造更多的经济和社会效益。

“社会信用管理的组织形态是，从横向来说，政府、司法、社会组织、企业等所有社会主体均应设立信用管理部门。就纵向而言，每个社会主体内部均应按组织构成要素设立信用管理部门，比如政府，除在政府顶层设立信用管理部门外，还要在其组成机构的各委办局和区、乡镇、村、街设立同样机构。”① 关建中文中的陈述非常符合我国的客观实际国情，通过信用管理部门的设立，能够形成社会纵横向的良好社会治理环境，就是首先要改变分散的、孤立的、广泛存在的组织、组织成员内外的分散化治理（管理）的局面，利用网络化的信息技术来支持全社会的整体治理，实现从分散治理到集中治理，让社会核心价值观、法治精神与先进的组织管理技术相结合，植入各种类型的组织生活的方方面面。

建立一个能够上下互动的社会治理行业标准化网络运作平台，可以降低社会治理成本，提升整体社会治理能力。社会治理行业标准化网络运作平台让社会治理（管理）者和被治理（管理）者接受行业标准化的信用政策指导，进行行业信用制度创新经验交流，提高供整体社会治理水平。

社会治理不仅包括职业人群，也包括社会的自然人。社会治理是有组织的活动，包括公有组织、社会团体、私人组织等。目前，虽然我们已经有了社会治理理论、社会信用体系理论及可以利用的硬件等各种条件，但是要建立一系列多层次的各项社会治理组织，需要政府和社会各界达成共识，以行业来建立与社会治理各项要素相关的标准，组织分层划分出治理与被治理单元，建立责任单元，设立与分层对应的诚信（信用）账户，提取社会组织不同层次之间的治理（管理）者与被治理（管理）者的相关治理要素，从而构建起高效的、网络化的社会数字治理信用化体系。

八、决战带有半封建色彩的科层制时机已经成熟

由于科层制组织运行过程中，多层组织结构上下存在分权化的决策模式，每一层的决策者受有限理性影响，对组织整体目标和计划制订及组织制度的执行起到了各种干扰作用，严重地阻碍了科层制上下组织之间正常的协调、合作与控制。无论是公共组织还是私营组织，如果科层制结构组织管理功能无法有效发挥正面作用，组织目标就难以圆满实现。

社会治理将有步骤地消除科层制的各种弊端。我国目前各社会组织中仍

① 关建中．中国信用体系建设蓝图 [M]. 北京，中国金融出版社，2016：21.

然存在着封建社会等级制的残余科层弊端，导致了官僚膨胀、组织效率低下、公权私用、腐败滋生现象没有根除，国家的政策命令、法律等执行不到位的个别现象仍然存在。在这种情况下，国家提出了推进国家治理体制和治理能力的现代化建设的号召，依法治国，严明法纪，将封建残余势力、官僚主义、个人主观权威等从政府行政机关、事业单位、军队、企业、社会团体等各类科层制组织中清除，实现国家治理体制和治理能力的现代化。仔细研读国务院《社会信用体系建设规划纲要（2014—2020 年）》，关键是社会组织诚信和社会自然人诚信的建设，以此为基础创新社会治理体系，用创新思维来实现社会治理信用化，并期望获得社会共识，将其作为治理社会的重要工具。

从治理社会组织和社会自然人开始，通过开展社会各组织中诚信治理，消除科层制组织中的反功能，健全组织中治理（管理）者与被治理（管理）者的岗位责任追究制度，共同推动组织职业人和社会自然人诚信治理建设。

同时，要看到解决社会科层制组织结构的反功能问题在世界范围内还是个难题，需要在国家法治框架下循序渐进地推进。进一步加强制度创新，充分利用目前信息化技术优势，汇集多层次社会组织力量和集体智慧，充分利用各项先进的现代信息化的创新技术和创新成果，以社会治理活动形成的客观的实证数据资料为依据，让相关治理主体有组织、有次序地广泛参与到网络化的社会协同治理中来，以实现国家治理体制和治理能力的现代化的目标。

区块链的共监管是共识机制的一种应用，实现了每个节点都是参与者、贡献者，又是运营者、管理者。区块链技术结合社会数字治理信用化技术，将有潜力彻底解决科层制的反功能问题，为人类发展进步贡献中国智慧。

目前，社会管理的创新制度和科学技术得到了长足发展，互联网、移动通信、云计算、大数据、物联网、区块链及人工智能等先进技术的不断涌现为社会治理的现代化建设提供了技术条件。互联网信息技术不断变革与创新，催生了新产业、新业态、新模式，为社会治理新模式拉开了序幕。技术条件已经具备，制度创新需要更进一步。社会治理宏观理论和社会信用体系的微观理论结合，社会治理定会克服各项技术条件的限制，坚持以人为本的治理理念，让广大人民群众参与到社会治理的活动中来，调动人民群众的积极性，通过社会治理与自治相结合，让人民当家作主，在国家法治框架内，通过合作、协调、互助的伙伴关系确立共同目标，形成共识。消除组织之间信息不对称，推进社会群体、成员之间大合作，从而促进社会经济的大发展。

第二节　社会治理与信用经济学理论

一、社会数字治理信用化，实现创新型社会

为解决中国市场经济发展过程中存在的各种影响社会经济发展的不利因素，需要在国家法治框架下，通过社会治理来解决社会各科层制组织低效率问题，探索构建高效的充满活力的科层制的组织与治理模式，降低企事业单位组织内部的各项管理成本，提高企事业单位内部管理效率，激发组织内部协同创新能力，充分利用有限的社会资源，促进社会服务和制造业由低附加值向高附加值转移。有研究表明："中国制造业处于全球价值链的低端，自主创新技术研发能力较差，全球经济向好时依附在跨国公司下大规模扩张，一旦遇到全球经济下滑或者消费升级，前期积累的低端产能就会形成产能过剩。切实提升自身技术研发能力，提升产品的国际竞争力，冲破跨国公司的控制，实现全球价值链地位攀升是解决产能过剩的有效途径。"① 改革开放以来，中国经济迅速发展，但是整体而言，我国多数经济组织在原创技术上产出不足，仍然以模仿创新为主的局面没有从根本上得到改善。

为提升国家治理能力和整个国家的综合创新竞争力，党的十八大提出加强政务诚信、商务诚信、社会诚信、司法公信建设。诚信建设，可以从治理科层制组织低效率入手，首先要解决权力的来源、责任分担、精简机构、人才按才定岗、公平竞争、功绩升迁、干部能上能下等原则的客观落实问题。通过机会平等、利益平等等组织治理的各项政策、制度的认真执行，提升科层制组织的治理能力，克服组织低效率。尤其是关注政府组织和大中型国有企事业单位组织对内外部各项政策的执行及组织内部和组织之间多层次的合作、组织各项规则执行的监管等，从而进一步增强组织凝聚力，激发组织协同创新活力，促进社会经济高质量发展。

经济学是研究人类经济活动的规律，即价值的创造、转化、实现的规律，

---

① 刘磊，步晓宁，张猛．全球价值链地位提升与制造业产能过剩治理 [J]. 经济评论，2018（4）：45-58.

是关于经济发展规律的理论。简单地说，经济学的存在意义就是将稀缺性的资源配置到最佳的状态。制度经济学、产权经济学、信息论、博弈论、行为经济学等各个经济学的分支可以为信用经济学与实体经济结合的研究提供重要思路。对经济学的研究可以对社会数字治理信用化的制度和技术创新起到启示作用，从而为社会治理下的组织治理的实践活动寻找到最为经济的、成本最低的社会治理的便捷路径，最终能够最大限度地实现社会价值。

二、信用管理与微观信用经济学

信用管理学属于经济学范畴，是经济学的一个分支。社会信用包括经济学、社会学、组织管理学等范畴，横跨政治、法律、经济、心理、行为、伦理、社会治理、管理学等学科领域，涉及的内容丰富，概念众多。社会信用学是对传统的经济领域的信用管理学的拓展。我国将要构建的社会信用体系是要覆盖全社会成员的信用记录和信用基础设施网络，以提高全社会的诚信意识和信用水平。

信用经济学的研究可以从信用活动中诚信作用的微观机理来理解和研究信用经济学的意义。从微观角度看，诚信是建立信用社会的基础性保障，诚信行为依靠道德的约束力。随着经济社会的快速发展，社会分工精细化，诚信所涉及的范围也在不断扩大，同时诚信道德的约束力正在不断弱化。网络化的虚拟组织和虚拟人格出现，社会交往（交易）关系变得复杂，在此情形下，无论是组织的信用活动还是个人的信用活动，都要更加注重运用科学的手段，建立更为有效的信用契约，保障交易各方的运行规则得到遵守。通过信用契约所约定的责任和义务的具体规定，保证契约双方利益的实现。需要社会对契约约定的诚信守诺进行监管，确保双方利益公平达成。

这种与社会诚信治理相关的经济意义和社会意义上的信用契约不仅是信用经济学研究的对象，也是社会治理研究的对象。现代社会，人们在交往、交易的过程中，更加重视协议（契约）的约定作用，因为有了这个约定，人们的交往活动才有了信任，维持社会信任依靠的是社会诚信，所以诚信行为和信用关系也成了信用经济学研究的对象。

为降低社会治理（管理）成本，加快社会经济高质量的发展，就要建立一个良好的诚信社会，社会信用体系的建设被国家纳入重点建设范围。通过信用经济学的研究，可以揭示诚信（信用）价值的实现和价值的转移方式及其规律，从而为社会信用制度的创新提供指导。社会治理下的组织治理通过组织内信用制度的执行，促进组织治理下诚信水平的提升。以人为本的诚信治理为社会一切组织生存、发展和壮大提供支持。

三、三维信用理论

三维信用理论是由中国人民大学吴晶妹教授提出的吴氏信用理论。吴氏信用理论认为信用资本由三个维度构成，即诚信度、合规度、践约度。三个维度之间相互支撑，相互影响，又互相联系。从三维信用出发，信用需求有三个层次，即道德文化理念的信用需求、社会交往的信用需求、经济交易的信用需求。这三个层次的信用需求分别满足不同的信用需求动机：道德文化理念层次的信用需求对应人们的心理满足和社会责任感的动机；社会交往的信用需求对应人们建立信任和树立信用形象的动机；经济交往层次的信用需求对应人们追逐经济利益的动机。

在社会治理中，社会责任感就是在特定的社会、群体、组织里，个人的行为要对社会和组织负责，关怀周围的人，主动承担应尽的责任和义务，自觉遵守职业伦理和组织纪律，给组织创造价值。建立信任社会，首先要建立组织内外部的社会诚信治理机制，然后人们对经济利益的追逐才有可能通过公平竞争的方式进行。而诚信度、合规度、践约度这三个层次的信用需求要通过一种责任关系来满足，责任的治理是最为重要的。

“诚信资本、合规资本和践约资本是吴氏三维信用理论对信用资本的解构。社会主体的诚信道德、文化理念、精神素养等基本素质构成了诚信资本。信用主体在社会活动中遵守社会行政管理规定、行业规则、民间惯例的水平与能力是合规资本的基础。信用主体在信用交易活动中的成交能力与履约能力构成了践约资本。”①

“履约”“践约”就是与事先的约定相关，由此可以联想到协议（契约），履行事先约定的事情；其实质关系到人的诚信，需要对诚信进行度量，建立规范的制度，评价制度在契约下执行。诚信资本、合规资本和践约资本都具有一定的社会价值。在社会治理下，推行法律框架内信用制度的建立，信用制度执行（履行）通过协议（契约）约定，这时诚信守约与履约能力成正相关。

三维信用具有层次性，又相互联系，经济交易中的践约资本层次最高，也

---

① 吴晶妹，薛凡．吴氏三维信用理论在科技信用评价中的应用 [J]. 现代管理科学，2016（6）：9–11.

最重要。对于能否达成信用交易、交易双方利益的实现，可以从协议（契约）的履行能力进行分析。对履约能力的科学解释可以通过协议（契约）责权利的量化分析来实现，往往包括道德约束力下的协议（契约）、正义制度执行协议（契约）安排等，通过信用管理系列工具的运用，对协议（契约）执行结果进行检测，解决人们交往中的诚信不足问题，比如，人们利用自己的信息优势，人为制造信息不对称，信息优势方为了使自己的利益最大化，不惜对信息劣势方撒谎行骗。

在诚信资本、合规资本和践约资本中，践约资本对协议（契约）执行的结果影响显著，主要是指信用主体在信用交易活动中的履约能力。履行事先约定的事，是交易双方应尽的责任和义务。提高社会诚信治理（管理）水平，就能够提高践约资本，资本 + 其他积累 – 资产 – 负债 = 资本权益。提高践约资本，增加社会财富积累，降低履约成本。可以通过构建社会信用体系，建立社会信用制度，通过对信用制度诚信执行的监管，提高社会整体的践约资本。

四、组织系统性诚信治理

社会经济活动包括社会服务、再生产过程中生产、交换、分配、消费等活动。这些活动大多数以组织形式存在，由人们诚信意愿和诚信能力等问题引发的组织中的有限理性和机会主义导致组织中的低效率问题，科层制组织的低效率问题尤为严重。

目前，我国已经具有相对完善的社会治理理论，通常包括社会治理与社会自治理论。社会治理和自治都是有组织的活动，对组织的有效控制能够避免社会治理中的无政府主义倾向。社会治理和社会自治的实践活动依靠的是符合社会治理要求的制度规则体系。相关的制度和规则的执行一般是在组织治理中进行的。社会治理具有上下互动、协调、合作、伙伴关系等特征，需要治理权力的分散与集中的统一。通过对组织之间纵横向的治理权力和自治权力的重新分配，构建新型的责权利相关的责任控制系统，揭示社会群体、组织、个体之间相互依存的各种利益与冲突，从而解释组织与管理中低效率形成的原因。

社会数字治理信用化技术结合了社会治理理论和社会信用体系理论，解释了社会各类型组织与管理中低效率形成的原因。在原有组织的网络结构上，提取与组织低效率相关的各项要素，通过对组织分层次的责任控制，实现组织精细化的源头治理。社会信用体系建设是跨学科、跨业务、跨系统的，承载着多项与社会治理相关的任务，通过与社会治理理论的结合，有望成为社会治理的有力工具，可以减少社会治理与自治的相关成本，使社会治理与自治减少盲目性，并且让社会治理和自治的各项活动朝着理性化方向发展。

构建一个比较完善的、多层次网上与网下对应的组织治理系统，以及多层次组织之间可以交互、沟通、协调的网络系统，让多层次组织之间的治理活动公开透明，为多层次组织之间信息不对称的解决提供了可能。社会信用体系将运用自己的专业技能工具，通过对社会治理的相关结果数据（或实验数据）的收集，通过不同治理主体之间纵横向的对比分析，制定更加有效的社会治理下的组织治理策略。突破社会科学领域不擅长做实验的习惯思维，坚持以人为本的理念，将人们对制度、规则执行的诚信行为进行区分和量化，通过对社会治理理论和人们的治理实践活动进行分析，能够获取与客观的治理成果相关的数据资料，从而为社会治理的制度创新提供数据支持，让规范人们的诚实守信行为的制度创新契合实际。

系统性的组织诚信治理可以将系列化制度执行作为重点，通过对制度规则进行分类，以行业为基础，建立社会治理下的组织治理标准化的信息元数据库。社会治理现代化和社会信用体系是社会管理制度的创新变革，涉及全社会的各类型组织、群体、所有的组织成员及社会自然人。历史证明：科技创新是推动社会变革和社会经济发展的重要动力。充分利用科技的力量，把握新时代社会发展新趋势，让社会治理符合时代要求，让社会治理的各项工作有序推进。

制度的价值通过制度的执行来实现，制度执行的结果是信用信息收集和记录的一项重要内容，其数据可以用于分析多层次组织、组织成员的制度执行能力。我们主要关注组织内部上下结构，每一层次的管理者与被管理者之间体现双方的责任担当与相互合作等履行约定义务的诚信关系。用经济手段来对各主体的制度履行能力进行奖罚分明的处理，规范组织成员的行为。让社会各类组织和组织成员遵守法律、法规、标准和契约等，推动各信用主体之间协同、互助、共赢，形成共识、共管的机制。营造法治、民主、公正、公平、和谐、沟通、信任、充满活力的良好组织氛围，维护社会公平与正义。共同克服政府组织、私人组织等组织不同层级之间因信息不对称造成的低效率问题。社会治理的协调、沟通、合作、伙伴关系使组织和管理扁平化的趋势得到维持，从而降低维护社会公平与正义的成本，让出更多的社会资源，集中更多的力量，用于激发社会各类型组织内部的创新活力，提高社会生产力，促进组织经济高质量发展。

在社会经济活动中存在两种主要信用形式：一种是以个人或企业为主体的经济组织的信用；另一种是以证券为主要形式的金融工具的信用，主要是债券。社会信用体系建设内容包括这两种信用形式。组织中的信用活动注重制度规范。组织中的诚信活动注重行为的主观意识和自律，其诚信的作用机制是复杂和多样性的，通常是通过履行协议（契约）来实现承诺的。社会治理的沟通、协调、合作依靠法律框架内的制度实现。一切权力运行在法治轨道上，可以说其行为是诚信的。

只有公平的制度，才能为社会各类型组织的广大成员提供公平发展的机会，从而提高社会各类型组织的经济效益和社会效益。所有组织治理的公平正义都是实现国家治理能力现代化的一个重要方面。

五、社会治理下的信用经济学的实证初探

社会治理理论是从社会管理学演化而来的，不仅涉及社会政治学领域，还涉及社会经济学领域。为适应时代发展的需要，社会治理要有效地解决社会生活和社会经济中出现的一系列新问题。在这个过程中，首先要解决组织和群体中责任的模糊性问题。因此，我们希望借鉴经济学实证的方法，获取组织和群体中与责任相关的责权利数据资料。单一责任的实证数据虽然不能解释社会治理的系统性问题，但是能够解决一些单个问题。

社会信用管理要从实证经济学方法论上获取经验，借鉴相关的理论和方法，如产权经济学、制度经济学、信息经济学、博弈论、行为经济学、按劳分配等理论，这些理论与社会治理理论和社会信用管理的理论与技术结合，根据相关产业经济政策与行业内具体经济组织所对应的信用政策，对各类与责任相关的信用信息进行采集与记录，对每一个信用点上的责任进行量化分析和责任分配，验证社会各类型组织治理的科学性、适应性、有效性等。

社会治理与社会信用管理相结合形成的社会数字治理信用化主要涉及产权经济学、制度经济学、博弈论、信息经济学、行为经济学、按劳分配原则、社会主义核心价值观等理论，通过借鉴经济学的实证方法，准确定位责任，解决社会组织和组织成员的诚信问题。社会数字治理信用化可以运用上述社会学各种理论，研究自然人诚信、组织诚信、组织职业人诚信等，从而为社会治理的实证治理铺平道路，实现社会治理理论研究与社会治理的实践良性沟通，从而寻找社会治理活动、社会生活、经济活动的一般规律，揭示社会治理下的组织

诚信（信用）治理价值的创造、转化、实现的过程。社会治理的实践活动为信用经济学的发展提供了更多实证数据，从而促进信用经济学的不断发展。

组织中的制度价值是通过制度执行人的诚信执行来获得的。通过对诚信行为客观结果的技术度量，可以对组织与诚信（信用）相关的经济、效率、效能、公平等要素进行评判，组织中的诚信（信用）的评价评估有利于因地制宜地调整相关信用制度、政策的松紧程度。社会治理下的组织治理信用化不仅规范组织诚信行为，还规范个体诚信行为，使个体在追求自身利益最大化的同时要实现组织利益最大化，组织获取利益的同时能够服从于国家利益。

恩格斯认为："生命的开始和进行是为了利益，而不是为了原则，只有利益能够发展为原则。"[①] 社会治理下的组织治理在解决组织低效率等问题时，通过社会数字治理信用化实现组织与利益相关的奖惩机制，规范组织和个体的诚信行为。信用经济学的实证探索要为社会良好的治理寻找更为有效的方法，要解决社会治理成本的节约、有效的控制与监管、激励机制的设计、责任与责任分配、社会治理网络建设、治理主体之间的联合互动、协调等一系列问题，都离不开信用经济学理论的指导。

第三节　社会治理与产权经济学

一、产权经济学

产权经济学有关产权的定义：产权不是指人与物之间的关系，而是指由物的存在及关于它们的使用所引起的人们之间相互认可的行为关系。[②] 产权制度确定了每个人相应于物时的行为规范，每个人都必须遵守其与其他人之间的相互关系，或承担不遵守这种关系的成本。改革开放以来，我国对产财权的分配发生了很大的变化，所有制结构、资源配置方式及技术条件也发生了深刻的变化。在中国特色社会主义市场经济体制中，既要确认公有制经济成分的财产所有权，也要确认非公有经济成分的财产所有权。科学的产权界定、保护以及人

① 中共中央马克思恩格斯列宁斯大林著作编译局．马克思，恩格斯全集第一卷 [M]. 北京：人民出版社，1956：82.

② 周飞跃．制度经济学 [M]. 北京：机械工业出版社，2015（8）：21.

们的相互认可与产权经济学研究的深度有关。随着我国社会经济的快速发展，为满足国家发展需求，要清晰地划分产权的制度，需要加强中国特色的产权经济学研究，促进社会经济高质量发展。产权制度的创新和变革无不与国家的宪法、法律、法规及制度密切相关，而且与财产法和其他法律制度及与技术条件相关。产权关系不明晰，造成社会经济发展过程中出现权力资本化、搭便车、监管缺位等现象。部分产权制度的建设步伐没有跟上社会经济的发展需要，产权政策在基层宣传和监管不到位，也成为组织中的各种腐败现象形成的主要原因。研究产权经济学，有利于深化和发展中国特色社会主义的产权经济学，促进社会经济可持续发展。

二、产权理论及其创新

“产权理论是研究在资源短缺的条件下，如何通过界定、变更和确定产权结构来协调人与人之间的利益冲突，降低交易成本。”[①]西方经济学家认为产权产生的根本原因是外部性的存在，外部性可以分为正外部性和负外部性两种，当某种经济活动对他人产生负（正）影响，而被影响的人没有为此而付费或得到补偿，那么这种影响就称为外部性影响。

产权的概念有广义和狭义之分。“广义的产权，除了包括财产的所有权外，还包括由它派生的占有权、使用权、收益权和处置权。狭义的产权，就是财产的所有权，是以法律形式确定下来的所有关系。”[②]清晰产权的概念对我们准确界定产权的归属具有重要作用。

社会治理下的组织治理也会涉及产权确定和利益协调等问题。良好的社会治理有平衡多元化利益的社会需求，最佳的办法是能够合理地运用产权理论、交易成本、交易费用等概念，逻辑性强、能够充分阐述客观事实的、符合社会治理要求的新的产权理论，我们要对该理论不断创新和发展。产权理论与社会治理关系密切，可能会涉及组织治理的许多领域，包括如何处理代理关系、组织内部考核、社会关心的收益权、外部性问题、科层制组织合作问题、组织制度、组织制度执行等。

① 王孔昱，郭江吟．腐败的产权经济学分析 [J]. 知识经济，2011（2）：59-60.

② 陈永昌．探析产权经济学的研究思路和理论意义 [J]. 北方经贸，2009（3）：1-3.

三、马克思的产权理论

马克思认为，商品货币关系之所以发生，一方面在于在社会分工基础上形成的不同生产者之间相互独立又相互依赖的关系，另一方面在于在一定所有制基础上形成的不同交换主体的彼此独立的财产权利。马克思认为，财产权利的产生根源于财产主体对财产客体占有这一经济事实，属于经济基础的范畴。财产权利的基本含义是，作为财产主体的人对作为客体的财产所拥有的排他性的占有关系和权利，这种占有关系和权利首先是一种经济关系或经济权利，而非仅仅是一种意志关系。“马克思认为产权产生的根本原因是生产力的发展，他认为几种不同形式的产权的建立和发展都是生产力发展的必然结果，生产力的不断发展是它们产生和发展的根本原因……马克思的产权理论中，对于产权的概念的理解是经济和法律两种形态。经济上的产权也就是所有制，法律上就是所有权。所有制是马克思研究的重点，但是这并不是说他只强调所有制，只重视经济因素，而把所有权和法律等上层建筑的因素忽视掉。在所有制和所有权的比较中，他只是将所有制放在了首位，而所有权处于次要的位置，与之相同，经济因素就处于首位，而法律等上层建筑的因素就处于次要位置。”① 马克思的产权理论强调产权形成的根本原因是生产力，强调所有制和经济因素，对于我国目前正在构建的中国特色社会主义社会治理体系的实践活动具有指导意义。党的十六大以来提出按劳分配为主体，多种分配方式并存的原则，通过社会调查形式对基层组织进行摸底检查，确保收益权等各项权利的公平性。

四、产权保护

2016 年 11 月发布的《中共中央国务院关于完善产权保护制度依法保护产权的意见》指出：“同时也要看到，我国产权保护仍然存在一些薄弱环节和问题：国有产权由于所有者和代理人关系不够清晰，存在内部人控制、关联交易等导致国有资产流失的问题；利用公权力侵害私有产权、违法查封扣押冻结民营企业财产等现象时有发生；知识产权保护不力，侵权易发多发。”这些是社会治理中普遍会遇到的问题，保护国有、私有财产不受侵害，首先是产权的界定问题，建立保护产权的制度，制度执行与监管需要良好社会治理手段，才能

① 王磊 . 马克思产权理论与西方现代产权理论的比较研究 [D]. 湘潭大学，2019.

保护人民群众的合法收益权；产权制度的监管得力，就不能让部分人来人为操控人民群众的各种合法收益。

借鉴产权理论体系的相关理论，在国家法律框架内建立完善的符合社会主义市场经济发展的产权制度，在注重社会伦理道德的前提下，重视契约不完全性的负面影响，解决组织中合作剩余的利益的公正、公平分配，尤其是国有企事业单位、部分国家机构的工作人员收入公开透明，便于社会各界依据制度原则来进行全面监督。也可以通过选择有专业能力的第三方机构参与监督，做好社会利益公平分配工作，实实在在地激发社会和组织活力，促进社会群体、自然人、组织成员参与创新活动。

随着我国社会经济的快速发展，当前我国可以对不符合国家政策要求的制度进行清理，加快符合中国经济发展的产权制度创新步伐。社会治理的实践活动为产权制度创新提供了更多的信息，如怎么样才能保护私有的、共有的产权，产权保护中的民主与法治互动，权力对利益分配的违规操控，利益分配中的产权制度建设，利益分配权力的有效监督，阻止利益团体分利活动，等等。

完善我国的产权保护制度，依法保护产权。社会治理的相关内容应该涉及产权的保护。可以参照马克思产权理论和相关的产权保护理论，分析产权分配制度对组织效率的影响、组织的信用政策制定、契约管理的合规性等，从而克服科层组织管理低效率。

将社会主义按劳分配原则与产权理论相结合，使国家法治下的人民群众收益权得到保障，合作剩余的收入得到公平分配，使公民合法性财产权、公有和私有集体的合法性财产权得到有效的保护。

五、发展中国特色的产权理论

中国的产权改革长期以来是以马克思产权理论为基础的，才能有中国今天的经济成就。我们需要进一步丰富、完善和发展中国特色产权理论，为创新产权制度提供理论基础，对于推动我国社会治理结构的进一步调整具有理论和实践指导作用。

马克思的产权理论是建立在所有制基础上的，产权形成的根本原因是生产力，并优先考虑经济因素。马克思认为产权是所有制关系的法律表现。法律可以理解成是制度及政策的一种形态。社会主义的国家根本制度可以通过宪法来显示，国家政策也可以用法律的形式来显示，制度包含作为操作规则的政策。

随着国家治理体系和治理能力现代化的不断推进，产权理论下的交易费用内涵将会不断扩展，包括各种数字化度量、界定、保护产权的费用，订立协议（契约）的各种费用，执行制度（交易）费用，治理活动中沟通、协调、合作费用及监管、督查费用，等等。这些都有可能涉及产权制度，良好的竞争环境能够降低交易费用。

发展中国特色产权理论，为社会治理提供更好的产权制度来源，为社会经济的高质量发展提供制度性保障。

第四节　社会治理与制度经济学

一、制度经济学

制度经济学是把制度作为研究对象的一门经济学分支，注重对制度的研究及对经济行为和经济发展之间的关系的研究。将制度本身作为研究对象的一门经济学分支，分析和研究制度本身、制度经济学对人们的经济行为及社会经济发展的影响，同时研究经济的发展反作用于制度，从而促使社会制度的进一步演化。制度经济学的研究强调制度分析或结构分析。进行制度经济学研究的学者认为，社会经济不断发展并不全部是由于资金、人力资源、自然资源等因素，而是取决于组织内外部制度本身。

社会治理是有组织的活动，通过对组织的制度及与制度相关的因素的治理，完善组织制度的奖惩机制、分配机制、创新机制、执行机制等，推动组织各项职能有序运行，从而决定组织未来的发展方向。

二、制度与人

制度指人们在社会生活、生产等活动中的行为规范，在组织的结构中是集体控制个体按照组织的规范行动。“制度与人，谁也离不开谁，制度是与人相联系的制度，是‘人性化’的制度；人是生活在制度空间里的人，是‘制度化’的人。制度脱离了人就成了无源之水、无本之木，再好的制度也只能是空中楼阁。马克思主义经济学将生产关系作为研究对象，生产关系是人们在物质资料生产过程中所结成的经济关系，体现了人与人、人与物、人与规则的关系。马克思从生产力与生产关系、经济基础与上层建筑这两对社会基本矛盾的辩证统一关系中揭示了人与制度的互动关系。”[①]新制度经济学代表人物之一威廉姆森接受了西蒙的有限理性假设，他认为“经济人”的自利行为常常走到机会主义上去，由于信息的不对称，一些人就可能利用某种有利的信息条件向对方说谎和欺骗，只要是“经济人”，就必然会不择手段地追求个人利益。诺斯强调意识形态对“经济人”的约束作用，可见他是承认有限理性假设的，即“经济人”只能在特定的制度环境约束中最大化自己的效用，好的意识形态能降低社会运行的费用。社会群体或组织为实现某些目标，才会让集体中的每个角色去遵守组织中的规范，这种规范逐步被固定下来，形成制度形式，所以制度与人同生共存，离开了群体或组织，一个人的世界里，制度的意义就不大了，所以制度是与组织、组织中的人相关的。组织中的制度能够形成约束力，除了监管得法，还在于制度本身的建设，需要伦理、道德、法律达成自我的统一。在组织内，有些人为了自我的利益展开不公平的竞争，利用制度的缺陷或空子，这种竞争的对组织来说必将付出高昂的成本。这正是社会治理要面对的问题。

三、组织治理与制度

制度经济学主要代表人物有凡勃伦、康芒斯、艾尔斯、科斯、诺斯等西方经济学家，他们提出了制度的定义、制度与组织、制度分类、制度功能、制度的效率与正义性、制度层次、制度体系等，阐述了与制度相关的各自的理论和观点。他们的某些理论的概念与观点对构建反映中国特色的、能够体现本土化的、原创性的社会治理理论具有一定的启示作用，为构建社会治理实践层面上的社会治理信息元标准化体系框架提供部分理论借鉴。通过对制度经济学理论多层次的梳理，筛选出符合各行业组织治理的信用信息元数据，从而设计出符合组织治理相关信息元数据的标准体系。社会治理实践层面上的信息元数据要从信息内容描述、治理方法描述、使用方式描述等几个方面入手，才能在治理相关的群体中获得共识，对社会治理活动的顺利开展具有引导作用。

制度是集体对个体行为的约束。社会治理要发挥制度有效约束的作用，帮助政府组织或其他类型的组织减少因为诚信治理的不足引发的权力欺诈、寻租等以腐败为主的官僚成本。以人为本的社会治理以制度为参照，从组织中人的身上找到差错的原因。

---

① 李怀 . 制度经济学研究对象与“制度人”假说 [N]. 光明日报，2009-08-05（10）.

社会组织中共存在三大类制度：行为管理制度、任务分担制度、福利分配制度。这三大制度的分类为制度的设计提供了一个很好的框架范围。我们在讲制度时，就要与组织的定义联系起来。巴纳德对组织的定义之一是，在时间上具有延续性的集体行为与相互作用的集合。一般而言，组织是个体基于共同目标，通过制度结合而成的集体，其制度的核心是明确集体的资产所有权、处置决策权、收益分配权结构。制度是由人设计出来的，资产所有权、处置决策权、收益分配权需要人来执行，制度的治理（管理）是管好人的问题。管理好组织中的每个人，就是要开展人员公平竞争，选好人，用好人。组织是由个人组成的，有组织的存在才能形成制度，所以管理好制度，不仅要考虑组织之间的竞争因素，还要考虑组织个人之间的竞争因素，公平竞争的诚信行为是重点。

对于社会中常见的竞争行为，竞争最激烈的情况是只有两个单位参与竞争的情况，而不是人们平时所认为的竞争参与者越多，竞争就越激烈。这说明，为了治理恶意打压对手等恶性竞争行为，允许更多的企业进入市场是有效方法，而不是人们通常所认为的设法减少竞争参与者。社会治理下的组织治理就是要开发更为有效的公平竞争的新制度和新技术，让更多的竞争者参与到公平竞争中来。社会治理的制度建设包括监督制度的执行，再好的制度没有很好地执行就等于一纸空文。制度是由人来执行的，规范人的行为是社会治理制度建设的重点，不偏袒某个组织、某个阶层的个人，让每个人在组织中获得公平竞争的机会。责任与贡献要直接与当事的责任人和贡献人挂钩，杜绝“搭便车”现象，提高组织协调、合作能力。责任落实到组织中每个参与人，就能有效约束权力滥用等各种违规行为。

“从制度的视角来定义治理，认为治理就是围绕着规则的制定和执行而展开的过程，既可以出现在私人经济领域，又可出现在公共产品和服务的传递过程中。新制度经济学、经济社会学和比较经济学把这些理念融合在一起，强调市场不会产生自发的社会秩序，必须通过制度来产生和维持。”[①]这主要是从市场及其制度的角度来考虑的。然而从目前来看，各项制度的执行需要依靠社会治理的协调、合作、伙伴关系来解决部分制度的有限性；并且从制度执行的行为人的诚信治理出发，才能通过制度来产生和维持秩序，实现组织内外公平竞争的良好格局。只有营造公平竞争环境，才能快速促进组织强大，无数个组织强大就是国家的强大。

① 余军华，袁文艺 . 公共治理：概念与内涵 [J]. 中国行政管理，2013（12）：52-55.

四、制度阻拦需要技术

随着社会经济的快速发展，社会分工朝着精细化方向发展，架设在网络上的虚拟组织利用网络信息技术，将人力、资源、行动规则等通过网络连接起来的组织结构让组织活动的范围不断扩大，并且组织活动日趋分散化。需要通过更为有效的治理（管理）方式来治理与诚信相关的个体理性和机会主义倾向，从而确保制度规范的有效性，使制度的执行得到保障。

在法规与制度的监督不完善的情况下，部分组织中的人们的决策行为是以个体自身利益的最大化为目标的。在制度执行缺乏有效的监管的情况下，人们由于利益驱使，就有可能建立起各种各样的潜规则来逃避制度的规范，导致组织行动的低合作与低效率。

尤其是科层制组织，如果没有拥有权威专业能力的横向组织的持续介入，对促成潜规则的部分行为人钳制，并通过深挖潜规则，将其危害公示于众，那么各种潜规则就会在组织中根深蒂固，很难清除。为全面推进国家法治建设，实现国家治理体系和治理能力现代化，需要采取更多的具体切实有效的措施：社会组织、自然人的参与规则，构建新的社会治理制度，保护举报者、奖励举报者、匿名举报形式等各方案。社会主义的法律制度只有得到切实的执行，全面推进高质量的法治化国家才能顺利进行，否则就是空谈误国。

制度经济学各个理论分支主要包括交易成本、产权、制度变迁等理论体系。这些理论成果可以为各行业的制度创新提供借鉴参考，可以为社会上各种类型组织的治理构建完整制度体系，切实执行制度，为分析制度价值及制度创新提供可靠的数据。

科层制组织结构被认为是使组织效率低下的原因。人类社会并不是所有个体的简单加总，而是不同个体按照一定关系组成的一个有机系统。[①] 这个有机系统中的不同个体有不同的社会分工，有分工就会有效率与成本问题。科层制反功能问题长期未被有效解决与部分分工没有到位及成本、效率有关。社会信用体系将成为社会治理的有效工具，通过创新技术，通过对分工要素的分析，可以适当地增加一个和多个分工，建立能够有效监管制度执行的横向组织，以解决科层制组织中的效率与成本问题。提升社会治理下组织治理能力，以增强科层制组织制度执行的监管质量。在人类社会中，技术因素是制约制度演变的

① 周飞跃．制度经济学 [M]. 北京：机械工业出版社，2015（8）：3.

一个重要因素，马克思认为社会制度结构基本上以技术为条件。社会信用体系建设不断突破各种技术壁垒，可以让社会治理下的组织治理实现组织内外制度统一，从而在追求组织利益同时，实现与国家利益的统一，这样既实现了经济效益，也实现了社会效益，促进了组织内外之间的高效合作。

五、制度分析

“制度是价值的源泉，因此制定和完善制度，就是在确定和完善价值体系。良好的社会制度（包括产权制度和分配制度）的建立，包括管理机制与交易规则的制定，是释放国民生产力和推动经济发展的重要手段。社会制度确定社会结构，也就是社会的有机化或者差异化。人类的所有劳动，都有两个目的，一个是满足人类的自然需求，一个是满足人类的社会需求。人类的社会需求，就是在制度确定的社会结构基础上，追求更高层次的差异化。”① 只有通过管理机制和交易规则的有效性分析及对制度执行能力的客观评价，执行制度的群体和个体才能获知制度为组织或社会提供的价值，这对制度的创新具有重要意义。然而，对每一项制度价值进行检测，首先需要知道形成制度的成本，通过制度成本研究制度的客观价值。从目前来看，这是不可能实现的事，但随着未来数据的积累和算法能力的提高，这将不难实现。

任何制度的运行都需要一定的经济费用，也就是制度存在交易成本。张武常认为“交易成本包括一切不直接发生在物质生产过程中的费用”。其具体包括信息费用、谈判费用、起草和实施合约的费用、界定和实施产权的费用、监督管理的费用和改变制度安排的费用。可见获取每一项制度需要付出一定的代价，同时制定的制度能不能为组织带来利益，就要测算利益减去制度成本后的剩余利益，这样才能完成制度的价值链分析。但是制度的交易成本如何测量还存在很大的争议，关键是目前对制度成本与制度的执行能力所体现出来的价值的检测没有形成统一的认识。因为制度本身存在能力问题，只有具备规范的执行制度的能力，才能让制度创造价值。制度执行是通过人的行动来完成的，鉴于人的诚信行为的不同，制度所创造的价值是不稳定的。

“老制度主义者曾把人假定为‘规则人’，而且指出‘规则人’未必追求目标值的最大化，同时不会随着环境条件的变化而不断调整行为，只要按照既

① 徐晋. 稀缺二元性与制度价值论——后古典经济学范式的理论架构 [J]. 当代经济科学，2016（1）1-12.

定的规则或惯例行动就是明智的选择。老制度主义者虽然提出了‘规则人’的假设，却没有做具体的展开，既没有指出‘规则人’的具体内涵，也没有看到人与制度的互动机理，更没有从制度经济学研究对象的角度揭示和把握其本质。”① 制度和人的互动机理的研究，需要从制度执行监管机制的有效性入手，通过度量制度的执行力，获取制度与人互动是否规范的各项数据。这些数据的来源，将寄希望于社会网络化治理的精细化。

社会治理要坚持源头治理、标本兼治、重在治本等，就是要在社会治理下的组织与治理中，通过社会治理相关的制度成本分析和制度能力价值分析，以及执行制度能力所形成的实际价值的测量，降低制度的交易成本，提高制度执行能力，从而让制度的价值凸显出来，以提高社会治理能力和推进社会治理体系现代化。

第五节 社会治理与信息经济学

一、什么是信息

信息是关于事物运动的状态和规律的表征，也是关于事物运动的知识。信息就是用符号、信号或消息包含的内容，来消除对客观事物认识的不确定性。由于信息是事物的运动状态和规律的表征，因此信息的存在是普遍的；又由于信息具有知识的秉性，因此它对人类的生存和发展是至关重要的。许多人认为，信息就是消息、报道、新闻、数据、符号、代码、知识及谈论的各种事物等，是对社会中发生和存在事物的形式、运动状态和相互之间联系特征的表达和描述。

二、信息经济学

信息经济学分为微观信息经济学与宏观信息经济学，微观信息经济学又被称为理论信息经济学。本书更关注微观信息经济学的学术研究：非对称信息环境与微观信息经济学的关系。信息经济学是从不同侧面、不同角度对信息进行经济研究的新的综合性经济学科。信息经济学认为，现实中市场参与者之间的

① 李怀．制度经济学研究对象与“制度人”假说 [N]. 光明日报，2009-07-28（10）.

信息一般是不对称的。信息经济学是以问题为导向的，它研究给定信息结构、交易关系、激励机制设计与契约安排，故又称为契约理论或机制设计理论。优化社会治理信息结构，需要通过学习信息经济学的相关内容来实现，这将更有利于探索社会治理的规范性问题。

三、社会治理的信息架构

研究与应用微观信息经济学，导出各种社会人群合作与冲突过程中所生成的诚信问题，合作与冲突往往与参与人的利益分配不等有关，对利益相关动态诚信问题进行规范，通过引入与契约有关的约束条件，将相关诚信问题转换为多层次的、带有一定结构的信用信息元概念体系，以探索中国社会数字治理信用化的新模式，规范多层次的信用要素的各种信息元。构建各信用主体之间的多层次信用信息元结构关系，是一个科学问题。对社会治理的信息元数据进行存储、管理、计算、评估等，事先需要对社会治理信息元结构进行统筹、规划、设计等安排，从而让社会治理信息元能够准确表达和进行网络传输。所要做的工作包括社会治理的信息元的选择、筛选、分类、标准化、存储、安全、操作规范等。其中，对社会治理信息元的标准化，有利于社会治理信息元数据的利用和开发，为社会治理的大数据分析提供便利。

四、社会治理的信息不对称

社会各类型组织之间，因为不确定、不对称信息所引起的种种组织合作偏差，需要通过社会治理下的组织治理理论和实际相结合，让原本组织之间的不确定、不对称信息的条件得到改善。社会治理所要开发的创新制度是以法律、法规、标准和协议（契约）为依据的。社会治理的创新制度与协议（契约）之间的稳定组合及有效控制，可消除社会各类型内、外部组织与组织成员之间的合作与交往（交易）过程中存在的信息不对称问题。提取当事组织与个人双方的组织行为、经济行为的实证数据记录，运用社会治理与信用信息化数字处理技术，可以分析与评价社会治理下的组织与组织成员诚信行为的优劣。

社会数字治理信用化有潜力逐步改善由于科层组织内逆向选择和道德风险、信息不对称等给组织带来的低效率。在信息不对称的情况下，逆向选择和道德风险是随时可能发生的，西方信息经济学认为，减免的办法就是建立起激励机制和信号传递机制。“逆向选择”的含义与信息不对称和机会主义行为有关。机会主义行为指人们借助不正当的手段谋取自身利益的行为。信息不完全指缺乏完全信息的情况。信息不对称是信息不完全的一种情况，即一些人比另一些人拥有更多、更及时的有关信息。信息不对称在信息经济学里被称为隐藏知识、隐藏信息，信息不对称其实与信息分布或信息获得的不公平性有关。

可以通过社会治理与社会信用体系的点与面结合，以及创新制度和创新技术的合理有序运用，形成连续的与诚信（信用）相关的大数据资源，并进行的数据分析与处理，之后在国家法律法规的框架内，公布相应信息，以解决治理与被治理各方之间信息不对称等问题。

五、信息网络与社会数字治理信用化

我国社会诚信体系建设的重要基础工程，组织机构统一码标识制度，也是国家现代化治理的基本制度。社会各界如果能够达成共识，对接组织机构档案馆这一系统，可共建符合社会治理精细化要求的现代化数字档案馆，具体包括建立组织机构代码的统一标识，进一步将组织机构代码与个人身份识别相结合，实现实名制等。也就是不仅仅是组织机构代码识别，还要从这个组织机构往下延伸，一直延续到最基层组织的职业人岗位，以及社区的每个自然人。这样才能符合社会治理或自治是有组织的活动的要求，也符合社会治理的源头治理和治理现代化的要求。

诚信体系建设的关键要素表现在三个方面。第一，“实名制制度”，也就是形成国家层面的、真实、完整的自然人、法人单位的全集信息数据库，并要求自然人和单位法人在社会活动中以自己的真实身份从事对外活动。第二，“记录制度”，即对数据库中的自然人、法人单位的社会活动和诚信状况进行记录，及时提供给监管部门和其他管理部门，并长期保留记录，第三，“追溯制度”，即根据数据库中的诚信记录情况，使诚信的企业和个人得到认可，不诚信的企业和个人直接受到处罚和追溯处罚。[①]不过实现这一功能，需要建立社会治理网络化的各项基础软硬件设施，也包括网络化社会治理的各项制度、政策。

其实上述几点也是发达国家的通行做法，建立全集信息数据库，通过数据共享消除信息的不对称性。但是，中国特色社会治理要从我国的实际情况出发，我国人口众多，生活在不同地域的人们对社会诚信的价值认识是不同的，需要从制度入手，进行社会的诚信治理。

① 张冬青．组织机构基本信息国家数字档案馆建设实录 [M]. 北京：中国质检出版社，2012（10）：15.

诚信（信用）行为归根结底是由个人的行为产生的，体现在社会组织的治理者与被治理者之间的责任关系上。社会信用体系的一个重要内容是以人的行为过程进行诚信识别，主要利用一定的技术手段，消除信息不对称等因素，获取证据形式的信用记录，通过责任、贡献等行为结果的认定，将组织与组织、组织与组织成员、治理者与被治理者之间的责任与贡献进行量化分配，从而实现客观的、完全的诚信动态信息的录入，为社会组织之间的各种合作的顺利进行提供了契约设计、制定、履行、理论研究等数据资料，使克服科层组织低效率、低效能、低合作成为可能，为社会治理的决策者们，提供了更清晰、更精确的与社会治理相关数据。对于组织内外合作博弈各方的合作协议（契约），参与者是否共同遵守需进行实证分析，合作协议（契约）的遵守与否是以事实为依据的，信用主体的行为诚信与否，最终能够得到有效的检验。

第六节　社会治理与博弈论

一、什么叫博弈

博弈是理性人为了实现最大利益或既定目标，面对一定的环境条件，在一定的规则下，从允许选择的策略中选择有利于自己的策略加以实施，并取得相应结果的过程。“一个人、一个团体、一个国家的决策所产生的结果取决于别的个人、团体、国家的决策；这种相互作用的决策过程就是博弈。”①简单地说，所谓博弈，就是在一定的规则条件下，平等对局的双方利用对方的策略，制定有利于自己的对抗策略，从而达到战胜对方的目的。

二、博弈分类

约翰·纳什作为一个年轻的数学博士，于1950年发表了《非合作博弈》博士论文。论文证明了N人博弈中的均衡点，这个均衡点后来被人称为“纳什均衡。”根据纳什的非合作博弈人们又提出了合作博弈，因此，我们常常将博弈论分为非合作博弈和合作博弈。其中，非合作博弈可分为有限理性博弈和完全理性博弈；完全理性博弈可以分为完全信息博弈和不完全信息博弈；完全

① 李翀．微观经济学[M]．北京：北京师范大学出版社，2008：305.

信息博弈又进一步分为静态博弈和动态博弈；不完全信息博弈又可分为静态博弈和动态博弈。

合作博弈亦称为正和博弈，是指博弈双方的利益都有所增加，或者至少是一方的利益增加，而另一方的利益不受损害，因而整个社会的利益有所增加。

社会治理和自治主要关注的是合作博弈。因为社会治理与自治活动是有组织的活动，所有的组织为实现共同的目标，需要开展合作。社会治理是建立在合作、协调、共识、共同利益认同的基础上的伙伴关系，以实现社会治理下组织治理的各项目标和责任。

三、社会治理和博弈论的运用

博弈论是研究决策主体的行为发生直接相互作用时候的决策及这种决策的均衡问题，也就是说，当一个主体的选择受到其他主体选择的影响，同时反过来影响到其他主体选择时的决策问题和均衡问题。均衡是平衡的意思，博弈均衡是指使博弈各方实现各自认为的最大效用，即使各方对博弈结果满意，但各方实际得到的效用和满意程度是不同的。在经济学中，均衡即表示相关量处于稳定值，然而博弈实质上是动态的竞争；现实中的博弈都是非合作的博弈。为了研究社会组织市场竞争的需要，也是社会组织发展的内在要求，这里需要讨论合作与非合作博弈问题，非合作博弈是合作博弈论的基础，合作博弈是非合作博弈的深化。囚徒困境案例在证明非合作博弈的无效率或低效率的同时，就自然说明了存在着合作的可能性和必要性；合作博弈，非合作博弈的对称，是一种博弈类型。合作博弈是指人们行为相互作用时，当事人之间存在一个对各方具有约束力的协议，参与人在协议范围内进行的博弈。合作博弈是博弈的一种特定状态，这种状态提供了一种有利的结构，利用这一结构结合数学方法，可以分析在社会组织学中，组织和组织成员、治理（管理）者和被治理（管理）者及自治组织相互之间治理（管理）活动的各种博弈行为。社会治理与社会信用体系之间的协同合作，让各治理主体之间多层次博弈后形成的客观数据资料被成功收集成为可能。合作博弈需要参与人之间存在具有约束力的协议，这个协议与契约的治理（管理）有关。所谓契约，是指那些个人之间通过自由的行动意志所达成的共识。还有一种定义，即“契约是由双方意愿一致而产生相互间法律关系的一种约定”[①]。从契约的定义可以看出，契约的落成双方与法

① 查士丁尼．法学总论 [M]. 张企泰译．北京：商务印书馆，1989：159.

律相关联，说明契约中存在着责任和义务，并与法律相伴。随着现代社会经济的发展，契约理论成了经济学理论的分支，形成了一整套概念、模型、应用场景等。如何设计契约以解决由所有权与控制权分离引起的利益冲突及企业所有者与企业经理签订契约以避免道德风险和逆向选择，是现代契约理论研究的重要问题。现代社会经济高速发展，控制权问题变得越来越严峻，仅仅依靠制度、契约等各种主观的方法进行控制，是远远无法适应社会经济高质量发展需求的。契约主要分为完全契约和不完全契约等，对契约的不完全性的分析变得格外重要，而博弈论的结构博弈思想，对于契约双方所应承担权利与义务的量化分析具有重要价值，为我们厘清社会治理中各种诚信行为、各种利益关系与法律、制度的关系提供了分析的工具。

四、合作博弈

合作博弈，非合作博弈的对称，是一种博弈类型。在特定的状态下，其将组织与组织成员的相互行为作为一个集合，视每个集合单元为一个治理对象，通过一个有约束力的协议（契约），让原本不合作的组织、组织成员，按照协议的要求，共同遵守事先拟定的协议（契约），为实现协议各方的合作共赢提供法理性依据。

合作共赢最大的阻碍来自科层制组织的三个反功能。第一，低效率与刚性。这是部门组织的自我保护行为。随着时间增加，组织的低效率与刚性会进一步增强，科层组织的等级也会无限增长。第二，变革的抵制，外在促进科层组织变革的力量，往往会遭到抵制，科层组织的“权力”等因素，没有能力激发组织下级组织的自我治理，而且下级员工的变革行为可能是一种风险行为。第三，社会阶级差别。科层制组织的分层模式使组织中不同职位上的员工获取的机会不平等，员工的能力发挥受到限制，常常伴随着公平竞争机会缺失，导致组织员工升迁机会的不公平。科层制的反功能无法依靠科层组织自身来克服，因为这是由科层制组织固有的刚性所决定的。需要依靠社会治理多组织协同合作的外来治理力量，这就会涉及社会治理，形成一个组织的横向社会分工。

社会治理的治理对象是多元化的，对于不同的治理单元，要从该治理单元的治理结构中，梳理其已经存在的导致低效率的各种因素。这些因素是形成治理信息元数据的基础，也是完善组织合作博弈的有约束力协议（契约）需要考虑的重要内容。其实现需要一个过程，首先要寻找已经存在于组织内的各类低效率等具体问题，分析问题所形成的各种原因，找到一个可以解决低效率问题的协议（契约），来实现组织与组织成员之间的有效合作。“理查德·塞勒（Richard Thaler）于1988年借助实验方法在单次博弈和重复博弈的情况下考察了合作行为，发现如果合作人共同遵循‘公平’原则，人们是倾向于选择合作的。”① 合作博弈强调的是集体理性，注重公正、公平与效率，将组织中的每个员工，作为组织资源的组成部分，调动每个成员的积极性是组织管理成功的关键，这也是合作博弈成功的“解”，这个“解”主要体现在合作剩余等利益公平分配上，与社会主义按劳分配的原则有关。合作博弈研究人们达成合作时如何分配得到的收益，即收益分配问题。合作博弈采取的是一种合作的方式，合作之所以能够增进双方的利益，是因为合作博弈能够产生一种合作剩余。至于合作剩余在博弈各方之间如何分配，取决于博弈各方的力量对比和制度设计。因此，合作博弈的分配既是合作的结果，又是达成合作的条件。合作剩余是合作得到的纯收益即扣除成本后的收益，合作剩余将在参与人组成的联盟的集合里，按照参与人的职业能力和贡献结果大小进行分配，同时考虑到形成组织凝聚力的各项因素，就需要进一步将职业能力、按才定岗、贡献收益、责任成本等加以细分，区别与鉴定组织治理责任和个人责任，并形成自我批评和自我评价机制。而这一切需要获得联盟里多数成员的共同认同，而数据资料客观性是一个重要方面。社会数字治理信用化将要承载这项严肃的任务，来逐步完善贡献收益与责任成本的测量与记录，建立客观的与诚信（信用）相关的信息元数据库，为社会治理下的各项治理活动进行量化和客观评价。

社会治理中的合作性博弈指社会治理中每一个单元中的参与人可以从自己组织的利益和组织成员自己的利益出发，与其他相关组织和个人的参与者，通过一个公平的有约束力的协议（契约）谈判，达成有支付的共识，让原本不能实现合作的方案变成可以合作的方案。该方案能够让联盟各方利益得到满足，实现对各自有利的结果。目前政府组织、企事业单位组织、政治团体等均是建立在合作博弈上的组织联盟。合作博弈的联盟强调的是集体主义、团体理性，其联盟行动的过程，追求的是公平公正，限制个体理性成为集体理性，因为集体理性能够形成更加高级的群体智慧，带来良好的结果，可以获得组织内的各项聪明的决策。

① 赵琳．2017年度诺贝尔经济科学奖获得者 Richard Thaler 研究工作评述 [J]. 管理评论，2017（10）：3–8.

五、合作博弈协议（契约）下的量化

从博弈论的视角看，社会治理首先是公平、公正的治理，公平、公正是社会治理各方利益关系多元化复杂博弈的相关均衡。确保这种均衡，需要公平、公正的制度。只有在这个特定状态下合作博弈才能持续进行。博弈论按照学科分类属于数学的一个分支，可以通过对执行制度的相关协议（契约）规则的执行人的诚信行为的量化，实现与数学方法的联系。

量化的思路除了来源于博弈论概念外，还要结合模糊数学的概念，将模糊现象分解为精确现象，将不确定性主观现象变成可计量的客观数据；将标准值定位于 -1 到 0 的区间标度，权重的和等于 -1，代表责任等成本部分，定位于 0 到 1 区间标度，权重的和等于 1，代表贡献等收益部分，两种区间标度分配就在 0 到 1、-1 到 0 区间标度之间，以实际成果记录计量和确认绝对标度，标准值分配以多种类型的绝对标度分别用图谱方式固定下来，便于对其编码归类。目标组织内外治理过程是在法律、规章、标准、契约的框架内进行的，严格按照公平、透明性、包容性、参与性、责任性、回应性等原则进行的，在参与人的集合内形成共识，将治理集合内的责任与贡献直接落实到某个组织、某个岗位上的个人。社会自然人遵守社会规则的责任与义务，也可以通过与治理（管理）者与被治理（管理）者之间的关系进行描述，与职业人治理方式类同。数字化精确治理过程是被治理组织和成员认同的过程，是客观事实被确认的过程。这个客观事实只有被纳入社会治理信息元数据库内，才能作为诚信（信用）信息的记录对象。

合作博弈中有关合作结果的分配理论。在数学意义上和分配概念与方法有无限个“解”，与收益和成本相关的数字化分配的表述还不完全，分配在实际过程中可能存在障碍。必须另辟蹊径寻找简单实用方法，可以在满足分配要求的情况下重新规划，将分配限定在一定的范围内，而不至于过于复杂，这个议题就有了技术创新的需求。贡献（收益）减去成本（损失）等于合作剩余，用责任成本（损失）和贡献（收益）的概念，来创新诚信（信用）治理的度量模型，是诚信（信用）评分法的新形态。只有维持合作博弈“公平”原则，符合客观事实，才有利于员工认同组织并与组织长期合作。多层结构的合作博弈下的组织与成员之间的合作行为，将组织治理和自治组织进行分层分级，实现治理权与自治权分离，通过权责利关系的分析，确认责任者或贡献者，这个过程是依据事先达成的协议（契约），将责任或贡献在联盟成员之间进行公正客观的分配，是解决多层垂直组织（科层制组织）低效率等问题的有效方案，为开辟适度的类似财务管理的非人格化管理规则提供了可能。

长期以来社会管理或组织管理中权力运行失范问题时有发生，由于人的有限理性的存在导致人为种种误判，最终致使组织低合作、低效率的情况难以根治。现代化的网络化计算机信息技术有利于实现类似非人格化的财务式的分步账户监管控制流程，实现社会治理的分布式组织治理，实现组织治理的扁平化。将组织治理和自治组织的责任与贡献，通过一定的技术手段，分别落实到各组织单元、各职业岗位个人单元上，使组织治理有治理的责任，自治组织有自治的责任。只有均衡组织治理中的责权关系，才能大概率实现组织治理的各项目标。

责任在组织中并不总是独立的，而是有着连带关系，所以责任能否有效得到落实，除依靠制度和技术因素外，可以在一定规模的组织内部，设置一个信用管理部门，负责诚信治理各项业务，为线上线下的诚信背书。组织中制度的诚信执行，能够降低各项管理成本，也为大幅减少管理岗位提供了可能。对于小规模组织，可以将多家小规模组织集中起来，由社会信用服务机构进行诚信治理。

第七节　社会治理与行为经济学

一、行为经济学

行为经济学就是要从人的现实决策过程出发，建立符合心理学事实的个体决策模型，以此来分析具体的经济行为和经济现象。行为经济学（Behavioral Economics）又被称为“心理学的经济学”，行为经济学通过提供更为现实的心理学基础，增强了经济学的解释力。行为经济学主要研究人的问题，人是现实经济活动的主体，行为经济学探讨的是现实中个体具体行为的特征。

二、理性经济人是不存在的

从信用经济学视角看，主流经济学理论中的“理性经济人”假设是不成立的。行为经济学对市场交易机会主义行为的研究成果及其后续研究，可以说是摒弃了“理性经济人”假设。行为经济学理论将市场上的人细分成若干种，却没有一种是完全理性的经济人。更何况，理性只是人类特性之一，高于理性的则是人性。理性人指的是总是自私自利地追求自身效用最大化的人。理性人的假设过于简单，解释力不足。因此，传统的经济学往往存在理论上的局限性。行为经济学对传统主流经济学提出了挑战，认为主流经济学理论中的“理性经济人”假设是不成立的。

三、行为经济学理论

1979 年，丹尼尔·卡尼曼与阿莫斯·特沃斯基发表了《前景理论：风险条件下的决策分析》。1980 年，理查德·塞勒发表了《论消费者选择的实证理论》。两篇论文的发表，为 20 世纪 80 年以来的行为经济学的快速发展做出来很大的贡献。1979 年丹尼尔·卡尼曼与阿莫斯·特沃斯基提出了“前景理论”，其中提供了大量的实验数据，证明了理性人假设是不符合心理学实验事实的，并提出了前景理论的价值函数和概率权重函数。前景理论是一个融合心理学与经济学的研究成果，是研究人们在不确定状态下如何做出判断和决策的经济学新理论。传统经济学假设人们决策的动机是“自利”，前景理论则提出了一个更加符合人类本性的、决定人类行为的心理学动机。该理论证明了人们在决策过程中所选择的捷径和所带有的偏见，即人们在做决定的过程中并没有系统的方法，人们只是选择他们能做到的。丹尼尔·卡尼曼与阿莫斯·特沃斯基的研究发现，以经验规则为主要特征的直观推断会产生严重的系统错误和偏差. 这些偏差可归为四类：相似性偏差、可利用性偏差、锚定效应、认知偏差。

在论文《论消费者选择的实证理论》中，理查德·塞勒首次提出了“禀赋效应”概念，就是指当某个人一旦拥有某项物品时，就会对其价值的评价高于没有拥有它之前，实验证明“禀赋效应”确实存在。另外，论文中还提到“心理账户”思想。“所谓心理账户，指的是我们在思考一些问题时，并不会进行统一的成本收益核算，而会在心里构建很多个分门别类的账户，并分头进行计算。”①

行为经济学的核心观点包括以下几个：经济现象来自当事人的行为；当事人进行理性决策，但理性是有限的；在有限理性的约束力下，当事人的决策不仅表现在目的上，而且体现在过程中；在决策过程中，决策程序、决策情景都

① 陈永伟. 理查德·塞勒获诺贝尔经济学奖：行为经济学的又一次胜利 [EB/OL].(2017-10-9)[2017-10-10].https://www.jiemian.com/article/1671818.html.

可以和当事人的心理产生互动，从而影响到决策的结果；个体决策结果的变化导致总量结果的变化，对经济总量的理解来自个体行为的理解；有限理性和学习过程会导致决策的偏差及结果演变路径的随机性，从而产生异常行为，这种异常行为增添了经济现象的复杂性，同时加剧了有限理性的约束力。

行为经济学作为实用经济学理论，认为人类行为是有限理性的，并且经济人偏好不总是稳定的。随着行为经济学理论的不断发展，它的实用性不断得到体现，行为经济学可以在社会、法律、公共管理等领域，提供了解决相关问题的理论和方法。行为经济学强调的是假设必须与实际情况相一致，为准确解释社会中的各种问题提供了前提条件。以此为基础，不少行为经济学学者发现主流经济学模型中的错误或遗漏，人类行为的完全理性、自利的选择行为的假设是不完全的，经济学试图用为数不多的数学模型解释社会中错综复杂的经济现象是有局限性的。行为经济学修正主流经济学部分错误的观点，并对主流经济学理论的形成条件和结果进行验证，是对经济学理论的进一步革新和拓展。其借鉴了组织学、心理学、社会学、人类学等社会科学理论的最新成果，与行为经济学的理论与实践有机结合，通过观察、实验、检验等系列实验技术等方法，描述和解决很多传统主流经济学难以描述和解决的问题。为社会治理创新理论的发展及制度创新和技术创新提供了新思路，为克服存在于科层制组织中的低效率、低合作等一系列问题找到了更多有效的解决方案。

四、人的行为自我控制

“自我控制在经济学里是一个很重要的问题，其原因在于就算个体能够做出对自己有利的决策，但如果因为决策自我控制的能力而不能实现，那么还是没有用的。”[①]组织行为学认为组织是个政治机构。执行组织任务时就会有人的行为，对人的行为治理是经济学界比较关心的问题。对于社会各类型的组织系统中的个体和群体，在职业活动中的人是职业人；而脱离职业场所或职业活动则是社会自然人。所以，组织都能与合作博弈理论扯上关系。由于人的决策与执行并不能总是保持一致，因此，对执行的控制变得非常重要。组织合作博弈的协议要求组织成员共同遵守，个体控制能力的不同会影响到组织的整体控制能力。科层制组织个体和多层组织层层叠加后的控制能力很有限，这就导致了

① 包特，戴芸 . 2017 年诺贝尔经济学奖得主理查德·塞勒对行为经济学的贡献 [J]. 经济与管理，2017（6）：1-4.

科层制组织反功能的叠加滋生。需要用社会治理信用化的工具来协调治理，以增加控制的幅度，提高组织效率。不断完善个体在组织中的自我控制能力，需要在组织中的参与者之间，制定一个能够消除个体理性的有约束力的协议，以达到组织分工合作的条件。法律和道德是我们与社会联系的纽带，它能够将一群乌合之众变成一个具有凝聚力的团体。法律、道德下的制度执行，受到人的自我控制能力的限制，需要通过技术实现执行能力的控制。从组织中的个体到具有凝聚力的群体组织，都与法律、制度、道德等协议（契约）相联系，遵守合作博弈所约定的协议是与自我控制能力有关的，由于个体控制能力的有限性，需要得到第三方力量的支持。这种力量应该得到技术的支持，即通过社会治理的理论工具、社会信用体系理论和工具的相互结合，形成专业化治理能力。专业治理以人为本，提高组织中个体的自我行为控制能力问题；通过治理协调、合作互动的过程，实现组织治理下的自我治理与自我控制。实现理想的自我控制，应该是法律、制度规则框架下的法理性权威，而不是上级脱离组织制度体系的个人权力。

五、社会治理与自治与组织行为控制

行为经济学以心理学和相关认知科学的研究为指导，构建符合心理学事实的个体决策模型，以此来分析和解释具体的经济行为和经济现象。而社会治理可以借鉴行为经济学的研究方法，从与治理活动相关的经济指标异常入手，探讨组织治理活动中个体决策行为的规律，并以此为基础，系统地分析和解释个体所选择结果的原因。

行为经济学能够帮助我们意识到决策行为可能出现的各种的偏差，发现决策的偏差才有可能及时纠正。这就为行为经济学在社会治理中的具体运用提供了广阔的前景，这也是行为经济学的魅力所在。

贺京同表示，计量方法无法揭示行为动机与行为模式背后所隐含的真实心理过程，实验经济学与神经经济学等领域的方法是解决这一困境的尝试。周业安认为，其中最重要的有两类，一类是在传统的博弈论模型中引入行为因素，以此重新获得现代行为经济学的模型；另一类是根据心理学事实提炼出符合建模的公理化假设，以此为出发点，构建出现代行为经济学的新模型。行为经济学不满足于仅仅分析个体行为，而是将其理论扩展到博弈和社会行为范围，形成了行为博弈论，深入研究了博弈过程中的学习、互惠、公平等问题，并通过社会偏好的构造和引入，进入经济学最抽象的领域——福利经济学。然而，社会治理是个系统工程，按照建设人人有责、人人尽责、人人享有社会治理共同体的社会治理的战略思想，社会治理人群应该是法定范围内的，担任不同社会角色的所有人群，包括社会自然人的治理和组织与组织职业人群的治理等。社会组织中的职业人在组织工作时是职业人，下班后就是社会自然人。社会治理不仅希望解决全民自觉履行法律义务问题，更为关心的是怎样释放社会活力的问题，比较重要的还包括职业人群所在组织的创新活力问题。需要社会各群体、成员之间最大限度的互信，从而实现社会全面的信任，以此降低整个社会的管理成本。组织是一个合作行为的集合体，组织中的每个成员尊重法律制度是组织合作博弈的基础，合作博弈的“解”是公平，公平是组织成员认同组织的基础。“王彦斌对转型时期我国企业职工组织认同进行实证分析，借助阿尔德福的生存、交往和发展理论关于人的需要划分逻辑，将组织认同分为心理和行为两个方面；在心理层面，考虑由生存需要引起的利益性组织认同，因情感和交往需要而产生的归属性组织认同源于个体自我增强需要在社会中追求发展的成功性组织认同。”① 可见人们的需求不仅有物质财富方面的需求，还有社会性的自我发展机会平等需求等多种需求。这些需求都与利益有关。马克思曾经说的“人们为之奋斗的一切，都与他们的利益有关”②。人们关注利益的公平，同时由于人群中个体对利益的需求、偏好、价值观等的不同，因此公平的标准制定和落实变得非常困难。主要原因之一是学界长期对公平的心理层面问题研究得不够深入。费尔等人认为，对公平的忽视，或者准确地说，对公平偏好的忽视，是过去劳动经济学研究的一大错误。行为劳动经济学和工资决定的行为与制度分析，都是行为经济学的主要内容。行为劳动经济学要研究清楚劳动供给行为的性质，必须着重分析个体供给行为对收入激励的反应，即收入分配能否为组织提供活力，如果不能提升组织中大部分人的积极性，那有可能有人在破坏社会主义的分配制度，诋毁社会主义制度是宪法所不允许的，但是要下这个结论需要证据。工资决定的行为与制度分析认为人们内在存在公平偏好问题，只有工资制度设计考虑公平偏好，才能有利于工资激励作用。这对于组织的不断壮大具有重要意义。

另一个原因是个体的自我控制问题，包括认知行为与情感行为。心理学家对我们的认知能力和情感进行了区分。从哲学上说，制定决策需要遵循科学理

① 李保东．结构方程模型在组织认同研究中的应用[M]．北京：经济管理出版社，2014：13.

② 中央编译局．马克思恩格斯选集（第1卷）[M]．北京：人民出版社，1991.

论，但是我们无法精确地描述问题，因为我们运用了情感和直觉来表达我们的偏好。个体自我控制问题，需要通过社会治理的沟通、协商、协助、合作、伙伴关系来解决。需要集体理性，集体理性是更为高级的理性，制度的正确运用能够激发集体智慧，以消除组织中存在的各种不确定因素，消除各种可能发生的道德风险。公平的制度、政策制定和决策的实施，需要尊重客观数据资料，而不是根据个体的情感偏好。在组织实际的用人问题上，按才定岗，注意公平竞争，组织人力资源管理部门要遵守自己的职业道德。如果组织决策层的决策者在组织内区分内部人和外部人，对组织制度不问不管，看重脱离法律制度的个人权威，凭感觉或个人的情感冲动，将道德不全的人推到了科层组织重要的领导岗位，或许这些人连基本的诚信基础知识都不具备，个人的管理能力必然会出道德问题。在这个组织部门，坚持制度规则的成员或许是个受害者，职场变成了“角斗场”，成员之间相互不信任，结果是组织受损，大家的利益受损。

行为经济学注重从实证研究中搜集客观信息，而不再一味拘泥于理论逻辑的推导，社会治理可以借鉴行为经济学的实证研究方法，结合其他社会科学学科的研究成果，让社会治理的各项活动，实现了多视角对治理因素的度量。社会治理注重责任的考核，通过责任的量化分析，分解权责利关系，最终能够得到权力者的自我控制相关的信息，这个信息可用来克服个体理性行为问题，用来解释权力因素对组织的作用。个体的权力能力与个体的决策能力有关，权力者按照个人的判断力、知识、经验、技术和意志做出决策，并引导权力的行使，也存在着知识、技能不足等因素的局限性。组织人事制度中的干部能上能下的意义在于，通过人员之间的公平竞争选拔出更具有权力运行能力的干部。对于一个有才华且能最大限度克服个体理性行为的个体，他（她）通过服务社会和发展自我，来实现社会价值。但是，自我控制能力的不确定性还是存在的，所以可以通过组织治理和自治组织，来增加组织个体的自我控制力。

社会治理和社会自治组织都是有组织的活动，无论是治理和自治都存在着个体的行为，有组织的活动就存在组织制度和规则，组织中成员对制度的诚信执行，将大幅降低社会治理中的各项交易成本，从而为组织节约大量的资源。这就是要建设社会诚信（信用）体系的原因。

作为社会治理的重要工具，社会信用体系理论和工具需要适应社会经济快速发展的需求并不断进行创新。社会数字治理信用化与互联网信息计算机系统相结合，并对复杂的组织结构进行阶梯分解，直到组织中的每个专业岗位将组织结构内的多种与诚信（信用）有关的问题进行分类，将相关诚信（信用）问题归纳成不同概念的信用信息元素，然后，将各种信息元素的重要性按主次排序。社会数字治理信用化结合社会科学的各项成就，包括行为经济学、博弈论等理论，来完成社会治理的各项战略任务。

社会治理的各项任务，是从局部实现到整体实现的。可以以各个行业为中心，根据行业内的各组织目标，建立社会治理下的组织治理要素的信息元数据库，制定适合组织发展的社会治理诚信（信用）信息指标权重的等级关系。每次评价活动，按照专业评价具体要求，选择和确认采集信用信息元的范围，利用诚信（信用）的量化计分模型进行评价。

在社会治理活动过程中记录的大量数据信息，能够为社会治理的实证研究和数据分析及社会治理的决策分析提供帮助。随着社会分工的精细化，社会治理将越来越体现出科层制的特征，需要引入类似行为经济学的实验设计和数据实证分析的方法，来实现社会治理的精细化和数字化，从而逐步解释社会治理中各类科层组织中低效率、低合作形成的原因。

第三章　社会信用体系建设

西方发达国家的信用产业发展历史悠久。经过近百余年的发展，欧美发达国家已形成相对成熟的信用制度和信用法律体系，使西方发达国家的社会管理更加高效，在经济、军事、科技等领域领先于其他发展中国家。为应对社会、政治、经济等领域可能存在的信用风险，西方发达国家建立了信用管理、信用评级等各项配套的信用制度，并通过不断创新变革，开发出各种与组织和个人相关的信用度量和信用识别技术，这些技术结合现代统计学和运筹学等分析工具，诸如专家法、要素分析法、统计数学模型等，对近代和现代资本主义国家的经济、政治、律法的发展起到了积极推动作用。

我国的社会制度和经济体制及社会经济发展方式，与西方发达的资本主义社会经济发展方式有着很大的差异。为了更加充分地利用有限的社会资源，我国的社会信用体系不同于西方发达国家以经济交易和金融活动为主的社会信用体系，而是一个涵盖经济交易与社会诚信的大社会信用体系，除了政治、经济外，还将涉及更多社会科学领域，即覆盖面扩大至政务、商务、社会和司法四大领域。

就目前而言，我国的社会信用体系的构建没有现成的经验可以借鉴，建立什么样的社会信用机制，才能符合我国的实际国情，这是一个充满挑战性的问题。社会学领域的信用科学，涵盖广义的社会生活与经济生活、政治生活、精神生活中的方方面面，信用业务过度的投放或计量错误，除了消耗不必要的社会资源外，还会引起社会治理与自治相关理论之间的冲突，可能与社会期望的能够激发社会活力、发展社会经济等各项目标任务背道而驰。因此，在法治框架内，规范社会信用风险的关键在于精准均衡，即找到社会规则制约力与社会经济发展的推动力之间的平衡点，使力量恰到好处，这样才有利于在激发社会活力和社会公益事业的同时，有效推动中国经济朝着高质量方向发展，丰富人民群众的精神生活，增强人民群众的获得感、幸福感等。

第一节　信用、信任、诚信等相关概念

一、信用的含义和信用关系

信用的概念有广义和狭义之分。广义的信用是指在社会生活各种交往过程中由承诺的兑现程度所形成的社会联系，而且是一种基础性的社会联系；狭义的信用一般仅限于经济领域，指的是在人们之间经济往来过程中由于商品买卖的预付款或延期付款及直接贷款所形成的经济联系，更多的是以偿还和付息为条件的借贷行为，体现一定的债权债务关系。在社会实践中，信用也有广义与狭义之别。广义的信用是指参与社会和经济活动的当事人之间建立起来的以诚实守信为道德基础的践约行为；它是从道德、伦理学方面来理解信用的，是一切社会活动和经济活动的基础。狭义的信用是指以偿还和付息为基础特征的借贷行为；它是从经济、金融及法律的范畴来理解信用的。

经济学意义上的信用通常为狭义的信用，社会学意义上的信用通常为广义的信用。信用的概念包含有经济学、法学、社会学等的含义。

在经济学语境下，信用是以偿还付息为条件的价值运动的特殊形式；信用的本质是一种借贷行为，是有条件的商品或货币的转让行为。马克思在《资本论》中曾对信用与借贷问题做了深刻的阐述。马克思认为："信用借贷简称信贷，是从属于商品交换和货币流通的一种经济关系；它是在商品货币关系基础上产生和发展起来的，是商品买卖中的延期付款或货币的借贷行为，是以偿还为条件的价值的特殊运动形式。"①这里，马克思所说的也是狭义的信用。

"广义的信用即社会学意义上的信用，一般是指由于守约重诺而取得的信任。这是最广泛意义的信用，与社会关系中的信任密不可分。而在市场经济高度发达的当代社会，信用问题则典型地体现为契约和法律问题。"②广义的信用包含经济学、法学、社会学等的含义。在广泛的社会交往中，人们的经济关系与非经济关系，不再以血缘因素、熟悉因素、文化习俗、个体之间价值观相近

① 卡尔·马克思．资本论 [M]. 何小禾，译．重庆：重庆出版社，2013：317.

② 刘筱君，王蓉．法律语境下如何应对农村金融信用缺失 [J]. 调研世界 2008（4）：45-46.

等因素为基础，而是以守约重诺为基础。建立组织中的信任关系，可使当事人更加注重遵守组织制度、规则等。广义的信用的另一种描述，即我们经常所讲的“诚信”，换言之，诚信，即是广义的信用，它主要指各类主体在处理各类事务中应当“诚实信用”“讲信用”“守信誉”“一诺千金”，它是一种处理各类社会关系的行为准则。

社会信用体系有狭义和广义之分。狭义的社会信用体系主要指与信用信息服务活动有关的体制框架和体系，主要由两方面构成：一是信用调查活动，即征信活动；二是信用评级活动。广义的社会信用体系包含的内容十分丰富，具体可以分为信用法律、法规体系、信用经营机构、信用服务机构、信用监管体系、失信惩戒机制及信用文化教育体系等。虽然信用分狭义与广义之说，但是它们相互之间是存在联系的，本书主要阐述的是狭义的社会信用体系部分内容，从微观的角度提取制度规则执行的客观状况信息，建立约束机制以完善对信用主体的行为规范。

信用关系就是信用活动中形成的人与人之间的关系，是人们物质利益关系的具体表现形式。信用关系从属于生产关系，是一种历史的社会关系。

二、信任的含义

信任是一种对他人的肯定的预期，认为他人不是通过言语、行动或决定等行为唯利是图的投机者。“学术界之所以关注信任，主要原因是信任被认为是一种最主要的社会资本，可以减少市场经济中的交易费用，简化交易程序，从而提高经济效率，也可以成为政治制度运行的润滑剂，缓和政治派别之间的冲突，提高政府的绩效和治理水平。”[①]信任是信用应用的一个侧面，它只是拥有或者可能拥有信用资本的一种证明，但这仅是一种可能性，并不能真正衡量信用资本的大小，所以信任不等同于信用。信任是价值存储、转移和交易的基础，如果缺乏信任，任何价值交换都无法完成。

三、诚信的含义及与信用的关系

“诚信，简单地说，就是诚实守信、履诺践约，由此形成人们之间相互信

① 马得勇. 信任、信任的起源与信任的变迁 [J]. 开放时代，2008（4）：72-86.

任、团结合作、共存共生的关系。”[①]诚信涉及道德伦理、制度规则、法律法规等问题。诚信与信用，二者有内在联系，又有明显区别。诚信属于道德概念，是诚实守信的意思。它用于人的行为，是道德规范；见于人的修养，是道德品质。诚信的信，意为人的内在善意和良心，即孟子所说的“有诸己之谓信”。按照北宋思想家张载的解释，就是“诚善于心之谓信”。信用则是指人们之间客观的交往关系，它在经济领域体现着“本质的、发达的生产关系”。诚信与信用是两个不同的概念范畴。前者是道德意义上的，反映主观意识，具有自律性；后者属经济制度范畴，与市场经济伴生发展，反映的是一种社会经济关系。所谓守信，就是坚守这种信用。人们常说的是人和人交往要“守信用”，而不是说要“守诚信”，原因就在于这两个词的含义不同。诚信度是信用主体主观意识表达出来的价值取向。其内涵是诚信素质，可以通过多种渠道、场景、行为反映出来，既不受规章制度的限定，也不受契约关系的限定。

四、公信的含义

公信指公众的凭信，公家的信用。公信度指社会公众对某种特定事物或者现象的信任程度。“公共信用就是政府信用，是指社会为了帮助政府成功实现其各项职能而授予政府的信用，其核心是政府的公债。”[②]

五、道德、信用道德伦理及伦理道德的含义

道德是社会学概念。道德是社会意识形态之一，是人们共同生活及其行为的准则和规范。有学者对道德的概念进行了比较详细的阐述：道德是指人类独有的一种生活方式，是人们在社会生活中形成并由经济基础决定的，以善恶作为评价标准，以社会舆论、传统习俗和内心信念作为评价方式调节个人与个人、个人与社会、人类与自然之间的利害选择，并追求自身人格完善的活动现象、关系现象、意思现象（个人心理与社会规范）的总和。

此处的道德风险主要指委托代理框架内的道德风险，是指经济代理人在实现其自身效用最大化的同时，利用自身的主观行为损害委托人或其他代理人的行为。道德风险描述了市场经济行为中人们出工不出力及其他机会主义行为。

信用道德中的信用既是道德存在的基础，又是道德维护的基础，信息资源

① 阎孟伟 . 诚信精神与社会诚信体系构建 [EB/OL].（2018-08-10)[2018-08-10]. http://www.wenming.cn/ll_pd/shzyhxjzg/201808/t20180810_4790809.shtml.

② 石勇，孟凡 . 信用评分基本理论及其应用 [J]. 大数据，2017（1）：19-26.

广泛地分布在信仰下的文化、宗教、道德和习俗、习惯、爱好、善良愿望等人文环境之中及这些文化所孕育的精神、信念所表现的一切法制、规章、条例之中，包括各种协议、合约之中的诚信精神。这些无形存在的价值标准统称为信用道德。

伦理即人伦道德的常理。在古代汉语里，“伦”有顺序、秩序、分类之意；“理”有条理、道理等意。《说文解字》解释说：“伦，从人，辈也，明道也；理，从玉，治玉也。”其告诉我们伦即人伦，也就是合理的人际关系；伦理即人伦之理，也就是调整伦类关系的条理、道理、准则。“伦”就是人与人、人与事物的关系，“理”就是这些关系之理，“伦理”就是处理人、群体、社会、自然之间利益关系的行为规范。

伦理道德：伦理与道德近义，比道德的含义更加宽泛。德国古典哲学家黑格尔在《法哲学原理》中对两者进行了区分：道德与个体联系在一起，而伦理与国家和社会联系在一起。弗兰克认为，伦理道德乃是整个社会的契约，是个人和集团在探索何为正当或应当做什么时用以自我指导的一种社会规范体系。

六、征信与征信机构

征信分为广义的征信和狭义的征信两种，广义的征信是指依法收集、整理、保存、加工自然人、法人及其他组织的信用信息，并对外提供信用服务、信用评分、信用评级、信用信息咨询等服务，帮助客户判断、控制信用风险，进行信用服务的业务活动；狭义的征信是在贷款人（债权人）对借款人（债务人）能否还款的调查，是信用交易过程的一个环节。

根据百度百科显示，征信机构是指依法设立的、独立于信用交易双方的第三方机构，专门从事收集、整理、加工和分析企业和个人信用信息资料工作，出具信用报告，提供多样化征信服务，帮助客户判断和控制信用风险等。征信机构是征信市场的支柱，在现代市场经济条件下扮演着至关重要的角色，是信息不对称情况下扩大市场交易规模的必要前提。没有征信机构承担的社会功能，社会信用很难充分发挥作用。根据某些教科书的解释，征信机构是征信活动的组织载体，是征信市场的参与主体。因此，征信机构是国家征信体系的重要组成部分，是征信体系整体发展水平最重要的标志。

社会治理下的征信机构，也是指依法设立的、独立于信用交易双方的第三方机构，诚信（信用）信息来源的途径是多元化的，以社会行业为治理中心，建立行业内社会治理各个副中心。建立与法律制度相关的诚信（信用）信息元数据库，以治理组织和组织自治的契约为依据，检测信用活动的行为者（包括职业组织、职业人和自然人），将与社会治理相关法律制度与政策执行的客观结果作为诚信（信用）信息提取的要素。通过收集、整理、加工和分析行业各组织和个人信用信息数据，出具诚信（信用）评级评价报告书，为行业内的各类型组织提供多样化征信服务，帮助决策者控制诚信风险，实现行业内各类型组织的各项目标和任务。

第二节　社会信用体系相关内容

一、社会信用体系概念

社会信用体系也被称为国家信用管理体系或国家信用体系。建立社会信用体系是指征信国家以完善的法律法规为前提，以信用信息开放为基础，以独立、公正且市场化运作的信用服务企业为主体，以健全的国家对信用市场的监管和有效惩戒机制为保障，形成市场经济条件下对失信者的约束机制和社会环境。社会信用体系是以法律法规和社会公约为依据，以社会成员的信用记录和信息共享为基础，以信用服务业为依托，通过政府监管、社会组织监督、信用主体自我管理，实现各类信用活动规范运行，形成激励守信、惩戒失信机制，促进和谐诚信社会建设的管理机制，是社会主义市场经济体制和社会管理主体的重要制度安排。

二、社会信用体系理论发展历程

随着改革开放的实行，国家将发展重心转移到经济建设上，中国经济取得了高速增长。20 世纪 90 年代我国社会信用体系建设进入了自建阶段，社会对信用经济已经有了需求，但信用意识还仅限于一定的范围内。当时中国出现了诸如诚信、大公、远东等一批信用服务机构，通过对金融业等相关企业单位的信用评估评价，来控制企业贷款风险，从而促进了中国资本市场快速发展。

1999 年 10 月，中国社会科学院世界经济与政治研究所，有了一个关于信用管理课题的立项，诞生了中国第一个信用研究课题——“建立国家信用管理体系课题”。课题组成员林钧跃和高露两人带着课题组提出的诸多问题，走访了欧美发达国家的著名征信机构和信用管理行业等组织，进行了实地调研并带回大量的文字、法律文本等与社会信用建设相关的文件资料。2000 年 3 月，课题组成员喻敬明等人编著了《国家信用管理体系》一书，该书科学地论证了我国亟须建立社会信用管理体系的必要性、可行性和紧迫性，并为我国社会信用管理体系的早期建设者提供了探索、实践的重要参考资料。2002 年 11 月，党的十六大提出：“整顿和规范市场经济秩序，健全现代市场经济的社会信用体系。”这标志着我国社会信用管理体系进入被社会各界重视的发展阶段。2003 年 3 月，国务院提出，要用 5 年左右的时间初步建立起与我国经济发展相适应的社会信用体系的基本框架和运行机制。党的十六届三中全会通过了《中共中央关于完善社会主义市场经济体制若干问题的决定》。2003 年至今，我国政府先后出台了多项规范性政策文件。社会管理信用的具体目标是到 2020 年，覆盖全社会的征信系统基本建成，守信激励和失信惩戒机制全面发挥作用。这标志着我国社会信用体系建设进入了目标明确的发展阶段。

社会信用理论体系的建设，即充分运用世界范围内的哲学社会科学各种相关成熟科学理论，与专业化的信用系列技术工具相结合，未来可以构建互联网社会信用体系运行平台，利用互联网信息化处理数据的低成本的优势，以及社会信用体系国家管理政策的引导，结合社会治理理论，以社会行业组织下各组织的治理与自治相结合，建立社会第三方信用服务机构和行业组织内的信用部门。社会治理和社会信用体系建设需要依靠制度和技术的不断创新，通过连续创新的制度和技术，打造线上线下一体化诚信（信用）监管体系及半自动化社会信用评价体系，要能够海量地评价社会治理关系中重要目标，推动社会政务诚信、商务诚信、社会诚信和司法公信的建设工作顺利推进。

在具有一定规模的组织中，要建立多层次组织的信用分级分类诚信监管体系，确定社会诚信治理对接社会治理的源头治理、精细化治理的相关目标，对社会治理多层次多中心的治理目标信息要素进行标准化设计和测量，建立法治框架内的信用承诺制度，研究行业组织内的权责利关系中的重点，建立诚信（信用）信息采集目录，将组织诚信（信用）行为的客观结果作为评价的依据，为社会组织、个人失信行为的奖惩尺度提供依据，为社会治理能力现代化建设提供保障。

三、社会信用体系的层次

张军扩等（2005）指出：“社会信用体系有广义和狭义之分。广义的社会信用体系包括了与信用交易有关的四个环节的制度安排：一是信用的投放，二是信用风险的管理和分散，三是信用信息的服务，四是对失信行为的惩戒。狭义的社会信用体系主要是指与信用信息服务活动有关的体制框架和体系，主要包括两方面的内容，一是信用调查活动，亦即习惯上所称的‘征信活动’，另一类是信用评级活动。”[①]社会信用体系是社会主义市场经济体制和社会治理体制的重要组成部分。在理论上，社会信用体系已被探讨了近二十年，尽管与社会信用体系建设相关的国家文件描述了国家信用体系建设在宏观结构中的布局及相应的任务和目标，反映了国家信用体系决策者的基本构想，但是具体怎么样实施，运用什么样的路径能够达到决策者的基本构想要求，这是一项需要制度创新与技术创新来完成的原创性工作。

本节将社会数字信用体系的结构框架分成以下几个部分：信用法制法规、信用管理组织、信用管理人才、信用管理设施、信用管理网络、信用实施环境、信用监管体系、信用技术能力、守信激励机制及失信惩戒机制等。数字信用网络管理可以同社会治理互联网络相连接，实现社会数字治理信用化，完善互联网络体系，为社会治理的各项目标服务。社会治理下的组织治理，是将组织结构虚拟性分解成多个单元，进行纵横向的多层次组织治理，其中会涉及社会范围内的各类型法人和非法人组织及自然人等。

四、社会信用体系涉足范围

用信用管理理论进行剖析，可以技术性地将“大体系”解构成为“社会信用体系”和“社会诚信体系”两个体系。可以看出社会信用体系涉及经济学领域、社会学领域、政治领域；可以对法人和非法人组织信用评级及对法人和非法人组织及自然人诚信评价。根据百度百科，法人组织是指具有法人人格，享有民事权利和承担民事义务的国家机关、社会团体、企业和事业单位等。非法人组织是指不具有法人资格但可以自己的名义进行民事活动的组织，亦称非法人团体。根据国家社会治理的政策和精神，后者也是社会信用体系后期建设的重点对象。社会信用体系建设内容包括法人、非法人组织及自然人的征信体系建设，诚信监管体制和行业自律机制建设，信用信息安全保障，信用服务行业标准，等等。

① 孙磊 . 信用体系演化的经济学分析 [M]. 北京：中国金融出版社，2010（3）：43.

五、社会信用体系主要任务

2013 年 11 月中国共产党第十八届中央委员会第三次全体会议提出了关于加快完善现代市场体系，“建立健全社会征信体系，褒扬诚信，惩戒失信”的决定。2015 年 3 月十二届全国人大三次会议开幕，李克强作政府工作报告，其中指出：“加强事中事后监管，健全为企业和社会服务一张网，推进社会信用体系建设，建立全国统一的社会信用代码制度和信用信息共享交换平台，依法保护企业和个人信息安全。”

“可以说，我国的社会信用体系既体现了发达国家信用管理制度的一般特征，又具有与我国发展阶段和特殊国情相适应的鲜明特点，我国社会信用体系建设必须走理论与实践紧密结合、相互促进、探索创新的道路，以信用机制和信用手段进行多目标管理是符合我国基本国情的必然选择。”①

社会信用体系是社会主义市场经济体制的重要组成部分。以法律、法规、标准、契约为依据，用社会信用体系一系列的理论和工具，对信用主体的信用活动的合法性、有效性等进行有效追踪，以及对信用主体信用交易活动所体现出来的诚信行为进行信用信息的记录、评价等；加工处理附有证据特征的信用主体信用记录，以反映社会自然人、法人、社会其他组织的相关承诺，体现信用主体遵守法定义务、约定义务、社会道义的客观状况。运用信用评价技术完成诚信评价，其结果可以成为实施守信激励、惩戒失信的奖惩机制的依据。社会信用体系客观评价的权威性，能够激发社会创新活力，促进社会诚信、和谐及维持社会稳定，推动社会公益事业的发展和实现社会各个层面的广泛合作。

社会信用体系建设是完善社会主义市场经济体制的重要保障，社会信用体系是社会治理理想的系统性工具。从制度层面上来看，针对不同领域社会治理，社会信用体系配合社会治理建立支撑多种治理任务的与治理相关的制度体系，并以此作为治理的衡量标准，评价制度执行过程中的经济性、效率、效能、公平性等能力水平，有了客观而科学的信用诚信评价结果，就能找到社会治理下的社会各类型组织在各个领域现存制度存在的短板，以及相关社会成员在执行有效制度上存在的差距；可以引导制度创新工作的开展，进一步改进现有的社会治理机制，寻找违法制度规则的责任人。从经济层面上来看，社会信用体系需要考虑治理成本和效率问题，为降低开展社会治理活动的成本提供技

① 章政．中国公共信用体系构建策略（下）[J]. 中国信用，2017（5）：100-101.

术支持，保证社会治理活动的可持续性。社会信用体系建设的目标之一是成为国家实现治理体系和治理能力现代化的重要工具，但要实现这一目标还需要做许多工作。

第三节　信用主体、风险、监管、证据等概念

一、信用主体的含义

信用主体是指信用关系的当事人，是信用关系的承载者和信用活动的行为者。信用主体可以是组织，也可以是自然人。虽然组织的决策是集体一致达成的决策，但终究是由人的行为引起的，因此对信用主体信用行为的分析，最终还是对人的分析。组织有公有组织、私有组织之分。组织信用通常可分为政府组织的信用、企事业组织的信用及自然人个人的信用。社会信用体系将为社会治理提供技术支持，将更加注重政府组织、企事业组织等组织的信用建设。

二、信用风险的含义

信用风险一般泛指信用关系的一方因为另一方没有履约而导致的可能的损失。传统的信用风险一般指金融风险，一般可分为狭义信用风险和广义信用风险。狭义信用风险一般指借款人到期不能或不愿履行借款协议、偿还本息而使银行遭受不同程度损失的可能性。

广义信用风险除包含狭义信用风险的内容外，还包括违约引起的各种不确定的系统性和非系统性风险因素，对银行信用风险控制产生的影响，从而导致银行在实际经营过程中的实际业绩与预期经营目标发生背离，可能致使银行产生潜在损失。

三、社会诚信体系视角下的信用风险

在国家法律框架内的社会规范体系中，凡是法律所禁止和制裁的行为，通常也是道德所反对和谴责的行为。社会群体构成的道德体系，是社会成员共同遵守的道德行为规范，也是社会全体成员共同默认的社会公约。

社会组织为保证生产、服务活动的顺利开展，在参与者之间制定了有约束

力的、明示的制度规则以及隐含于职业行为中的伦理规范等。社会治理是有组织的活动，为了更有利于规范组织行为，需要一种或多种显性或默认的契约与协议，规定权利与义务、责任与担当，作为达成组织合作的条款，贯穿于组织与组织、组织与组织成员之间诚信合作的实现过程，为组织完成生产、服务提供保障。上述由社会公约、道德、法律、制度等组成的契约要件，对组织契约的科学管理提出了新要求。协议（契约）安排是项技术活儿，能够约束个体理性和机会主义，激发组织活力，协议（契约）的设计蕴含着丰富的智慧，需要引进或培养专业人才，规范和管理契约的合理运用，从而提高组织和自然人的诚信能力，激发群体智慧。社会治理下的组织治理诚信风险是由行为主体没有或部分履行契约相关内容所导致的，其结果可能是信用关系的一方或双方同时遭受各种各样的损失。

社会治理下的诚信治理，可以关注信用关系的双方当事人，履行协议（契约）关系过程中所体现出来的诚信能力。因此，社会治理要能够厘清组织治理与被治理及社会自治组织关系，要实现社会治理的源头治理和社会治理精细化需充分考虑各种风险因素，做好事前、事中、事后诚信（信用）的各种风险控制和监管，否则可能导致社会治理成本的加大。

诚信（信用）的各种风险主要由组织中的制度规则执行不力造成，所以社会治理要分析组织。条理清晰地分析组织成员或社区自然人执行和遵守制度的各种情况，制度执行能力所体现出来的成本、效率、效能、公平等社会治理的综合性问题，这也是科学而客观评价评估的基础。社会治理的评价活动，需要有个衡量标准。

从社会诚信体系视角下诚信（信用）风险管理角度看，如果社会治理不能够精确定位风险的位置，不考虑社会治理的成本、效率等问题及缺乏符合社会治理客观要求的衡量标准和指标体系，社会治理将会陷入治标不治本的境地。这样的社会治理，会让很多人白费力气，徒劳无益，这也是社会治理风险的一部分。

社会治理要有着重点，要以国家社会的治理制度与治理实践政策指导所规定的法律、法规、标准、契约等规则为依据，通过揭示治理过程中与社会治理相关的客观事实，分析行为人诚信度的波动所产生的诚信缺失，这与事前、事中、事后等诚信风险控制有关。

社会诚信体系下诚信行为、信用关系的风险分析，需要建立一系列的衡量标准，这些标准的建立需要获得社会共识，除了查阅社会治理、自治与社会信用体系相关的文件、会议记录、专家著作，学术论文外，还可以参照社会科学各相关学科，如制度经济学中的委托代理理论和信息经济学等相关理论。以科学的理论为基础提高社会共识，从而加快我国信用立法和社会治理制度化建设的步伐。

四、社会治理和信用监管

信用监管一般指企业信用监管，即“由政府主导的，对市场主体生产和经营活动的信用状况做出评价与处理的公权力监管行为”①。在社会信用体系视角下，信用监管未来有望在国家法治化的框架下，依据社会治理的政策文件等精神，通过对社会各类型组织结构的分解分层，将社会治理政策与目标要素进行细化；经过制度创新、技术创新等规则和技术支持，将社会治理要素分门别类地植入到各类型组织结构内；以政府执法部门为主导，使各社会组织、社会媒体、各民主党派、相关的自然人及组织内外的信用管理部门开展专业化的分工合作，共同监管国家政策、法规等在组织内外制度的执行。社会第三方专业信用服务机构将为各参与监管的各类型组织提供技术指导。以此为基础，共同建立一个网络化社会治理的信用监控体系。

社会数字治理信用化体系让全社会成员都能够参与到社会诚信治理中，依据社会治理相关的道德规范及信用法规的具体要求，将社会治理下的各类组织分解成大小不等的组织单元，每个单元就是一个信用主体，每个信用主体以协议（契约）为纽带，承诺对国家制度、组织制度体系自觉遵守。制度执行时，为降低社会成本，应充分利用计算机信息技术的最新科技成果，建立起相对稳定的社会治理网络化治理秩序，沿着网络化组织治理结构，进行线上线下的互动治理。社会治理中的制度执行能力是社会信用体系诚信治理的一部分，社会治理分为治理和组织两个部分，社会治理的各项目标和任务的实现，离不开相关参与人的诚信能力的提高。

五、诚信（信用）证据

社会诚信（信用）证据是指对特定的行为人（组织或自然人）在履行法定义务或约定义务的过程中违法违规等违反诚信原则的行为的认定，以事实相符的客观状况为依据。

---

① 钱弘道，徐博峰．企业信用监管中行政处罚的法治化指标研究 [J]. 浙江大学学报（人文社会科学版），2017（4）：32−47.

组织中违反诚信原则的客观状况主要包括政治行为的有害结果、利益划分的有害结果、规则制度执行的有害结果及责任义务推却的有害结果等。

信用证据的获取，需要依据已经存在的国家、地方的《征信业管理条例》《信用信息管理条例》等相关条例制度，来采集信用信息，同时可以参照《中华人民共和国民事证据法》《中华人民共和国民事诉讼法》等多部法律条款、相关文献，以事实为依据采集组织内外的诚信（信用）信息。反映事实的诚信（信用）信息证据的标准要求，需要在行业内统一。

第四节　社会信用主体评价、评级、评估等

一、社会信用体系分类

自 2013 年国家发改委担任社会信用体系建设部际联席会议第一牵头单位以来，我国的社会信用体系建设便形成了两个体系平行建设的格局。拉开帷幕看内里，用信用管理理论进行剖析，可以技术性地将“大体系”解构成为“社会信用体系”和“社会诚信体系”两个体系。前一个体系由人民银行承担建设和运行任务，后一个体系由国家发改委主持建设。

由于组织成员存在着有限理性，加之组织的管理并不全是扁平化的，因此社会治理中的组织治理活动必然存在着信息不对称的客观状况，要排除信息不完全性需要多方合作，组织中的博弈及非合作博弈更具有普遍性。要实现合作博弈是有条件的，条件的达成是以协议（契约）的执行来实现的，而要实现这个过程，需要协议（契约）被合作各方履行。社会信用体系解构出来“社会信用体系”和“社会诚信体系”两个体系，对社会治理而言，社会诚信体系更重要。

二、社会主体诚信（信用）评价

企业诚信包含两层含义，一是企业是否履行自己对经济合同、政府监管、企业员工和消费者 / 产品用户的承诺，这可以从企业以往履行承诺的记录和政府信用监管记录中反映出来；二是企业将来是否具备保持较高信用等级的能力。诚信评价指标就是检测企业对守信制度执行好坏的技术指标。诚信评价指标体系分为两部分：守信风险指标体系和信用能力评价指标体系。可见诚信评

价不仅包含诚信内容，而且包含信用内容。社会主体的诚信评价，需要通过检测该社会主体对制度的守信能力来进行。推进国家治理体系和治理能力现代化，需要检测社会治理活动中相关组织的各项制度的执行能力。

信用评价是指评价机构以独立的第三方立场，根据规范的信用评价指标体系和信用评价标准，运用科学的评价方法，遵循严格的评价程序，在对市场参与者的信用记录、内在素质、管理能力、经营水平、外部环境、财务状况、发展前景等进行全面了解、考查调研、研究分析后，对其在未来一段时间履行承诺的能力及可能出现的各种风险给予综合判断。

社会治理下的社会主体诚信（信用）评价是指依据社会信用主体以往的协议（契约）承诺记录与诚信（信用）监管记录，运用社会诚信（信用）体系的相关管理理论及与社会治理相关的社会科学多个学科的知识、技术手段，对社会主体诚信（信用）协议（契约）承诺的诚信结果进行客观的评价。

三、社会主体信用评级

信用评级又被称为信用评估，是指独立的社会中介机构，对企业、债券发行者、金融机构等市场参与主体的信用记录、经营水平、财务状况、所处外部环境等因素进行分析研究之后，就其信用能力（主要是偿还债务能力及其可偿债程度）进行综合评价，并用简单明了的符号表达出来，以满足社会的需要。

社会治理下的社会主体诚信（信用）评级和评分是指定量分析与检测组织对社会治理制度规则的守信能力。定量分析与检测的数据来源于客观事实，评价与评分活动可以协助社会治理的各项目标实现。一般组织以评级为主，个体以评分为主。

四、社会信用主体的信用与诚信评价范围

按照法律规定，社会信用主体为具有完全行为能力的自然人、法人和其他组织。为便于说明，以下将社会其他组织里的法人和非法人组织简称为组织，将自然人与法人和社会组织中的人群概括为职业人与自然人。

将全社会成员分为职业人群体与自然人群体两部分，职业人群体是指在自己的工作场所从事生产服务的群体；自然人群体是指离开了生产服务工作场所，回到自己的生活场所的群体。组织职业人群体主要是指社会组织从业人员和个体工商业主；社会自然人群体指没有（或离开）从事生产、服务场所的城市社区和农村社区居民；但两个群体之间也有重叠的部分，比如，虽然没有固

定的工作场所，但通过虚拟的社会网络组织，借助网络移动办公方式从事生产服务的职业人群体。

五、为什么要进行信用与诚信评价

（一）建立诚信（信任）社会的需要

2001年9月20日，《公民道德建设实施纲要》提出了在全社会大力倡导“爱国守法、明礼诚信、团结友善、勤俭自强、敬业奉献”的基本道德规范，努力提高公民道德素质，促进人的全面发展，培养一代又一代有理想、有道德、有文化、有纪律的社会主义公民。2019年10月27日，《新时代公民道德建设实施纲要》提出了社会诚信体系建设的具体要求，即：“持续推进诚信建设。诚信是社会和谐的基石和重要特征。要继承发扬中华民族重信守诺的传统美德，弘扬与社会主义市场经济相适应的诚信理念、诚信文化、契约精神，推动各行业各领域制定诚信公约，加快个人诚信、政务诚信、商务诚信、社会诚信和司法公信建设，构建覆盖全社会的征信体系，健全守信联合激励和失信联合惩戒机制，开展诚信缺失突出问题专项治理，提高全社会诚信水平。重视学术、科研诚信建设，严肃查处违背学术科研诚信要求的行为。深入开展‘诚信建设万里行’‘诚信兴商宣传月’等活动，评选发布‘诚信之星’，宣传推介诚信先进集体，激励人们更好地讲诚实、守信用。”

（二）建立和谐社会的需要

党的十六届四中全会明确提出构建和谐社会的执政理念。党的十六大已经把“社会更加和谐”作为全面建设小康社会的目标之一，而把“构建社会主义和谐社会”作为党执政能力的重要方面。“构建社会主义和谐社会”，就是要建立起人与人之间互相尊重、互相信任的社会关系，“形成全体人民各尽其能、各得其所而又和谐相处的社会”。这是中国共产党从全面建设小康社会全局出发而确立的一项重大战略任务。

（三）建立创新型国家的需要

创新型国家是指将制度创新、科技创新作为基本战略，大幅度提高科技创新能力，形成日益强大的具有竞争优势的创新型国家。我国经济发展正处于新旧动能转换的关键时期，能否推动国家整体科技创新能力至关重要。2006年，全国科技大会提出自主创新、建设创新型国家战略，颁布了《国家中长期科学和技术发展规划纲要（2006—2020年）》（国发〔2005〕44号），为我国建设创新型国家的宏观战略决策奠定了坚实基础。科学技术部部长王志刚指出：“创新型国家是整个中国‘三步走’非常重要的内容。按照党的十九大报告部署，中国‘三步走’是2020年进入小康社会，2035年要基本实现现代化，2050年要成为现代化强国。科技创新也有‘三步走’战略，到2020年进入创新型国家，到2035年左右进入创新型国家前列，到2050年要成为世界科技强国。”[①]社会经济的高质量发展，离不开社会各个层面上的自主创新，社会组织内部需要提升与创新活动相适应的诚信管理能力，通过创新制度、技术开发和技术转化，来有效提高组织的生产服务的质量和效率，从而推进高质量社会经济的快速发展。社会组织及用人单位对创新人才的开发和诚信管理的要求也越来越高，组织创新活动需要同事之间的诚信合作，建立科研小组的团队协作机制。这种机制能否真正得到落实，首先要从管理者自身的诚信行为开始，进而影响和提升被管理者的诚信意识，必将逐步改善组织内部的诚信环境，对提升组织成员个体的诚信能力起到积极作用，促进组织成员个体对组织的信任，从而使得组织成员解除了因不良的诚信环境损害组织成员个人利益的后顾之忧，社会信用体系的诚信建设，要破除组织中隐藏个人聪明才智的阻碍组织发展的毒瘤，让每一个组织成员在组织规范性制度下，尽情展示自己才华，发挥组织成员自己的相关创新理论指导实践的能力，激发组织中的每一个成员为组织的发展和壮大而不懈努力。有效的诚信管理能够使组织中群体之间的合作协调变得井然有序，可以自始至终地推进组织群体之间的创新合作水平的不断提高，诚信、信任让组织成员之间的合作成本大幅降低，从而来提升组织技术创新的效能。

（四）维持社会稳定的需要

中央编译局原副局长俞可平曾说：“当下中国社会诚信流失严重，一些部门和地区陷入了‘塔西佗困境’，即无论政府做什么，甚至做得很好，民众也不信任。其次是社会信任严重缺失，典型的是‘仇富’现象。由此可见，加强当代中国的诚信道德建设和社会信用体系建设十分重要。”[②]古罗马历史学家塔西佗说过：“当政府不受欢迎的时候，好的政策与坏的政策都会同样地得罪人民。”“塔西佗陷阱”作为西方政治学的一个定律，政府必须加以避免，并提高公信力。其之所以存在，与当下部分政府官员不作为有关，他们有意或无意间成为媒体舆论的负面主角，不仅有损个人形象，还会产生不良的社会影响。

① 人民网．科技部：2020年进入创新型国家 2050年要成为世界科技强国[EB/OL].（2019-03-11）[2019-03-11]. https://www.sohu.com/a/300379476_114731.

② 光明日报．纪录片《诚信——中国行动》直击诚信危机[EB/OL].（2013-03-24）[2013-03-24]. http://www.wenming.cn/wmzh_pd/jj_wmzh/201303/t20130325_1135617_1.shtml.

诚信流失和道德沦陷是由社会部分人导致的，是对公正、公平、正义的社会道德的公然挑衅。社会中部分人的道德沦陷使国家政策落实不到位，制度执行打折扣，严重损害了党和国家的形象。社会诚信以道德建设为中心，通过社会组织、自然人的诚信评价，能够增加人们对社会、国家的认同感，激发社会创新活力。

（五）建设法治化社会治理体系的需要

2014年10月，党的十八届四中全会通过了《中共中央关于全面推进依法治国若干重大问题的决定》，全会明确了全面推进依法治国的重大任务，即完善以宪法为核心的中国特色社会主义法律体系，加强宪法实施；深入推进依法行政，加快建设法治政府；保证公正司法，提高司法公信力；增强全民法治观念，推进法治社会建设；加强法治工作队伍建设；加强和改进党对全面推进依法治国的领导。以全面推进依法治国精神引导社会治理信用化的建设，可以让社会治理从复杂治理环境中找到重难点问题。依法治理社会需要建立权力清单、制度清单、责任清单等一系列的考核指标，让治理与被治理的参与者能够认识到自己所要承担的责任与义务。

社会治理多层次合作、协调、沟通、伙伴关系，可以化解社会纠纷、解决冲突、平息争议等。社会治理主体需要依法依规开展治理工作，社会治理信用化以事实为依据，通过社会治理的事前、事中、事后过程中社会各界的监督信息的追踪记录，来反映社会治理主体与被治理主体的诚信能力。社会治理信用化是社会治理机制改革的一个重要组成部分，也是社会治理的重要环节。

六、职业道德、职业人诚信、自然人的诚信

2019年10月27日，中共中央、国务院印发了《新时代公民道德建设实施纲要》（以下简称《纲要》），《纲要》提出，坚持马克思主义道德观、社会主义道德观，倡导共产主义道德，以为人民服务为核心，以集体主义为原则。同时，要把社会公德、职业道德、家庭美德、个人品德建设作为着力点。

推进新时代公民道德建设，需要着重在以下几个方面下功夫。一是聚力培养担当民族复兴大任的时代新人；二是坚持以社会主义核心价值观为引领；三是大力夯实基层基础；四是强化道德建设的法治保障。要把社会主义道德要求融入社会治理，探索建立重大公共政策道德风险评估机制，健全各行各业规章制度，完善市民公约、村规民约、学生守则、团体章程等；要加强道德领域突出问题专项治理，不断净化社会文化环境。

职业道德是所有从业人员在职业活动中应该遵循的行为准则，涵盖了从业人员与服务对象、职业与职工、职业与职业之间的关系。社会主义职业道德是以社会主义公有制为基础的职业道德。诚实守信是社会主义职业道德的主要内容和基本原则。诚实是守信的基础，守信是诚实的具体表现。

早在 2001 年，党中央在《公民道德建设实施纲要》中就指出："随着现代社会分工的发展和专业化程度的增强，市场竞争日趋激烈，整个社会对从业人员职业观念、职业态度、职业技能、职业纪律和职业作风的要求越来越高。要大力倡导以爱岗敬业、诚实守信、办事公道、服务群众、奉献社会为主要内容的职业道德，鼓励人们在工作中做一个好的建设者。"

职业是指个人所担任的职务或工作，也就是在社会生活中，人们为了满足各项社会生产和生活服务的需要，所从事的不同类型的专业工作。

2019 年 10 月新发布的《新时代公民道德建设实施纲要》提到推动践行以爱岗敬业、诚实守信、办事公道、热情服务、奉献社会为主要内容的职业道德，鼓励人们在工作中做一个好建设者。职业中的诚实守信是与职业信用相关的。"职业信用是指对职业人的职业资质、职业行为、职业成果等职业信息的真实、动态记录与认证，反映职业人在诚信度、合规度、履约度方面的信誉和能力。"① "职业信用是指人们在工作过程中，周围人通过总结其行为的规律性表现，对其认可和信任程度的描述，具体表现为职业技能和职业道德等各方面的综合素质。"②

职务是指任何职位依规定必须担任的工作及责任。

关于职务诚信的定义在网络及相关文献中较为鲜见，我们不妨先来看一下相关文献资料对公务员诚信的定义："公务员诚信主要指公务员在履行社会管理、公共服务等职责以及行使行政权力和执行相关政策制度时真诚不欺、践诺守信。"③ 职务诚信与岗位诚信、职业诚信含义相近，更加注重职业人的岗位性质。职务诚信主要指在组织中，承担社会生产、服务的从业人员，依照组织的制度规范框架内的协议（契约）的具体要求，在自我履行组织的生产、服务、管理等各种本职工作时，认真执行协议（契约）内所规定的相关承诺的内容。职务诚信是以实事求是、诚实守信、真诚不欺、积极主动等来提高组织内协议（契约）的执行力的。组织内的协议（契约）设计，不能与国家的法律法规相冲突。

---

① 张旭 . 关于建立我国职业信用体系的法律思考 [J]. 黑龙江史志，2013（22）：58-60.

② 张春昕 . 论在我国建立职业信用档案体系 [J]. 中国人力资源开发，2009（11）76-78.

③ 张景方 . 基层公务员诚信体系建设亟待加强 [J]. 学习月刊，2014（10）：123-124.

但目前我国大多数社会组织并没有针对职业诚信的管理和控制，未形成规范性职务（业）诚信评分评级体系。因此，社会治理应该将社会组织中的职务（业）诚信治理作为治理一个侧重点，如何完善社会组织的诚信评级评价体系，已经引起了社会各界的广泛关注。

职业人在职业活动中需要诚实守信，这是新时代社会主义制度发展的要求。职业活动中的诚实守信是指职业人在相关行业的生产、服务实践过程中，所表现出来的职业诚信、守信的行为规范和职业道德伦理精神，反映了职业人在从事某种职业时，诚信履行承诺、遵守组织规则的一种诚信能力。

诚信能力的评价包括对职业人对自己所在场所内，对组织的各项制度规则的遵守和执行制度规则的诚信能力的评价；社会自然人在社会公共场所、公民生活区域内遵守公共制度规则的诚信能力的评价；对职业人诚信和自然人诚信的评价。诚信能力的评价是对具体的职业人和自然人的诚信行为与动机等诚信信息进行科学客观的归集，通过技术处理后，形成社会各类型组织的诚信能力、职业人和自然人诚信能力的评级评价报告。这一评级评价报告，可以呈现出该主体给社会带来的正负面影响。

七、组织信用评级

以企业为例，企业法人是组织信用评价的一部分。根据相关文献描述："中国企业缺乏信用原因很多，但最根本原因在于信息的不对称。社会分工、专业化不断发展和产生的知识分工使得绝大多数市场上交易双方的信息日益不对称。市场中交易双方所掌握的信息资源一般是不同的，一方对自己经营状况及其信贷资金配置风险等真实情况认识较为清楚，而对方则较难知晓，彼此之间信息不对称。"[①]到目前为止这种情况没有多大的改观，这是由于组织内存在着个人理性的决定，从而引发了集体非理性的后果。这也就是学术界研究的亲组织不道德行为的一种集体非理性后果。亲组织不道德行为是指旨在促进组织有效运作，而违背社会核心价值观、法律或道德标准的行为。当然集体非理性后果的种类多且非常复杂。解决复杂性问题就要从该法人组织内部，对组织进行层次分解，最终确认最小的组织单元，从而找到引发集体非理性后果的责任人。亲组织不道德行为不符合国家有关社会经济高质量发展的要求，所以要通过社会治理中的组织治理加以遏制。

① 马凌.影响我国企业诚信建设因素分析[J].现代商贸工业，2011（5）：49-50.

组织信用的评级、评价是第三方社会信用服务机构的中介服务，要能客观地对企事业等单位进行评价，必须能深入被评价的组织内部，通过内外结合的方法对相关人员的行为进行诚信治理，确保与信用评价的相关信息真实可靠，从而获取符合客观的信用评价报告。

第五节　我国的社会诚信和社会治理

一、社会信用体系分步启动

社会信用体系也被称为国家信用管理体系或国家信用体系。1999 年，“设立国家信用管理体系”课题在中国社会科学院世界经济与政治研究所立项，启动了社会信用体系理论和框架设计研究。2011 年 10 月，党的十七届六中全会通过了《中共中央关于深化文化体制改革、推动社会主义文化大发展大繁荣若干重大问题的决定》，要求将社会信用体系的覆盖面扩大至政务、商务、社会和司法四大领域。党的十九大报告强调社会治理，使体系之于治理方式的工具性更加凸显。相关内容可以查看林钧跃教授在相关期刊上公开发表的多篇文章，如《社会信用体系理论的传承脉络与创新》《社会信用体系顶层设计该理顺的“十大关系”》《基于信用管理视角的〈社会信用法〉立法思考》等，从中读者可以更充分地了解我国社会信用体系建设的脉络。当然，还有其他许多学者关于社会信用体系建设的文章也可以用于学习与参考。

二、社会信用体系的顶层设计

自 2013 年国家发改委担任部际联席会议第一牵头单位以来，我国的社会信用体系建设便形成了两个体系平行建设的格局。拉开帷幕看内里，用信用管理理论进行剖析，可以技术性地将“大体系”解构成为“社会信用体系”和“社会诚信体系”两个体系。前一个体系由人民银行承担建设和运行任务，后一个体系由国家发改委主持建设。换句话说，国家发改委牵头建设的体系大举进入了社会领域，也涉入政治领域，其性质转变为“社会诚信体系”。①

从林钧跃教授对国家信用体系建设的描述，我们可以了解未来全面的社会

① 马凌 . 影响我国企业诚信建设因素分析 [J]. 现代商贸工业，2011（5）：49-50.

信用体系建设大致方向，社会信用体系将会涉及社会学和政治学领域，涵盖所有的各类型社会组织中的职业人群和社区自然人群的诚信（信用）管理。

2011 年 10 月，中共十七届六中全会做出了《中共中央关于深化文化体制改革 推动社会主义文化大发展大繁荣若干重大问题的决定》，要求将社会信用体系的覆盖面扩大至政务、商务、社会和司法四大领域。2014 年夏出台的《社会信用体系建设规划纲要（2014—2020）》是贯彻和落实《决定》的结果。从理论上看，社会信用体系的功用突破了经济领域（及少部分社会领域），大举进入到社会领域。

除了上述文件外，有关社会信用体系建设内容的相关政策性指导文件还有：

《关于印发国家发展改革委 人民银行 中央编办 关于在行政管理事项中使用信用记录和信用报告的若干意见的通知》发改财金 [2013]920 号

《国务院关于加强政务诚信建设的指导意见》国发〔2016〕76 号

《国务院关于建立完善守信联合激励和失信联合惩戒制度加快推进社会诚信建设的指导意见》(国发〔2016〕33 号)

2016 年 9 月，中共中央办公厅、国务院办公厅印发《关于加快推进失信被执行人信用监督、警示和惩戒机制建设的意见》

《国务院办公厅关于加强个人诚信体系建设的指导意见》国办发〔2016〕98 号

《关于全面加强电子商务领域诚信建设的指导意见》(发改财金〔2016〕2794 号)

《国务院办公厅关于运用大数据加强对市场主体服务和监管的若干意见》国办发〔2015〕51 号

《国务院关于批转发展改革委等部门法人和其他组织统一社会信用代码制度建设总体方案的通知》(国发〔2015〕33 号)

《国务院办公厅关于加快推进社会信用体系建设构建以信用为基础的新型监管机制的指导意见》国办发〔2019〕35 号

2020 年 12 月，国务院办公厅印发《关于进一步完善失信约束制度构建诚信建设长效机制的指导意见》，等等。

随着对社会信用体系相关的国家规范性文件的不断出台，以及不同学者和从事信用的工作者，对信用体系理论阐述和实践探讨的不断深入，社会信用体系建设的性质、作用、功能及其运行机制，目标任务更加清晰，以及进行顶层设计的基础性工作日臻完善，这也标志着社会信用体系建设顶层设计基本完成。

2014 年 6 月 14 日，国务院关于印发《社会信用体系建设规划纲要（2014-202 年）的通知》是贯彻和落实《中共中央关于深化文化体制改革、推动社会主义文化大发展大繁荣若干重大问题的决定》的结果。从理论上看，社会信用体系的功用突破了经济领域（及少部分社会领域），大举进入社会领域。这也标志着社会信用体系建设顶层设计基本完成。

三、目前社会信用体系并未进入全面实践阶段

目前我国的社会信用体系工作仅实现了局部范围内的开展，比如还需要完善社会诚信制度，要建立完善的信用法律体系、行政规章制度、行业组织自律的制度与规范。同时，上述各项制度与社会治理的实践活动相关。社会治理和自治活动，是有组织的活动，社会治理下的组织治理具有层次性。就各类型的社会组织而言，包括政府行政机关、公私企业、事业单位等，组织治理就需要在组织内外部建立信用管理系统。从社会治理的组织治理的外部看，应在组织的外部建立社会诚信服务第三方机构，这些服务机构一般以横向组织的形式，为各类型的社会组织提供诚信治理的服务。从社会治理的组织治理的内部看，应建立内部的信用管理部门。当然这个还要有社会的认同过程。从目前来看，还没有对社会信用体系的这一工作进行具体的部署。第一，社会治理的制度、标准、规范需要得到社会共识共认。需要从国家层面进行指导，加速全社会治理和社会诚信治理的统筹完善。第二，社会诚信治理需要计算机信息网络一体化的技术支撑，要开发社会治理信用化的软件平台，利用互联网技术和大数据处理技术，收集、分析各种与社会治理相关的数据，需要宽裕的资金支持和一定的社会科学、数字技术的深度介入。社会信用体系理论及相关技术能成为社会治理的有力工具，需要清晰的理论依据和数字量化技术的支撑，否则不能有效发挥“治理”精而准的作用。第三，社会治理下的制度规则等能否被诚信地执行，需要经过制度执行能力的科学的检测和诚信（信用）信息的提取与记录，要和社会治理信息元数据相结合。

目前信用服务产品面窄量少，这是由于社会信用体系建设还没有全面启动，还没有生产出足够的与治理相关实验数据，使社会信用服务相关的应用场景局限于一定范围内。

社会信用体系的理论工具，通过近二十年的发展日益完善，为社会治理理

论与实践相结合的社会数字治理提供了相关的技术性支持。发挥社会信用体系的各项优势，有希望成为社会治理的有力工具。

四、社会治理与社会诚信治理相结合

根据2014年国务院发布的《社会信用体系建设规划纲要（2014—2020年）》，社会信用体系以法律、法规、标准和契约为依据，以健全覆盖社会成员的信用记录和信用基础设施网络为基础等，明确了到2020年社会信用体系建设的目标。后期各省市还相继出台了相关的社会信用管理条例。根据《社会信用体系建设规划纲要（2014—2020年）》，社会信用体系的实施到2020年就应该步入正轨，并进入全面的实施阶段了。然而，目前在国家法治框架内社会信用体系的具体实施路径并没有形成共识。原因之一，就是更多的学者、社会管理者、决策者对社会信用体系寄予了厚望，即充分发挥社会信用体系的功能，使其承担更多职能，为社会解决更多的问题。毕竟全国性的社会信用体系建设是国家的一件大事，所涉及的内容十分丰富，体系的构建需要考虑的细节问题非常复杂。

在国家法治框架下，社会信用体系的构建路径要实现清晰化，首先需要明确社会信用体系可以承担的任务及相关任务的内容，这个需要达成社会共识。2019年7月，国务院办公厅印发了《关于加快推进社会信用体系建设构建以信用为基础的新型监管机制的指导意见》，其中提出“建立健全贯穿市场主体全生命周期，衔接事前、事中、事后全监管环节的新型监管机制”。该指导意见还指出，加强信用监管的组织实施，现在看来信用监管的组织实施的具体方案及具体细节非常重要。《社会信用体系建设规划纲要（2014—2020年）》中提到的以覆盖社会成员的信用记录和信用基础设施网络的内容，说明了这项系统性工程要建立系统性的有组织的管理体系，这个社会信用体系与我国社会治理体系建设的很多内容相重合。为此，有学者提出让社会治理与社会信用体系两个体系的功能叠加，形成社会治理合力。将社会治理体系与社会信用体系相互结合，这为将大规模社会（治理）管理转型、为社会数字治理信用化提供制度创新和技术创新的机遇。

我国的社会治理概念并不是近几年形成的。早在中华人民共和国成立前后就有了。不过在许多关于治理理论的定义中，影响力比较大的是联合国全球治理委员会于1995年对治理给出的各种界定，从此世界范围内的治理理论内涵得到空前的发展。我国是联合国安理会常任理事国之一，治理理论的发展也有中国的一份力量。党的十八届三中全会通过的《中共中央关于全面深化改革若干重大问题的决定》首次将我国改革的目标定位为“完善和发展中国特色社会主义制度，推进国家治理体系和治理能力的现代化”。自此，“社会治理”取代“社会管理”，成为被广泛使用的概念。[①] 传统意义上，“管理”强调的是“管”，展现出更多的“人治”特色，而“治理”强调的是“共治”，是用法治思维和法治方式“治”社会，具有更多的“法治”特色。[②] 社会治理是用法治思维和法治方式“治理”社会，社会治理是有组织的治理活动，为实现组织的各项目标，必须遵守和执行法治框架下的各项制度规则，对制度规则的自觉遵守和执行，将涉及社会的诚信治理。

社会治理的具体对象可以是社会中各类型的大大小小的组织，也可以是社会自然人。可以建立与诚信相关的社会治理网络平台，也可以充分利用原先已经存在的各类型社会组织中的指挥链，对责任进行追溯。可利用信息计算机技术网络构建，实现社会治理的中心化和去中心化相结合的社会数字治理信用化的治理体系。

第六节 社会信用体系与社会高质量发展

一、社会信用体系建设是我国社会经济高质量发展的需要

改革开放使中国经济在各个领域取得了举世瞩目的长足发展，同时伴随着各种社会问题的出现，诸如政策失效、公权私用、信息垄断、恶性竞争、收入差距、伦理丧失、违法犯罪等。这些消极因素影响社会经济的可持续发展，对中国国家层面各项战略政策的有效落实构成威胁，社会各界有识之士期望通过创新有效的治理模式，改变目前存在于社会各领域的阻碍社会高质量发展的不利因素。就目前而言，民众希望政府管理更加公开透明，能够对权力运行的轨迹进行有效的约束和监督。政府希望用更有效的方式维护市场秩序，维护社会稳定，激发社会活力并建立长效机制，同时尽量减少各种毫无依据、毫无效果的行政干预等。社会需要诚信的治理，需要更多的信任。这为社会信用体系的

① 林家彬．我国社会治理的发展历程与未来愿景 [J]. 中国发展观察，2018（19）：23-26.

② 王勇．社会治理创新与政府积极作为 [J]. 国家行政学院学报，2017（1）：66-70.

全面构建提供了契机，社会诚信道德的重要价值作用将会进一步得到提升。社会信用体系能够让社会成员和社会组织更加诚实可信。构建社会信用体系需要将以前较为单一的社会管理模式转型为社会治理模式，这就要求建立更为诚信的社会，社会管理模式转型为社会治理模式的过程中存在的各种摩擦、阻力及所引起的更多的资源损耗。为降低社会治理成本，节约各种社会资源；为避免社会贫富差距拉大，缓解社会各种矛盾，社会信用体系确定的目标之一是提高社会管理水平，创新社会治理理念，营造一个和谐、稳定、公平正义的社会环境。

为此，社会治理（管理）者、学者等高度重视政府管理模式的转型，希望通过由政府的管理模式向治理模式的转型升级，着力解决社会经济高质量发展过程中的各项阻力，以及不利于激发社会活力等各种相关的民生问题。为保障社会治理各项目标的顺利实现，中国政府提出了社会信用体系建设规划，社会各界寄予厚望。

随着经济全球化不断发展，国与国之间贸易往来频繁，国际组织之间的合作不断，人员往来交流频繁，人口流动速度加快，一个新的时代正在到来，社会关系更加复杂，需要与社会经济发展相适应的社会管理模式，来代替体制运作僵化的反应迟钝的管理制度。社会信用体系的建设将为社会从管理模式转型为治理模式提供有力的支持。

二、中国经济高速发展引发自源性信用需求

我国社会信用体系的提出与我国社会经济的快速发展所引起的自发性信用需求有关，也是我国社会经济发展到一定的高度的内在需求。改革开放 40 多年以来，社会生产关系和社会经济关系发生了非常大的变化，我国生产力发展水平继续提升，社会各经济主体对信用产品的自发需求随之增加，并向更高层次的社会管理领域拓展，如土地拍卖、人才引进、政府采购等，社会不同层面均对信用产品形成依赖。

我国是个人口大国，区域经济和各个行业经济之间的发展不平衡，世界经济一体化步伐的加快使我国经济社会的各个层面的竞争加剧，竞争不等于竞争力，无序的竞争会造成人力资源的浪费、低端产能过剩等严重问题，形成新的社会政治、经济问题。社会成员之间无序的非公平性竞争及由此带来的各种诚信问题，导致社会群体、个人之间的社会信任度降低。社会治理中的诚信治理，包括社会各组织诚信、社会自然人诚信等。社会经济生活中的各种诚信

问题将阻碍我国社会经济高质量的发展步伐。应该迎合社会的诚信（信用）需求，建立社会诚信治理制度和规则，让竞争无论在组织层面上还是在个体层面上都更加公平公正，让这种可贵的竞争形成有序良性的竞争力，从而促进社会各项事业的发展持续向好。迎合社会的诚信（信用）需求，提升整个社会各个领域的诚信意识，亟须解决社会各个组织、自然人的诚实守信制度性问题。

三、社会信用体系为国家高质量发展提供服务

高质量发展就是经济增长从主要依靠要素投入向依靠全要素生产率提升转换，而创新作为全要素生产率构成中的重要组成部分，为经济增长提供了不竭动力。特别是在国务院提出推动创新创业高质量发展、打造“双创”升级版的背景下，创新对经济增长的重要性更加突出。创新的顺利进行离不开产权保护，无论是创新还是产权保护都需要诚信环境保驾护航。

2020 年 5 月 11 日，《中共中央　国务院关于新时代加快完善社会主义市场经济体制的意见》提出构建适应高质量发展要求的社会信用体系和新型监管机制。完善诚信建设长效机制，推进信用信息共享，建立政府部门信用信息向市场主体有序开放机制。健全覆盖全社会的征信体系，培育具有全球话语权的征信机构和信用评级机构。创新是引领高质量发展的第一动力，社会高质量发展与创新能力紧密相关，需要进一步全面完善科技创新制度和组织创新治理规则。组织创新治理，就是要在组织中，在原来科研管理的基础上，对科研管理的内容进一步拓展，以适应建设创新型社会的需求。组织、组织成员主动申领创新任务，或接受组织创新任务，并以协议（契约）的形式规范责任和义务，相关协议（契约）进行电子存档。组织创新治理致力于解决组织之间、组织与成员之间创新合作、沟通、协调等活动中的实际问题，是对国家创新政策、组织创新制度、组织创新治理制度的充分理解，是发现和补充各创新制度的内在价值的过程。

组织创新治理是社会治理的一个重要组成部分，重在建设人人有责、人人尽责、人人享有的社会治理共同体。从组织中的创新治理上看，其是一项非常细致的工作。要提高全民开展创新活动的有效性，需要从创新治理的微观层面切入，将政府的创新政策，具体落实到相关的组织中，需要建立科研创新治理制度，而创新制度能否被有效执行，将决定开展组织创新治理活动的成败，进而影响组织创新成果的质量和水平。

创新制度在基层中能否得到具体的落实与执行，是以创新活动的参与者的

诚信为前提的。进行社会创新治理时，首先我们要想到科层制等级组织会遇到多层次信息不对称问题。该问题是负责实施政策及执行创新制度人员的有限理性的干扰，其背后有着诸多影响因素，是个世界性难题。就目前来说，社会数字治理信用化体系正向这个世界性难题发起挑战。

没有创新制度执行力的精细化有效监管，就很难实现社会创新治理的精细化。因此，对创新制度执行能力的检测，变得举足轻重。社会信用体系为国家高质量的发展提供如下服务。

第一，提供国家创新政策下的创新制度执行监管效率的具体数据。国家政策制定者需要了解基层创新活动的具体情况，包括创新质量数据、创新成果、创新环境建设、资源投入、成本效率等数据，能为政策制定者调整或制定下一步的战略规划提供数据资料。要进一步发动了解基层科研管理和创新活动的基层工作人员，以讲诚信、说真话为前提，将基层创新活动中存在的实际问题，通过诚信创新治理的沟通平台向上级反映。

建立以行业为中心的创新活动自上而下和自下而上的责任链，并且责任关系清晰，能够有效实施与创新活动相关的诚信奖惩措施。

第二，社会高质量发展的创新活动就是一场培养和保护创新人才的保卫战，组织中的每个成员都具有创新潜力，都是组织不可或缺的资源，怎样调动每个人的创新积极性，这个问题考验着每个组织管理者，他们需要在创新制度不足的前提下，解决影响激发成员创新积极性的问题。在组织中，培养和保护创新人才、激发组织创新活力是创新工作的重要方面。社会信用体系系列工具能甄别压制人才、违背人才公平竞争的违规违法行为，并根据需要向公众公布，同样可对在保护和培养创新人才方面有贡献的组织和个人进行褒奖，为国家科技政策的具体落实和有效实施提供保障。

第三，判断社会创新治理各项活动是不是符合国家创新政策和创新制度的具体要求。这些行为要遵循创新治理诚信原则，提取相关的信息是以直接导致的客观结果为前提的，需要用更为科学的手段加以提取，违规和贡献的信息提取附有证据特征，符合数据提取的数据管理质量要求。

第四，构建国家认可的高质量发展的重点要素，形成与高质量发展相适应的与创新治理相关的指标体系。其实，这些原本是组织科研管理的一部分内容，但是想形成统一的创新内容、创新制度、创新治理指标体系，需要投入一定的资源，还需要一定的技术，因此需要通过社会合作来做好这部分工作，建立不断拓展的、相对完善的创新治理相关的指标体系。

第五，对组织创新诚信能力、组织创新效率、组织创新成果等进行客观评价，为金融行业的金融服务部门提供风险分析的依据，从而能够有利于组织开展创新活动所需资金的渠道来源信息，有利于社会进一步提高高质量产品和高质量服务的信贷规模。

四、国家高质量发展为社会信用体系的构建提供了制度创新和技术创新的机遇

社会信用体系的建设是我国社会主义经济建设转型过程中创新制度的一个重大课题，不仅涉及社会经济，还涉及社会生活的各个方面。从国务院印发的《社会信用体系建设规划纲要（2014—2020年）》中可以发现，以往用于金融领域的信用评价体系被移植到更为广泛的诚信（信用）监管领域，政府的各项监管与社会治理的各项目标相重叠，这些领域包括协议、契约、合同的履约、食品安全、社会环境保护、公共领域的腐败、公权私用等。中国政府致力于解决这些令人民群众关注的社会问题，社会各界对社会信用体系建设寄予厚望。

党的十八届三中全会通过的《中共中央关于全面深化改革若干重大问题的决定》提出："推进国家治理体系和治理能力现代化。"实现这一目标面临着社会治理工具和社会治理方式不足的问题。因此，需要解决社会治理的制度性和技术性问题，以应对和解决人民群众迫切需要解决的问题。

社会治理工具及社会治理方式涉及制度和技术创新。利用中华人民共和国成立以来社会治理的成功经验和理论，借鉴西方发达资本主义国家在信用管理领域的经验，充分利用经济学、政治学、社会学等相关成熟科学理论，与我国社会组织与管理工作中的具体实践相结合，坚定不移地坚持以社会主义建设发展方向为前提，以及在社会主义法治国家的框架下，推进社会主义的管理向治理模式变革。社会信用体系构建理念是我国社会创新制度的一个组成部分。要实行社会高科技治理的愿景，需要将社会信用体系理论、社会治理理论与一系列专业化技术工具组成结合体。充分利用现代信息技术发展成果，如数学、统计学及未来可以利用的人工智能、机器学习等，实现在数据和算法上的大踏步前进。

构建互联网信息化计算机技术支持的社会诚信（信用）体系运行平台，充分利用互联网信息化处理数据的低成本的优势。以社会信用制度规则和管理技术及政府部门引导下的社会行业组织自律为中心，将组织治理和自治相结合开展诚信（信用）监管。以社会专业监管组织为主，信用服务机构利用各种创新

技术，通过网络将社会治理与自治平台连接起来，打造线上线下一体化的、社会诚信（信用）监管和评价一体化的各社会组织与自然人等的信用评价体系。

利用互联网技术实现社会数字治理的现代化，推动政务诚信、商务诚信、社会诚信和司法公信等社会治理目标的实现，通过网络信息化技术将各社会组织连接起来，以相对低的社会成本，建设一个标准统一的社会网格化的多层次的信用分级分类诚信监管评价体系，形成社会治理主体间的多层次、多中心的社会治理格局。逐步完善社会治理各项指标的标准化测量，有利于在法治框架内的组织诚信（信用）承诺得到执行，依据权、责、利所体现出来的社会成本损益关系，建立信用信息采集目录，为确定社会组织、个人失信行为惩戒尺度提供依据，为社会治理能力现代化建设提供保障。

第七节　社会信用体系是社会现代化发展的需要

一、资本主义工业革命与国家的信用体系

工业革命是指机器生产逐步取代手工劳动的革命过程。信用产业随着产业革命的发展而发展。西方发达国家的信用产业发展历史悠久，经历了由自然经济到成熟市场经济的演化过程。近代西方发达国家的市场化的信用体系取得快速发展，欧美发达国家已形成相对成熟的信用制度和信用管理体系。

世界范围内的大国崛起和强盛都与产业革命和新兴产业的发展相生相伴，都需要有能够适应时代发展要求的经济制度。商业信用、银行信用、政府信用等信用产品的开发作为制度创新的一部分，为西方推动社会工业革命提供了资金来源，同时促进了社会工商业及经济活动中信用经济的快速发展，使近代的西方发达国家市场经济的运行更加高效。人类社会经历了三次工业革命，分别以蒸汽机的广泛应用、电力的发明及广泛应用、电子计算机的发明为标志。第一次工业革命以 1760 年发生在英国的蒸汽机革命为标志。第二次工业革命始于 19 世纪中期，以西欧几个主要的资本主义国家及美国为中心，最典型的代表是电力的广泛使用以及内燃机的出现。第三次工业革命发端于 20 世纪 50 年代中期的美国，最典型的代表是计算机和新型通信方式。可以说，信用经济的发展，为推动社会产业的分工深化、所有权保留制度和分期付款等贷款承诺制度，以及欧美国家的工业革命开启提供了源源不断的资金。西方的工业革命与

信用经济相伴至今，西方发达国家信用体系不断市场化的过程，就是信用制度不断创新和成功执行的结果。它是西方国家在经济、军事、科技等领域领先其他发展中国家的原因之一。

国际经济学意义上的市场化社会信用体系发展至今，主要形成了三种模式：以政府为主导的欧洲模式，以市场化推进为主的美国模式，由行业部门组织的行业协会模式。上述三种信用结构模式均能分化过度集中的政府权力，对分担政府的责任起到重要作用。为应对社会、经济等领域可能存在的信用风险，发达资本主义国家和地区不断细化信用管理体系、信用评级等并修订各项配套完善的信用法律制度，并通过不断创新开发出各种有关组织和个人的信用识别和信用度量技术，如专家法、评级法、信用评分法等。通过几百年的与工业革命相伴的信用实践活动，以西方主要资本主义国家为代表的国家经济信用体系高度发达，对于现在的资本主义国家的政治、经济、军事发展仍然起到积极的推动作用。

然而，发达国家构建的市场化信用体系，仍然围绕着市场经济学领域的经济活动展开。西方资本主义的市场化信用体系虽然结构比较完善，但是存在资本主义官僚体制（科层制）调整的刚性、不可逆性，以及信用制度的变迁迟缓与供给不足，信用制度的创新仅限于经济学领域。随着近代世界人口的增长、工业化和城市化的不断深入，资本主义社会经济的发展不断遇到新的问题：经济危机在世界资本主义国家不断上演，如1929年的世界经济（金融）危机在美国爆发，随后迅速由美国蔓延到英国、德国、法国等欧洲资本主义国家，同时波及日本等其他资本主义国家。经济危机爆发的原因是不断产生的新的矛盾和新的社会冲突所引起的道德危机，而市场经济下国家信用体系解决社会危机的局限性也会表现得越来越明显。其实信用关系的复杂性，表现为同一个信用问题，包含经济学与社会学双重意义上的信用。经济学意义上的信用体系建设是以跨期契约为特征的交易行为作为研究对象的，交易违规行为后的更加深层次的社会学意义上的诚信行为是研究对象的本源。这说明一个国家信用体系的构建，需要参考经济学、社会学、政治学等理论，并突破一些技术上的限制，以促进社会诚信能力建设、保障信用契约的高效履行。

二、中国社会信用体系发展概况

近代我国的信用服务业由于社会经济商业活动的需要自发形成，信用产业的发育不完全。中华人民共和国成立前后，新的信用专营机构建设围绕着中国人民银行展开；1948 年 12 月 1 日，中国人民银行成立，而后在新解放区迅速地设立中国人民银行的分支机构；1950 年，政务院批准试行《中国人民银行试行组织条例》，由此揭开了计划经济时代我国信用制度建设的序幕，并奠定了信用主体的发展方向。随后，我国的信用活动表现包括：计划时期内信用的演化主要表现为地位和作用下降，内容异化；受计划的覆盖和控制，大多数信用活动并不需要内在信用制度发生作用，同时也缺乏执行内在制度的各种组织，只是在民间互助活动中内在信用制度的作用比较明显；由于人口流动受到严格限制，人们对亲属、朋友和同事等群体的依赖非常强；互助信用活动中，违约者将无法避免声誉降低、群体排斥等惩罚，但小群体的内在制度提供了履约保障，这实际上延续了封闭小农社会形成的诚信传统。可以说，计划体制悄然降低了社会对诚信道德规范的需求，至少在经济领域如此。

中华人民共和国成立初期，以毛泽东为代表的中国共产党人领导中国人民开展了大规模的社会治理活动。毛泽东同志对于社会治理有着一个宏大规划，在解决好国计民生问题前提下，维持了一个稳定的社会秩序，同时在全社会意识形态领域内树立全新的社会主义价值观，使社会组织、社会成员个人的世界观体系得到更新，社会的道德和伦理水平得到大幅提升；广泛动员人民群众积极参与社会主义社会治理与自我管理，基层社会自治得到全体社会成员的广泛响应。新中国逐步建立了一个纵横交织的社会治理网络，极大地提高了社会的整合力度，增强了国家对整个社会的动员能力。社会成员的诚信度大幅度提高，使当时社会市场信用体系建设的不足得到了部分弥补，为我国恢复工农业生产提供了基础性保障。

三、中国社会信用体系的诚信（信用）记录、评价

自 2013 年国家发改委担任部际联席会议第一牵头单位以来，我国的社会信用体系建设便形成了两个体系平行建设的格局。拉开帷幕看内里，用信用管理理论进行剖析，可以技术性地将“大体系”解构为“社会信用体系”和“社会诚信体系”两个体系。前一个体系由中国人民银行承担建设和运行任务，后一个体系由国家发改委主持建设。这样看来中国社会信用体系也要从“社会信用体系”和“社会诚信体系”两个体系出发，进行信用评级和诚信评价。信用评级更加适用于社会经济主体的需求，即社会信用服务的评级机构对被评级的社会经济主体的资信状况、信用能力、偿债能力等做出综合性的评价，以满足社会需要的市场行为。其中担任社会经济主体评级的信用服务机构，对被评级

的信用经济主体的评级结果，要能够经得起时间和实践的检验，因此科学地选取具有代表性的、客观性强的信用元素，不仅要求评级机构具有足够的专业能力，还要求其有很强的社会责任感和使命感。

诚信（信用）评价，主要是指社会信用服务的评级机构，以国家法律、法规、标准、契约等相关制度为依据，对被评级的社会主体在尊重制度、执行制度方面的诚实守信能力水平的评价。评价机构可以测量以往社会主体对社会公众、上下级组织、个人承诺的实现程度，并形成诚信记录。诚信记录包括：承诺履行记录、政府监管记录、信用监管记录等。

社会治理是有组织的社会治理活动，可以从社会诚信治理（管理）制度执行中得到启示，获取社会治理与诚信相关的真实意图、欠款、欠税、拖欠、隐瞒、欺诈、违法行为、法律法规执行、无理纠纷等情况，调整社会治理的侧重点。社会治理制度执行能力的记录，是以客观结果为基础的，符合上述诚信记录、评价的政策。

四、社会信用体系是社会治理的系统性工具

中国政府提出的社会治理，是以人民为中心的自治、法治、德治相结合的社会治理，是人类历史上最复杂、规模最大的项目，意在让广大人民群众共同参与社会治理、共同分享治理成果。社会治理的内容看似复杂，但是只要将其内容进行分解，并与组织结构相结合就能够化繁为简，用组织中的制度定位组织结构中的人和事，相对复杂的社会治理内容就变得井井有条。通过对制度能力和制度执行能力的检测，就能够循序渐进地实现社会治理的各项目标。

对于制度执行能力的检测，人们可以参考市场信用监管和金融信用监管系统，并加入创新元素。这可以为社会治理提供一个很好的解决方案。“目前，政府市场信用监管系统面临进行 2.0 版升级换代。既然《社会信用法》的任务仅是对社会诚信体系提供法律支撑，就不需要考虑信用投放系统相关的一系列法律问题，只为其他三个系统提供法律支撑即可。如果谈及《社会信用法》立法应具有政治性，我个人认为，在社会信用体系的性质方面有两项基本原则要确立：一是两个体系均不是政府体系，它将会随着我国社会治理方式的转变而回归本源，法律有责任结束体系是‘政府体系’还是‘市场体系’的二十年争论。二是社会信用体系是一种技术工具，是用于社会管理或治理技术工具，社

会信用体系可形成‘工程模式’向国际推广。”[①]中国的社会治理将迈向党委、政府、社会、公众共同治理的新局面，是全社会成员参与的治理与自治活动。社会数字治理信用化体系还是作为“市场体系”比较稳妥，这个问题可以参考西方发达国家的某些经验。如果社会信用体系作为“市场体系”，国家就需要落实一些社会诚信治理信用化的配套政策，满足社会治理现代化的现实需要；同时政府应该参与其中，担任社会信用体系活动中的某个角色，成为市场体系参与者的组成部分。

社会信用监管体系的构建，以及社会治理和社会自治的合法性、合规性、完整性和有效性，需要社会信用体系系统性技术工具的支持。社会信用系统性技术工具的使用，倚赖的是社会治理过程中自然人、法人、组织履行法定或约定义务客观状况，是建立在制度等规则检测基础上的，能够体现出组织治理活动中行为人的诚信结果。检测社会治理下的各项与制度相关的执行能力，是社会诚信（信用）信息记录的来源之一。社会诚信（信用）信息各要素能够反映社会治理的客观状况，所以社会治理下的组织网络化、多层结构内的社会治理与自治内容和关系就需要进行梳理。也就是说，人们要搞清楚谁来治的问题，以及治理与被治理关系（管理与被管理关系）的各自责任。这就需要从治理双方的关系中，考察制度执行的合规性、合法性；通过治理的结构（平台），考察治理过程中权责利之间的关系，区分责任、义务、担当、贡献等客观信息。

党的十八大报告提出，要“加快形成党委领导、政府负责、社会协同、公众参与、法治保障的社会管理体制”。这一表述十分清楚地表明了治理的主体是多元主体，与传统的高度集权的社会治理体制的最大差别是强调社会协同、公众参与和法治建设，这一点的落实将极大地改变国家与社会的关系，向着“小政府、大社会”迈出实质性的步伐。具体来说，党委领导，主要是“抬头看路”，做好社会治理的价值理念、战略规划以及制度建设等顶层设计。政府负责，主要是做“服务”，要按照转变职能、理顺关系、优化结构、提高效能的要求，健全政府职责体系，强化社会治理职能，努力建设服务型政府，提供更多更好的公共服务，满足公民多元化的需求。社会协同，重点是发挥好工青妇等群众组织、基层群众性自治组织、社会组织等的协同作用，形成党委、政

① 林钧跃．基于信用管理视角的《社会信用法》立法思考．搜狐：[EB/OL].(2019-6-15 日)[2019-06-20]. https://www.sohu.com/a/321841644_777813.

府与社会力量互联、互补、互动的社会治理和公共服务网络。与政府相比，社会组织具有社会网络和社会资本的天然优势，它可以将触角延伸到老百姓日常生活中，深入了解公民的个体诉求。公众参与，主要是“自治”，没有社会的自治，就不会有社会的善治。相关部门要广泛动员和组织群众依法理性有序参与社会治理和公共服务，实现自我治理、自我服务、自我教育、自我发展。社会治理是全社会共同参与的治理，一定要调动每个公民的积极性，形成社会治理人人参与、和谐社会人人共享的良好局面。法治保障，主要是讲手段，社会治理作为整个社会系统的一部分，同样需要法治这一根本性的保障手段。党的十八届四中全会通过的《中共中央关于全面推进依法治国若干重大问题的决定》，强调了法治的作用，对规范、提升社会治理水平起到了巨大的促进作用。上述关于向着“小政府、大社会”迈出实质性步伐的阐述，就是社会治理体系的结构性安排。通过社会治理制度创新和实践方式的创新，才能逐步形成治理主体多元化的社会治理场景，推进社会治理精细化。

第八节 等级组织多层次评级或评分

一、社会经济主体信用评级和相关法规

经济主体（economic entity）是指在市场经济活动中能够自主设计行为目标、自由选择行为方式、独立负责行为后果并获得经济利益的能动的经济有机体。经济有机体包括与经济活动有关的政府、机构、企业、自然人。

通常情况下参与市场经济交易行为的各类型的社会经济主体，都可以成为信用评级的对象。有关文献对信用主体的评级所做的描述是：主体评级是指由独立的信用评级机构通过对企业、债券发行者、金融机构等金融市场参与主体的信用记录、经营水平、债务状况及所处的外部环境等各种因素进行分析研究后，就其信用能力（主要是偿债能力）所做的综合评价，并且用简单明了的符号表示出来，以满足社会信息需要的市场行为。根据评级对象的不同，信用评级又分为主体信用评级和债项信用评级两大类，其中主体信用评级是以经济主体为对象进行的信用评级。

主体信用评级时所要考察的主要因素是：那些会影响经济主体未来中长期或短期偿债能力的因素。主要包括：该经济主体所处的宏观及区域经济环境、

法律环境、产业政策、行业规划、发展趋势、环保安全、监管措施等外部因素，以及影响经济主体的基本经营风险、管理能力、人力资源、发展战略、财务实力（包括财务政策、现金流状况、流动性、盈利性、财务弹性）等内部因素。随着社会信用体系在全国范围的运行，主体信用评价的市场需求将不断增加，如一些国际组织、社会团体、政府部门等由于贸易往来、投融资银行、合作合资、土地拍卖、政府采购、资格认定等的需要，主动要求信用评级机构授予评级。

债项评级主要是指信用评级机构在对金融工具发行人分析的基础上，结合具体的债务品种进行研究，从而对该种金融工具按期偿付的意愿和能力表达意见。债项评级以金融市场上发行的各种债项作为评级对象；同一主体的不同债项之间的级别可以不同，其级别的差异原因在于不同的债项发行条款和外部信用支持。

2012 年 12 月 26 日，国务院第 228 次常务会议通过《征信业管理条例》，确立了中国人民银行及其派出机构依法对征信业进行监督管理。该条例正式实施时间是从 2013 年 3 月 15 日开始。2019 年 11 月，中国人民银行、国家发展和改革委员会、财政部、证监会联合发布《信用评级业管理暂行办法》，强化了以事中、事后监管为重点，以信息披露监管和防止利益冲突负面清单管理为核心的管理策略，进一步明确了行业规范发展的政策导向，建立健全统一监管的制度框架。这意味着信用评级行业正式进入统一监管时代，将推动中国金融市场向高质量发展。

信用评级主要评级业务全面纳入法制化轨道，业务的开展需要全面执行国家的法律、法规、制度、规则等。一般可以将信用等级分为三等九级，即 AAA、AA、A、BBB、BB、B、CCC、CC、C。经济主体均可通过申请进行信用评级评审。

二、社会主体诚信评价范围

我国的社会制度和经济体制及社会经济发展方式，与西方发达的资本主义社会经济发展方式有着很大的差异。发达资本主义国家和地区的信用体系的建设，主要涉足经济领域；我国规划的社会信用体系不仅涉足经济学领域，而且涉足政治学、社会学等领域。

2000 年 11 月，中央经济工作会议首次提出加快健全社会信用制度。信用相关描述是重点建立和完善适应社会主义市场经济体制的法律体系，规范市场经济条件下的产权关系、信用关系和契约关系，维护市场秩序，保护公平竞争。随后中国共产党在相关会议都提出了社会信用体系建设的相关要求。2014年6月，国务院发布了《社会信用体系建设规划纲要（2014—2020年）》（国发〔2014〕21号），根据党的十八大提出的要求，将社会信用体系的覆盖面扩大至政务、商务、社会和司法四大领域，不仅涉足经济领域，而且涉足社会领域和政治领域。

社会信用体系诚信评价以加强政务诚信、商务诚信、社会诚信和司法公信建设为主要内容。可以从社会组织诚信建设和自然人信用建设具体要求入手，只要是在正规的、国家认可的社会相关部门登记注册的组织，均可以纳入诚信评价的范围。其中，包括政府部门、社会团体、企事业单位及组织内的职业人、组织外的自然人等，都可以成为社会诚信体系管理的对象；规范化、标准化的诚信管理活动，可以在组织内部和外部同时开展。社会诚信管理是社会治理的重要部分，社会治理通过社会诚信体系所提供的系列工具，形成健全的、覆盖全社会的治理网络，从社会治理活动轨迹的不同节点上，获取行为人履行法定或约定义务状况的客观数据与资料，使之成为相关行为组织或个人行为的信用信息记录。依据相关部门要对符合信用信息要求的信用记录进行整理和应用，构建守信激励和失信惩戒机制，努力提高全社会的诚信意识和水平。

三、我国社会信用体系建设实质性进展

我国要建立一系列的有效工作机制，主要包括：信用主体的信用制度、信用信息标准化、专业人才配备、行业内部监管、行政监管、第三方监管、社会共同参与、统一的信用信息化平台、联合奖惩、信用教育、信息共享、信息公示、市场化征信、信用承诺、信用修复等，确保社会信用体系能够整体运行。

2018年，光明日报发布的《我国社会信用体系建设取得重要进展》一文中，对我国目前社会信用体系建设的进展进行了相关描述。通过对该文的资料整理，获得如下几条信息：我国统一社会信用代码制度改革基本完成，推进统一社会信用代码在各部门各单位办理业务时广泛应用，基本实现“一照一码走天下”；持续推进全国信用信息共享平台建设，推进“信用中国”网站建设，信用信息共享公开能力不断增强，在招投标、政府采购、市场交易等过程中，通过网站查询信用信息日益成为公众的习惯共识；我国守信联合激励和失信联合惩戒初步显威，联合奖惩备忘录不断覆盖重点领域；守信激励系列项目充分提升了守信获得感；我国信用服务市场得到快速发展。上述对目前社会信用体

系建设实质性的成果描述，与《社会信用体系建设规划纲要（2014—2020年）》（国发〔2014〕21号）关于加快社会信用体系建设的总体要求还有很大的距离。笔者认为，相关部门应认真研究《社会信用体系建设规划纲要（2014—2020年）》有关社会组织诚信建设和自然人信用建设的内容，利用高效的信用评估模型和互联网信息技术，加快社会信用体系建设。

四、中国社会信用体系中的信用制度

信用制度是指关于信用及信用关系的“制度安排”，是对信用行为及关系的规范和保证，即约束人们信用活动和关系的行为规则。信用制度既包括正式的，又包括非正式的。前者如有关信用的法律（如契约法）、信用管理制度等，后者如信用观念、信用习惯等。其中信用管理制度是国家为确保信用活动的正常进行而制定的有关法律法规，如信用征集、信用调查、信用评估、信用保证等信用活动中的工具采纳、机构设置、法律责任、监督管理运行机制等。

社会信用体系下的大征信系统的建立，需要完善而又全面的信用制度的支持；全社会各个行业建立的信用制度，可以根据每个行业的自身特点，依照法律、制度、规章、契约等进行标准化制度建设，建立起各个行业内与之相对应的规则体系；信用与诚信都具有内在的价值，信用制度和诚信行为在不同的行业价值是不同的，可以通过经济学研究和评价，确认、衡量它们之间的内在价值，根据价值的高低来认识各项信用制度和诚信行为的重要程度，为后期制定行业信用政策提供依据，同时也是一项建立行业信用评价的基础性工作。

五、完善信用制度、社会治理制度都需要制度创新

由于社会信用体系的各种活动没有普遍开展，社会信用体系可供参考的与实践相关的文献资料稀缺，社会信用体系建设仍然需要在探索中前行，并最终找到一条能够通往成功之路。社会治理体系也是如此。

目前在国内外找不到能够规划大型社会信用体系和社会治理体系建设的系统性成功案例，但是，由过去人类社会科学所积累的经验可知，人类社会为了抵御自然灾害及各种外部威胁和挑战，需要利用群体的道德力量来摆脱社会危机和自然灾害等，为人类创建更好的生存空间。社会群体的生活生产活动之间相互协作，就会有社会分工，而分工就会形成职业群体的各种各样的组织方式。职业群体的有效合作需要道德伦理来维系，进一步在群体的实践中形成诚信（信用）、社会治理规则体系，而规则体系逐步形成制度，这是社会诚信

（信用）和社会治理创新制度来源的途径之一。每项制度通常都具有其内在价值，这些价值通过理论与实践的结合被测量出来，可以成为制度重要程度的排序工具。因此，社会诚信（信用）体系和社会治理体系的相关制度创新是需要时间的。也就是说，部分诚信（信用）与治理活动相关的制度需要通过社会的实践活动逐步建立。

这里所说的社会治理制度，是执行社会治理任务的各项规则及流程，和信用制度一样，与组织中的业务制度（内在制度）、法律法规（外在制度）是不一样的，但有时也是重合的。

当社会治理和社会信用体系成为一体，组织内的内在制度和外在制度可能会共同纳入监管的范围，建立组织内的制度执行监管目录。组织治理是合作、协调、沟通关系的互动过程，组织合作需要在组织内建立以制度为中心的合作协议（契约），通过组织成员的承诺达成责任双方或多方的共识，在明确各自责任与义务的前提下，通过联合治理体各方力量对制度执行的有效管控，促进社会分工系统内各成员之间有效开展良性的竞争与合作，提高工作效率，促进社会经济的高质量发展。制度规则相关的监管和控制，需要结合社会管理学、政治学、经济学等相关学科，如信息经济学、契约经济学、博弈论里的合作博弈等，提高制度规则的监管效率。

组织管理中的委托—代理问题一直是契约经济学研究的重点，信息经济学和交易成本理论结合形成了契约经济学，而信息经济学是非对称信息博弈论在经济学上的应用。研究职业群体的社会分工问题，可以进一步为制度创新提供方法和路径，人们要知道能够推进社会高质量发展需要的是集体理性而不是个体理性，集体理性是群体合作的基础，建立群体合作中的博弈称之为合作博弈，群体合作博弈需要建立一系列的条件，这些条件与效率、公正、协议、规则相关。在市场经济条件下，交易成本产生的根源在于委托—代理制度，狭义的交易成本是为履行契约所付出的时间和努力等代价。交易成本经济学和契约经济学，为考察企业（社会组织）的定义和存在等问题提供解释，为人们提供了更多的方法。将契约经济学和委托代理理论相结合，为人们研究我国社会治理理论提供了基础性框架。

对我国哲学社会科学界的学术思想、学术观点进行研究，并运用马克思主义理论与思想进行科学的总结，将之运用于社会治理体系之中，并伴随社会治理等理论与实践来构建我国社会信用制度体系，成为社会治理的有力工具。也就是说，社会信用体系的全面推进，需要充分利用我国现存的政治学、经济学和社会学等哲学社会科学创新理论，紧密联系与社会治理相关的各个领域已知的理论和技术，足以为人们进行信用制度创新和信用技术创新提供指导，人们完全能够依靠自己的力量，拿出足够的勇气和行动力来突破经验缺乏上的限制，根据人们以往的经验积累与逻辑推论，探索规划大型社会信用体系的一整套运行制度与机制，并逐步从理论逻辑阶段朝着实践实证阶段迈进。

第四章　社会数字治理信用化的创新技术

社会治理体系和社会信用体系的建设是时代发展的需求，要从以前农耕文明、工业文明社会管理的粗放型，转向量子文明社会的精细化治理。量子文明是以信息科技革命为基础的，实现社会从粗放型的管理转向精细化治理的过程。社会治理基本理念是以人为本，赋予人们更多的独立性和责任感，推动社会治理的制度创新与技术创新，促进社会分工和合作进一步深化。社会高质量的发展要通过社会治理来激发社会创新活力。

社会治理是有组织的治理活动，要让社会成员在组织中，以主人翁的身份积极参与组织治理的各项事务。当每个组织、群体和个体拥有独立性与责任感时，诚信就成为组织的需求，组织的诚信治理将促进高信任组织环境的形成。这样，社会治理下的组织、群体的集体智慧将会为组织释放巨大的正能量，推动粗放型社会管理向更高一级的精细化社会治理转型。

精细化社会治理的灵魂是数字化的社会诚信治理。数字化的诚信治理（管理）技术要点是化繁就简，抓住社会治理的要点起到画龙点睛的作用。社会治理的内容非常广泛，需要从海量的社会治理信息中抓住主要内容，提纲挈领，寻找牵一发而动全身的社会治理信息要素。但能够做到这点是需要付出一定的代价和成本的。社会治理信息要素的部分概念是模糊的，它的社会治理价值也是模糊的，需要对其进行定性和定量分析、静态与动态分析、宏观与微观分析，甄别各种与社会治理相关的信息资源的内在价值。

信息资源可以分为有形资源和无形资源，社会治理的信息资源各要素之间存在着价值差别，可以参考经济学的评价得到测量的结果。有形资源的价值测量往往通过成本与产出来获取效益值。无形资源往往需要依据专家法（比较与经验等）的优先权排序获取量化值，而且无形资源的测量需要测量标度。为了更好地理解无形资源的测量问题，这里引用相关文献中的陈述："测量标度需要相应的单位，单位是测量标度最重要的基础。一个测量标度包括该标度单位的倍数和分数的数值确定方法。标度是一组对象的集合，是一个数值空间，是某种变换下对象到数字的映射。为了构建一致性的映射，以便确定有多个属性需要测量对象的具体数值，必须将测量过程与该标度下已经完成的其他测量相比较。因此，比较和经验是测量的一个组成部分。”①

社会治理信息要素价值的经济学分析，是社会治理信息资源管理的一个重要组成部分，决定着社会治理在不同场景下，信息要素的价值波动等不同状况。在社会各种类型的组织中，由于组织的目标和任务是不一致的，组织治理需要依据组织的目标和任务，建立治理的衡量标准和诚信指标体系。社会治理的信息要素是建立诚信指标的材料，社会治理要素在各行业、各组织中的重要程度是不一样的。

党的十九届四中全会明确提出，要“建设人人有责、人人尽责、人人享有的社会治理共同体”。那么社会中的每个人，不论是职业人还是自然人，都存在责任和义务。职业人存在于社会各种类型的组织中，从事各种生产活动、服务活动等。职业的产生源于人类社会发展的社会分工，职业组织需要一定的规则和规范，实现组织目标和任务。组织的规则和规范，是依据组织的内部制度和外部制度建立的，遵纪守法是组织中每个人的责任，与违纪违法行为进行斗争也是每个人的责任。2018 年 11 月，《中华人民共和国宪法》的序言中指出：“在我国，剥削阶级作为阶级已经消灭，但是阶级斗争还将在一定范围内长期存在。中国人民对敌视和破坏我国社会主义制度的国内外的敌对势力和敌对分子，必须进行斗争。”对行业来说，国家新的宪法、法律、法规及政策文件一旦公布，就要及时调整现有组织内的制度，查看是否存在与新的宪法、法律、法规及政策文件相违背的制度条文，一旦发现及时更正，这也是一种责任；社会治理人人有责、人人尽职，就要求人人懂法学法，等等。

社会数字治理信用化的创新技术，围绕“建设人人有责、人人尽责、人人享有的社会治理共同体”的脉络，以法律、法规、标准和契约为依据，从建立社会治理信息元开始，充分利用已经存在的社会各种类型组织内部的指挥链，将科层制组织（等级组织或金字塔组织）结构分解成相互关系更为简单的多层次组织结构，并将更为简单的组织、组织成员设定为更小的独立单元。通过对区块链技术吸收、改造、利用，以及运用社会信用体系的理论工具，将组织的

① 萨迪 . 网络层次分析原理及其应用：基于利益、机会、成本及风险的决策方法 [M]. 鞠彦兵，刘建昌，译 . 北京：北京理工大学出版社，2015（1）：37.

诚信（信用）监控记录及按照相关规定采集的诚信（信用）信息记录经过客观认定，作为社会治理诚信信息的来源。其中通过网络传输的信息源，需要经过信用师电子背书后，才能成为认可的信息元数据。认可的信息数据，才能被允许进入已设定好的、可控的、可命名的、有协议（契约）的区块链平台内。区块链技术，可以对上述信息数据提供去中心化、分布式账户、信息价值互认、网上可信等问题的技术支持。

将全社会的社会治理事务，按照行业进行划分。社会各种类型组织，其内部结构划分成若干个可控的、可命名的、有协议（契约）的各相关的区块，各区块的责任控制能够相关独立。经过行业的划分，行业内的各组织及组织中的组织，被分割后可以识别组织单元，因为其数量是海量的，需要利用档案管理学进行分类编码，由于，未来社会治理和自治的组织是海量的，需要通过申请、审批进入社会数字治理信用化的诚信（信用）管理的网络平台，所以前期对进行诚信治理的组织，进行科学的分步实施，这个过程需要有组织地科学规划和决策。也有可能让海量的社会组织，在被纳入社会数字治理的过程，是分批次有步骤的有条不紊地进行。

信用师电子背书的信任证明和区块链技术结合，让区块链技术信任机制多了一道保障。要实现社会治理体系和治理能力现代化，就要对社会治理各项的事务进行精细化分析，以提高社会治理下各组织能力的度量水平，抓住社会治理的主要关系——责权利关系。由于责权利关系的复杂性，需要运用博弈论、运筹学、模糊数学等理论工具，建立以分解“责”为代表系列化的治理信息元数据，将责任通过量化后，分配到各个责任主体上去；通过创新诚信风险度量模型的使用，将“责”（已经存在的责任或产生了不良后果）和“绩”（已经存在的贡献或产生了良好的结果）等各种模糊概念，转化为数字与数学建立起沟通渠道，使这些数字具有数学意义上的共性，从而能够与概率论、数理统计学等学科之间建立关系。

第一节　社会治理网络群区块规划

一、社会治理相关的组织与个人的责任

2019 年 11 月，党的十九届四中全会审议通过《中共中央关于坚持和完善

中国特色社会主义制度、推进国家治理体系和治理能力现代化若干重大问题的决定》(以下简称《决定》),明确提出要“建设人人有责、人人尽责、人人享有的社会治理共同体”。社会治理人人有责,每个社会成员都是治理主体,同时也可能是被治理的主体。社会治理人人有责,需要明确各社会治理主体的社会责权利范围,明确党委、政府、社会、公众等各主体之间在社会治理共同体中各自的责任边界,以及在社会治理中社会治理主客体应该承担的角色。在现代社会中,大规模正式的组织往往是科层制的等级多层结构组织,大型的科层制组织很多是管理国家的机器的一部分。要达到社会治理的各项目标,就是要将科层制等级多层组织结构进行分解,社会治理活动的责任才能够得到精准落实。具体就是要将治理活动的责权利相关元素,定位到经过分解后的组织结构内,以协议(契约)形式划分出可认定的责任边界。这样,责任就被分解到更小的责任单元上。社会治理的各种责权利要素在空间或时序上能够精确定位,以便于社会治理主客体之间的责任划分。

社会治理人人有责,每个人的社会角色不同,责任重点也不一样。因为每个人参与的社会治理或被治理的主体是不一样的,加之社会治理主体之间的多元化,其社会治理主体之间的目标和任务也是多元化的,必然形成与自己相适应的治理侧重点。社会治理下的组织治理要区分本组织治理的侧重点,精细化分析本组织的专业范围,以及组织的目标与任务,规划好本组织治理的侧重点,就能够提高组织治理效率,从而有效降低社会治理的总成本,提高社会治理的总质量。

要想掌握社会治理的责权利关系,就必须了解责权利关系是相辅相成的,并且它们之间是相互作用、相互制约的,存在均衡对等关系。只有建立以机会平等、规则平等与社会治理有关的公平竞争体系,才能调动各相关社会治理主体之间的良性竞争,调动广大人民群众参与社会治理的积极性。

人人参与的社会治理,每一个参与者在社会治理中所应该承担的责权利关系与其相关的组织角色有关,参与者必须承担与自己的角色相对应的社会治理责任。同时人们要清楚地认识到,一个社会人的社会角色并不是固定不变的,当社会人作为一个自然人的社区居民时,需要承担作为一个社区居民的社会责任;当社会人作为一个职业人时,必须完成本职岗位上的各项规则和规范约定的社会责任。由于社会治理中的责权利关系随着人们在社会中的角色不同而变换,以责任为首的责权利关系的内容将呈现多元的变化,从而使得社会治理中人们会不自觉地走进不同的社会治理主体中。社会治理人人有责,由于责权利存在对等关系，责任与权力也存在对应关系，从社会治理的人人有责，到社会治理的人人有权，需要人人用好手中的权力。使用权力的依据是国家的法律、法规等各项规则体系，通过各项规则体系，建立起普遍认同的社会治理的法理性权威，是用好每个人手中权力的基础。权力的行使随之而来的是责任、利益。提高社会治理的质量和效率，就需要在未来对社会治理的各项权力行使后的责任、利益进行考核。

"一切有权力的人都容易滥用权力，这是万古不易的一条经验。"[①] 这是孟德斯鸠的《论法的精神》书中的一句话。权力是把双刃剑，权力运用得好，指挥得法，就能够造福于人民，但是权力一旦被滥用、超越了法律的界限，就可能滋生腐败，贻害国家和人民。

这里笔者先要对公权力与私权利进行区分。所谓公权力，是指以维护公益为目的的国家公权力机关及其责任人在职务上的权利；所谓私权利，意指个人权利，其与"公权力"相对应，具有"私人"（个人）性质，故常被称为"私权"或"私权利"，它涵盖了一切不为法律明文禁止的个人行为。

公权力与私权利共存于法律之中。对公权力的概念界定，学术界一直存在争议，其中较为主流的观点有三种：第一种观点是把公权力等同于国家公权力；第二种观点认为公权力包括公民的公权力与国家的公权力两个方面；第三种观点把公法当作公共权力。通过上面的三种观点可以看出，针对公权力涉及三个用语：公权力、公共权力和国家权力。社会治理中的权力多数指的是公权力。

社会治理中涉及自然人、法人组织、非法人组织，社会治理是人人参与的治理活动，社会治理是为了帮助社会公众和社会各类型组织，更好地实现其组织目标及实现个人与组织相一致的目标。同时社会治理要解决组织中存在的与组织目标相违背的各种责权利冲突。在社会治理过程中，必然涉及私权利、公权力的滥用或权力的资本化等问题，导致了公权力和私权利之间的关系冲突。发展社会主义的产权制度，准确界定产权关系，需要社会治理的各项实践活动的深入开展，从而界定公权力和私权利的界限。

破坏责权利关系的平衡，权力就会失去沟通利益与责任的桥梁作用。权力的本质是在某个社会主体中，获取或者具有支配某种价值资源的资格。权力在组织中，是一种稀有的资源。

---

① 孟德斯鸠 . 论法的精神 [M]. 彭盛 , 译 . 北京 : 当代世界出版社 , 2008: 76.

不同的人获取权力后，不同的权力行使行为会给组织带来不同的利益。所以通过行为人的权力行为和权力的行使结果的探析，可以得到权力行使人的权力运行能力。组织管理中一再强调干部能上能下，需要的是干部通过权力的运行解决实际问题能力的客观依据。这依据就是需要对“责权利”关系中的责任进行精确考量。

社会治理和自治需要一种责任机制，从治理权力的本源上建立责任监督是责任考核的关键，这可以通过权力行使于组织中的诚信行为，以及给组织带来的结果得到结论。组织中分层次后的更小的组织单元，按区块命名编号。由于组织中的责任，并不总是可以归结到某个独立的组织和个人，因此便于更好地划分责任，需要建立最有利于区分责任的最简单的、更加可以理解的责任单元。责任单元分为组织和个人。按照社会治理与自治的责任单元，建立社会治理与自治相关的组织责任单元和组织成员个人单元。比如，在大中型的科层制等级组织中，组织区块和组织区块下的成员个人的责任单元，组织区块遍布科层制等级组织的每一个角落。通过社会数字治理信用化系列工具，建立社会治理要素的信息元目录，将社会治理要素的信息元分发到每个组织区块内。根据每个行业、部门、法人单位、自上而下的组织的目标和任务，制定社会治理相关政策，每个组织区块内根据社会治理的政策，建立社会治理相关的信息元二级目录，建立信息元数据库等。社会治理的相关治理主体和自治主体，根据社会治理相关信息元目录，进行社会治理的各项活动的绩效评估，所获得的社会治理的评级、评价数据需要得到信用师的信任背书确认，才能成为合规而靠谱的数据。

二、自然人、公民、职业人、法人的概念

在阐述社会治理的数字化、智能化之前，需要对与社会治理相关的概念进行梳理。

所谓自然人是基于自然规律出生、生存的人，具有一国国籍的自然人称为该国的公民。自然人是最基本的民事主体，世界各个国家或者地区的法律都有关于自然人的规定。

所谓公民是指具有一国国籍，并根据该国法律规定享有权利和承担义务的人。我国法律规定，凡具有中华人民共和国国籍的人都是中华人民共和国公民。

所谓职业人就是参与社会分工，自身具备较强的专业知识、技能和素质等，并能够通过为社会创造物质财富和精神财富而获得合理报酬，在满足自我精神需求和物质需求的同时，实现自我价值最大化的一类群体。

所谓法人是具有民事权利能力和民事行为能力，依法独立享有民事权利和承担民事义务的组织。

社会数字治理信用化框架下的社会治理主体为具有完全行为能力的自然人、法人和其他组织等。

三、社会治理与社会信用体系

党的十八大以来我国社会治理的成果斐然，但是人们不能满足于现状，需要加强社会治理的制度创新和技术创新，利用现代互联网信息化计算机技术，实现符合时代潮流的数字治理体系和数字治理能力现代化的社会治理格局，进而推动中国社会的长治久安、经济社会持续健康发展。也就是说，要促进政府治理过程更为透明，以及人民积极参与社会治理；加强对社会权力体系的社会监督与约束，建立层次分明、秩序井然的社会诚信（信用）治理的社会数字治理信用化体系。

但是就目前而言，国内相关文献资料中有关社会治理的布局：党委领导、政府引领、区块划分、网络组建、协调网络、治理重点在基层等内容大多数停留在理论层面。与党中央提出的提高社会治理智能化、科学化、精准化水平的要求，仍然存在很大的差距。

从文献对社会治理的总体目标的要素分析，大都定格在关键要素、核心要素层次的相关概念上，具体实现自上而下和自下而上互动的行动方案方面的文献资料很少。通过对社会治理各文献的学习和梳理，社会治理实施的逻辑必须从社会治理的源头开始，进一步细分到各个行业、各个部门、各类组织直到基层，落实具体社会治理的相关任务；社会基层治理如何实施，需要将社会治理细枝末节上的责权利关系与社会治理的关键要素、核心要素相结合，从而构建宏观社会治理与微观社会治理相一致的社会治理信息元数据目录。社会治理的明细信息元，要以国家的宪法、法律、法规、标准、契约等制度体系为依据，在社会各个行业建立相关统一的社会治理信息元目录，根据社会治理行业的信息元目录，建立社会治理信息元标准化数据库。社会治理要符合智能化、科学化、精准化，符合基层社会治理体系和治理能力现代化的要求，需要运用到更多的自主原创技术，突破各项技术瓶颈。

“从社会信用体系及其特征的角度看，它具备了作为社会治理工具的符合度和诸多优势。历经二十载，社会信用体系的设计和运行已经相当成熟，在社会领域的实践经验也有了相当多的积累。社会信用体系拥有比较完善的信用信息基础设施，能适应数字化精确治理的要求。社会信用体系在‘面’和‘线’上的推进方向和方式都比较清晰，而且它的规则体系已在逐步建立健全。”①

“目前，社会信用体系建设面临的最大问题还是信用信息分割问题。用于信用评价的基础是信用信息，而且应该是覆盖全面的信用信息。信用信息不全，就不能全面、客观评价交易（合作）双方的信用状况，信用体系的应有作用便无从发挥，社会治理的效果就会大打折扣，‘放管服’改革中的‘管’就会无的放矢。到目前为止，全国有正在建设的各级公共信用信息平台，金融业统一征信平台和各行业信用信息平台以及市场信用服务机构在市场化服务过程中累积形成的客户信用信息数据库。”②

从以上两位专家的文献资料可以看出，第一，社会信用体系能够成为社会治理工具；第二，社会信用体系需要信用信息分割。

社会数字治理信用化要求在“面”和“线上线下”同时推进。“面”的推进就是将社会信用体系划分为大小不同的区块单元，并将这个区块单元命名为某个共治组织，将事先整理好的社会治理信息元植入各个区块单元内的某个共治组织。“线上线下”的推进就是将线下各个区块单元内的某个共治组织保持与线上各个区块单元内的某个共治组织相一致，可以实现纵横向上的区块点与线上路径的逻辑联系。各个区块单元内的各个共治组织，有着不同的治理目标和任务，有选择地利用区块链技术，在网上构建社会治理下的不同治理相关的信任机制。社会治理每一区块的共治组织，不论是管理者（治理主体为主）还是被管理者（被自治主体为主）的协调和控制等行为的衡量，将依据法理性权威来行使权力。以区块链技术的共识机制作为法理性权威的技术支持，以信用师的信任背书为区块链技术的信任机制提供保障，确保最大限度的线上线下社会治理信息的真实可靠，从而实现区块链技术平台内各成员之间真正意义上的信任。

社会治理在执行治理相关的各项任务和目标时，其结果的好与坏、诚信还是失信、责任与成绩、贡献与损失等信息、可能存在的争议，通过区块链的共识机制得到合理的解决并得到确认，成为社会治理和社会信用体系可靠的信息资源，从而可以对不同的区块、不同的共治组织进行评价、评分等。

① 林钧跃．社会信用体系：社会治理工具的最佳选择 [J]. 中国信用，2018（12）.[EB/OL]. 2018-12-27)[2018-12-27]. www.sohu.com/a/284836240_777813.

② 陈新年．从社会治理创新视角看推动社会信用体系建设 [J]. 宏观经济管理，2017（11）：57-60.

四、区块链与国家战略

区块链技术的运用与社会治理，可以实现社会治理自治主体和共治体多方共同协调与维护。社会治理组织治理和自治组织的相关信息，可以使用密码学保证传输和访问安全等级符合社会治理的需要，区块链点对点的记账技术，能够实现社会治理相关信息元数据的一致存储、难以篡改、防止抵赖等。社会治理的分布式账本技术，可以在组织治理中建立信任机制。区块链技术的合理运用，有希望让组织实现竞争公平、公正。组织的诚信治理能够提高组织与全体成员的诚信度。

2019 年 10 月 24 日，中共中央政治局就区块链技术发展现状和趋势进行第十八次集体学习，习近平主持学习并发表重要讲话，对发展区块链技术的重要意义、发展方向等作出深刻阐释，并对区块链技术的发展作出重要部署。

“习近平指出，要抓住区块链技术融合、功能拓展、产业细分的契机，发挥区块链在促进数据共享、优化业务流程、降低运营成本、提升协同效率、建设可信体系等方面的作用。要推动区块链和实体经济深度融合，解决中小企业贷款融资难、银行风控难、部门监管难等问题。要利用区块链技术探索数字经济模式创新，为打造便捷高效、公平竞争、稳定透明的营商环境提供动力，为推进供给侧结构性改革、实现各行业供需有效对接提供服务，为加快新旧动能接续转换、推动经济高质量发展提供支撑。要探索‘区块链 +’在民生领域的运用，积极推动区块链技术在教育、就业、养老、精准脱贫、医疗健康、商品防伪、食品安全、公益、社会救助等领域的应用，为人民群众提供更加智能、更加便捷、更加优质的公共服务。要推动区块链底层技术服务和新型智慧城市建设相结合，探索在信息基础设施、智慧交通、能源电力等领域的推广应用，提升城市管理的智能化、精准化水平。要利用区块链技术促进城市间在信息、资金、人才、征信等方面更大规模的互联互通，保障生产要素在区域内有序高效流动。要探索利用区块链数据共享模式，实现政务数据跨部门、跨区域共同维护和利用，促进业务协同办理，深化‘最多跑一次’改革，为人民群众带来更好的政务服务体验。[①]

① 习近平 . 把区块链作为核心技术自主创新重要突破口 加快推动区块链技术和产业创新发展 [EB/OL]. (2019-10-24)[2019-10-26].http://news.gmw.cn/2019-10/26/content_33266458.htm.

习近平在对区块链技术的论述中，还提到了促进城市间在信息、资金、人才、征信等方面更大规模的互联互通，可见征信也被纳入区块链技术的使用范围。国内征信行业快速发展基本是从2003年后开始的。征信是指由专业化的、独立的第三方机构为个人或企业建立信用档案，依法采集、客观记录其信用信息，并依法对外提供信用信息服务的一种活动。它为专业化的授信机构提供了一个信用信息共享的平台。互联网征信包含的数据主要涉及传统央行的征信数据、经营数据，身份数据、社交数据、消费和财务数据、日常活动数据、特定场景下职业活动的组织行为数据等。从区块链技术被提上政治局集体学习日程来看，我国高度重视区块链新技术新领域的发展。随着《中华人民共和国网络安全法》的出台，对信息的加密技术提出了更高的要求，这就需要创新技术来保障征信信息的安全。

人们必须加紧区块链下应用技术的创新开发，把握更多的发展机遇。只有把核心技术掌握在自己手中，才能真正掌握竞争和发展的主动权，以多种创新技术作为辅助，实现国家治理体系和治理能力现代化。

五、指挥互联链信任机制

指挥互联链是指运用原有的组织指挥链，将法人组织分割成更小的、更为简单的部分，一般分为四层，最上层是组织的核心领导层，最下层是每个员工的岗位，每个组织、每个人都能够找到与自己对应的位置，每个位置通常可以称为某个单元，每个单元都设有自己独立的单元账户。运用信用信息采集的方法与技术，将社会治理的责权利客观信息归集到各自的单元账户中去，通常以社会治理的共识机制、规则和规范作为依据，构建诚信（信用）的量化分配数据模型，将责权利关系的客观结果信息，转化为量化后的诚信（信用）信息数据。这些量化后的数据，利用区块链技术的块链式数据存储模式、块链式分布式节点上共识机制，进行诚信（信用）账户的积分记录、利用密码学保障数据传输、存储的安全等。指挥互联链是半开放的，在进入块链前，需要通过信用师的认证放行。

指挥互联链技术是对等级组织（职业人）、社区居民（自然人）等被治理主体的各项责任结果认定，以信用师的职业道德能力和专业技术能力不断提升为前提，并对社会治理（自治）线上线下的信息真实性的诚信（信任）背书，证明社会治理（自治）的信息是可靠的，保障社会治理（自治）信息元数据的质量水平，符合社会治理数据质量的需求。指挥互联链内的成员，签订组织合作协议（契约）对自己的诚信行为负责。然而责权利的关系各项要素，不一定是独立区分的，可能涉及群体的几个人或多人，这样以责任为例，就可能需要与责任相关的责任人建立对应关系，通过社会治理的协调、共识机制和信用师的客观性分析最终确认，将量化后的责任分配到每一个相关的责任人。利用指挥互联链技术，可以将量化后的责任数据化，通过分布式账户进行记录。每个账户上的“责”“绩”可以累加。

区块链作为一种技术，技术的本质上不存在诚信问题，社会是一个充满各种竞争的场所，每个人由于受利益驱动进行着各种竞争，区块链技术只有被诚信的人运用或经过诚信技术的管理后，才会形成信任机制。

区块链技术不是单一的技术，而是整合发布式数据存储、点对点传输、共识机制、加密算法等计算机技术融合的结果。鉴于区块链技术组合的各种优点，是目前其他的技术所无法比拟的，人们可以充分利用区块链技术，进行去短板的重塑。构建指挥区块链技术，置身于实体组织的结构中，实现组织治理的线上线下的对应，形成社会治理的治理体、自治体、共治体的诚信机制。诚信机制实现的基础，就是要坚持以国家的法律、法规、标准和契约为依据，在实践中建立一支具有共产主义信仰者、道德信仰者或制度信仰者的专业化的信用师队伍，以及上述信仰者的拥护者的专业化信用师队伍。通过社会数字治理的标准化诚信体系的建设，将社会治理的各种与责权利关系有关的诚信要素进行价值测量，并利用互联网信息技术，构建与组织相适应的信息架构和信息元数据。同时在社会治理的现实组织和网络虚拟组织中，建立分布式诚信账户。在国家法治权威下的社会治理诚信规则以组织和成员的共识为基础，这种共识往往以一定的协议（契约）签署仪式，让组织中的每个成员承担起各自的责任义务，让指挥区块链线上与线下的信任机制发挥最大化的作用。笔者相信经过对社会治理理论和实践活动的不断探索，最终实现符合社会治理质量要求的社会数字治理信用化体系。

六、按照固定任务组建的指挥互联链

现代国家治理体系从不同角度划分主要包括以下几类：一是从治理主体来看，分为政府治理、法人治理、公民自治。其中政府治理，是指以政府为主体，对公共事务的治理；法人治理包括公司法人治理和事业单位法人治理，其中公司法人治理是整个治理体系的重要内容，公司法人治理水平低，政府治理的成本就高。公民自治，在我国主要是基层群众自治，包括村民自治、城市社区居民自治等；二是从治理领域来看，包括经济治理、政治治理、文化治理、社会治理、生态环境治理。三是从治理层级来看，包括中央治理、地方治理、基层治理。四是从治理地域来看，分为城市治理、乡村治理、城中村治理。五是从治理方式来看，包括德治、法治。六是从治理手段来看，可以分为系统治理、依法治理、综合治理、源头治理。参照上述文献的相关描述，可以将社会治理进行区块划分，即政府组织治理区块、公司法人组织治理区块、事业单位法人组织治理区块、其他组织治理区块。将社会自治组织进行区块划分，即农村村委会的村民自治区块、城市社区居委会的居民自治区块、社会各类型组织职工代表委员会的职工自治区块。每个区块由于组织的目标和任务不同，社会治理与社会自治的侧重点各有不同。无论是社会治理，还是社会自治，都存在治理和自治活动中的责权利关系。同时，由于治理或自治的区块不同，治理和自治活动的责权利关系和内容也是不同的。

为了让社会治理和自治活动在各自的区块内有序开展，就要对上述的区块进一步划分，即按照组织结构划分到最小的共治结构组织。共治组织就是治理上的点加自治的面，一般是根据组织指挥链的顺序来划分的。从网络层次区块划分来看，农村的区块分为省、县（镇）、乡、村委会、村民；城市的区块分为市、区、街道、居委会、居民；法人组织和其他组织的区块一般情况下分为法人（总部）、科（部门）、组（大小）、职工岗位；当然还包括结构层次简单的组织划分。

社会治理和自治的各项活动，必须在规则与制度内进行。所以在进行责任控制的安排时，就是将区块的每个责任单元划分到能够比较容易区别可以简单地找出共治组织中谁来承担责任，这样的区块划分才能算得上是好的，只有这样才能清晰责任边界，从而实现低成本解决责任分配问题。

社会组织治理与自治组织相生相伴，你中有我、我中有你。治理与自治都是与群体活动有关的，其治理和自治行为都是存在与组织的各个区块的责任单元内。为了降低社会治理的成本，缩短社会治理新技术的推广周期，人们要尊重原有组织结构中存在的指挥链，构建一个又一个相对固定的指挥区块。同时指挥链下的每一个职权链，都设置一个共治组织区块，然后再分成治理区块、自治区块。各区块内都有公开的规则和制度、各种契约条款等，这些抽象的、公开的法律、规则、制度、各种契约条款，将建立起远在个人利益之上的法理性权威，与直接的命令型权威进行对照，区块内的共治成员很快就能够识别权力行使的依据是否准确等。同时利用区块链技术、非人格化的信任控制机制技术，实现共治组织内人与人之间的信任。根据社会治理与自治的规则要求，它们分别在不同的区块上进行与共治组织之间纵横向的与信任相关的使用权限的控制。它们分别为公有链、私有链、联盟链。公有链一般情况下被认为是完全去中心化的，是真正的分布式去中心化区块链。公有链在大规模部署、可靠性、数据隐私等方面存在一些问题，因此促使了私有链的诞生。私有链不具有去中心化的特点，但有分布式的特点。联盟链是对特定的组织或成员开发，根据一定的特征或目标限定参与节点，并且共识过程受预选节点控制的区块链，具有多中心或部分去中心化的特点。

社会治理主体的任务和目标的差异，有着不同的治理和自治的多中心化的责任区块单元，可以根据事先制定的社会治理与自治的规则要求，用已经成熟的区块链技术，实现线上信任的控制机制。信任控制机制要与线下的社会治理中的诚信治理（管理）相结合，并且运用社会信用体系的理论工具和技术工具，从而抓住社会治理各个区块的治理责任重点。人们期望社会数字治理信用化技术能够让相关责任范围边界变得清晰，并通过博弈理论的指导，分析组织治理与自治组织行为，对所形成的责权利关系进行利益的冲突与协调的定量分析，对区块内外独立责任或连带责任信息进行数字量化，从而让责任、贡献等模糊概念，通过数字化与数学形成沟通，为大数据研究社会治理中的与诚信相关的应用范围及从偶然现象到必然现象提供数据支持，对社会治理中的各种诚信监管提供较为精确的线索，同时使较为精准地找到社会治理与自治的责任源头成为可能。这就是陈纯院士所关心的问题。“若要大规模应用区块链，不能平地起高楼，在它面前有诸多大数据集成平台，最重要的是解决链上链下的问题。”陈纯解释道，链上即是区块链，链下就是传统的可信信息系统，“要实现‘区块链 +’，应加快解决区块链与传统的可信信息系统的关系”。[①] 区块链线上线下连接处的信任机制，需要信用师的信用背书，以保障数据上传质量的可靠性。

七、按照临时任务组建的可添加的指挥互联链

党的十九届四中全会提出了建设“人人有责、人人尽责、人人享有的社会治理共同体”，明确强调社会各治理主体的社会责任，明确党委、政府、社

① 陈纯．中国区块链发展亟待突破四项核心技术 [EB/OL].(2019-10-31) [2019-11-01]. http://finance.sina.com.cn/blockchain/roll/2019-11-01/doc-iicezzrr6396592.shtml.

会、公众等各种社会治理主体在社会治理共同体中的责任边界和角色定位。社会治理共建共治共享必须坚持民主的原则，尊重人民群众的主人翁地位，确保社会治理中人民群众的知情权、参与权、表达权、监督权等，用制度保障人民群众在国家治理中的主体地位，从而获取社会治理各个领域内的集体智慧。有研究表明："在合适的氛围下，群体会表现出出乎意料的智慧，往往比其中最聪明的少数人更具有智慧。"[①]社会治理共建共治共享，需要有合适的集体理性，社会治理各主体之间才能展开协调、沟通和合作的集体行动。社会治理中集体理性的形成是循序渐进的过程，在社会治理和自治组织活动中，集体理性需要经过教育、训练、实践逐步获得。社会治理的集体理性、集体行动、集体智慧，离不开社会治理共建共治的各种规则和规范。面对社会治理共建共治共享的社会治理相关的规范、制度、规则，人们需要科学地建立社会治理遵守制度规范的诚信机制，让社会主义的制度优势得到充分的发挥。制度经济学认为：如果没有制度的阻拦，人都是机会主义的。主导人们行为方式的主要是个体理性而不是集体理性。社会治理的诚信机制的建设，就是将人们社会治理中拥有的非对称信息的优势，通过社会数字治理信用化技术，化解为社会治理过程中的对称性信息的优势。社会数字治理信用化技术结合区块链网络技术，建立与社会治理相关的线上线下的约束性承诺制度，从被动接受制度的约束到主动执行制度的过程。

社会治理和自治在区块链上形成的共治组织，通过社会治理各主体的共同参与形成集体智慧，共同应对社会治理中的各种疑难问题，以获取更多高难度且更低成本的社会治理成果。然而，如果没有科学的社会治理规则、规范的约束和诚信的治理（管理）有效介入，仅仅依靠部分技术是无法实现社会治理自上而下和自下而上互动信息的对称性的。在社会治理信息不对称的条件下，必然存在机会主义行为，社会共治或自治组织内的成员在缺乏道德约束的情况下，可能成为一群乌合之众。所以需要建立良好的区块共治组织内外的监管和监督网络。比如，一个相对固定区块链里共治组织区块，被来自多个区块外的共治组织监管。这些社会治理共治组织多数为执行不同任务的治理主体，依据社会治理的目标和任务及相关的制度规则，承担对多个单位内部各部门的专业监管和监督。一个被监管的部门，被多个执行监管不同任务的纵横向组织共

① 詹姆斯·索罗维基. 群体的智慧：如何做出最聪明的决策[M]. 王宝泉，译. 北京：中信出版社，2010.

同监管：一个监管单位，对多个被监管单位内的治理、自治、共治组织区块进行监管。这种承担社会共治任务的组织区块，不是建立在原有组织的指挥链上的，而是社会承担监管服务的横向组织，可以是临时的网络虚拟组织，如几个不同区域的专家接到临时监管任务所组建的网络组织，也可以是实体与网络虚拟对应的实体组织。

第二节　社会治理信息元标准化的探索

一、社会治理的信息化建设

信息不同于数据，数据是记录信息的一种形式，同样的信息也可以用文字或图像来表述；层层引入的约束条件越多，信息的内涵就越丰富，适用范围也就越小，由此构成相互间有一定联系的概念体系。社会治理的信息化建设具有综合性、系统性、可塑性和持续性的特点和要求，包含信息化规划和信息化实施。社会治理的信息化需要事先对社会治理的信息进行有效的战略规划，并且能够实施社会治理未来的信息化战略目标，这关系到社会治理能否实现社会有效治理的大问题。开发出符合社会治理需求的、科学的、有效的社会治理信息系统，是提高社会治理效率的关键所在。

随着现代计算机、通信和网络等互联网信息技术的发展，社会各行业、各领域信息数据的采集、处理和传播已经变得越来越容易和便捷。随着我国社会治理精细化程度的不断提高，与之相伴的是信息数据需求量的急剧增长。信息是关于事物运动的状态和规律的表征，也是关于事物运动的知识。社会治理信息要素存在于人们社会治理的思维中，是对社会治理实践的深刻概括。为满足社会治理各领域的多项需求，社会治理必须能够获取充足的、与社会治理相关的信息资源。社会治理是一个系统性工程，涉及的部门多、范围广、内容丰富。然而如何有效地利用信息资源，消除信息数据在行业之间、部门之间、组织之间的不一致性，提高信息数据提取的质量和运行效率，建立较为规范的信息数据应用标准，实现社会治理信息数据资源的科学管理和高效应用，是亟待人们解决的重大问题。

社会治理信息分为基础性信息元和治理实践信息元，整套信息元的构建能够满足社会治理对相关治理信息的描述、管理、应用的需要。信息具有知识秉性。所有知识的基本构成是元素（事物和人）及元素的集合，并且还需适当研究形式、意向、感觉、思想、元素内部或元素之间的影响、依据目的赋予这些元素的含义、系统的展示及根据含义对影响的合成等。在社会治理中，人们要将组织、个体的社会特征、背景、行为、态度、意见等含有知识秉性的信息与社会的价值取向进行联系，建立最小的信息分析单元，并根据最小信息元的各种属性，对社会治理的信息元进行标准化的归类。社会治理的信息元，主要是对治理主体和被治理主体基础性特征信息元的描述，以及满足社会治理实践需要的与社会治理规则相关的信息元。社会治理的基础性信息元，主要包括社会各类型法人组织机构代码和自然人的社会保障号的基本信息，是一整套基本信息档案资料。国务院在 1997 年指出：对法人单位实行组织机构代码和对自然人实行社会保障号码制度，是国家整个经济和社会实现现代化管理的基本制度，建立这一制度对建立社会主义市场经济体制和推动社会进步具有十分重要的意义，且具紧迫性。社会治理的基础性信息元，可以充分运用“组织机构基本信息国家数字档案馆”的信息元资源，对接社会治理的部分基础性信息。①

社会治理实践需要的信息元，实际上是对国家数字档案馆有关组织机构基本信息和自然人基本信息的一种延续。社会治理实践需要的信息元是指人们的社会生活、经济生产等活动所产生的、反映社会生活、经济生产等活动并为其服务的各类消息、规则、事实、数据、知识等。社会治理实践需要的信息元不仅包含人们的社会生活、社会经济活动，还涉及政治、法律、科学、技术、自然环境保护等各方面的信息。比如，政府、社会团体、企事业法人单位等组织治理、市场治理、行业治理、统计数据质量治理、与社会治理相关的报告、科研诚信、社会公平、组织诚信、组织成员诚信等与社会治理相关的信息，等等。社会治理信息化的建设是实现社会治理精细化的前提，社会治理的“共建共治共享”社会治理格局形成，离不开社会治理主体、社会自治体、社会治理共治组织之间的协调与合作，以及具有专业化治理能力的社会组织介入。

社会治理需要对治理要素的信息元进行信息代码建立和分类，提出分类原则、编码方法及代码标准体系，建立分类目录等。“信息分类，是指将具有某种共同属性或特征的信息归并在一起。信息编码，是指将表示信息的某种符号体系转换成便于电子计算机或人能够识别和处理的另一种符号体系的过程。信

① 全国组织机构代码管理中心. 组织机构基本信息国家数字档案馆建设实录 [M]. 北京：中国质检、标准出版社，2012（10）：1.

息分类编码标准化，是指将信息按照科学的原则进行分类并加以编码，经有关方面协商一致，由标准化主管机关批准发布，作为各单位共同遵守的准则，并作为有关的信息系统进行信息交换的共同语言使用。”①

信息编码是社会数字治理信息化建设中最基础的标准化工作，社会治理信息系统之间的数据交换与共享，必须首先实现各行业系统之间信息编码的统一。社会治理的信息化建设，始终关注的就是要实现社会治理行业内各业务类同的相关区块之间信息资源的共享，进而提高整个行业内各业务类同的相关区块之间的可比性，以及社会治理的实践活动中社会治理共同体内的信息管理和沟通等。

二、社会治理实践信息元建立依据

社会治理实践信息元建立，需要以国家宪法、法律、法规等规则为依据，在国家相关政策文件的基础上，开展社会治理实践信息元的建设。社会治理的重点是基层社会治理，但社会治理是有治理目标的，离不开科层制等级组织治理。社会治理所涉及的基层治理的组织内部存在着治理与被治理的关系，社会治理的基层组织治理需要治理的制度来保障，同样自治也应该有制度和规则，否则社会治理和自治就会乱套，或变相为无政府主义。社会治理基于组织治理的共同目标，需要在组织治理中建立制度，对群体、个体的违约行为进行约束。经济学家诺斯认为，制度应该被视为博弈规则，是立法者、官僚资本或从事机制设计的经济学家明确设计的结果。他把博弈规则分为两大类：正式规则（宪法、产权制度和合同）和非正式规则（规范和习俗）。在组织中，制度分为内在制度和外在制度：内在制度是由人类经验中演化出来的规则，它体现了人类的各种解决办法，包括既有习惯、伦理规范、良好礼貌、商业习惯及自然法等；外在制度是由一批代理人设计和确立，并依靠政治行为自上而下地强加和执行的规则。不同的经济学家分别将制度看作是博弈的参与人、博弈规则和博弈过程中参与人的均衡策略。社会治理实践活动是参与人之间为实现共同目标，通过协议（契约）约定的一种共同协调合作实现共同目标的过程。

社会治理实现“人人有责、人人尽责、人人享有的社会治理共同体”，就是将外在制度如同内在制度一样看待，完全地注入社会治理的基层组织治理的方方面面，通过对科层制等级组织的分解治理，将内外在制度注入多元主体结

① 王琪．浅析信息分类编码标准化 [J]. 经营管理者，2015(19):195.

构中的每一个等级，因为科层制等级组织的各种弊端，与外在制度被科层制等级组织的层层抵制阻隔在组织外有关。所以，社会治理在对科层制等级组织的治理过程中，需要在组织的每一个层次上建立各种责任共识的约束机制。

社会治理实践信息元建立，主要以社会治理实践活动中与制度规则有关的责权利关系为先导，逐步形成建立信息元系列。

三、社会数字治理信用化下的社会治理体系构架

国家治理体系和治理能力现代化，需要对中国现有社会主义制度的执行体系进行更为科学的网络化、信息化、标准化、数字化建设。社会治理的整体性，可以对已经存在的自上而下的社会管理机器进行现代化的改造和升级，实现社会管理由自上而下朝着自下而上相结合的社会治理模式转变，实现依法治理的信息网络的互联互通。具体范围是从基层的社区、社会群体、社会自然人到社会产生服务领域的各类基层组织、组织中的组织、职业人岗位，建立社会治理多层次的组织、职业人、自然人，以及与社会各类组织治理信息元相关的多元化治理网络体系。在国家法律、法规等制度规范的框架内，按照国家社会治理政策规划的具体要求，将社会治理的各要素进行归纳提取，建立社会治理总体的信息元数据库目录。社会治理各类型组织根据组织治理的目标和任务，从社会治理总体的信息元数据库目录中，提取与本组织相关的治理信息元，依照各类组织结构内细分组织将治理信息对号入座。

相关的治理信息元内包含很多与制度相关的信息。它是鉴别社会治理各项活动是不是依法合规的依据，并引导社会各类组织治理、自治组织，依法依规地参与到社会治理的各项实践活动中去。在国家法律框架之内的社会治理制度建设，涉及社会治理活动的各种具体事务，利益相关者相互间的协作、协商，相互博弈规则，订立协议、契约、合同的行为规则的业务流程等，这就涉及构建社会治理制度规则体系的完整性问题。

由于社会治理是全社会多元主体参与的，将会涉及社会治理主体，自治体、共治组织内所有成员，在执行社会、国家、组织社会治理各项制度的规范性原则问题时，对执行相关的社会治理制度是否符合具体规定，承担的责任和义务等。

社会治理的各项活动是一个合作的过程，组织、群体、个体之间事先有一个合作协议约定，根据合作协议（契约）的约定，合作成果的分配是按照协议

的具体规定来执行的。通俗地说，社会治理是一个合作过程，每一次的合作形成的损益结果的具体分配，是事先通过协议的形式来约定的。

在这些社会治理相关的组织、群体、个体之间的合作过程中，其合作行为人的合作行为，有可能形成与社会诚信治理相关的信息，它们都是提取社会诚信治理信息元的题材来源。社会治理注重以人为本的理念，社会制度体系的执行能力，是依赖于以社会治理中的人的诚信来实现的。通过提高社会信用文化的教育程度，构建完善的社会诚信道德体系，提高整个社会诚信水平。

党的十八大报告提出："加强社会建设，必须加快推进社会体制改革。要围绕构建中国特色社会主义管理体系，加快形成党委领导、政府负责、社会协同、公众参与、法治保障的社会管理体制，加快形成政府主导、覆盖城乡、可持续的基本公共服务体系，加快形成政社分开、权责明确、依法自治的现代社会组织体制，加快形成源头治理、动态管理、应急处置相结合的社会管理机制。"①

现代社会治理体系由组织体系、制度体系、运行体系、评价体系和保障体系构成。其中，组织体系是主体，制度体系是依据，运行体系是路径，评价体系是标准，保障体系是支撑；它们既相对独立，又互为一体，从而架构起治理社会的互为前提、互相制约、互相推动的社会网络。这里运用专家的思路重新整理一下社会治理的社会网络。组织体系是主体：社会治理形成源头治理，就是要将社会公有组织、私有组织一起纳入社会治理总的治理体系中，同时为了能够实现源头治理的目标，就是要将组织中的组织进行细分，直到组织人员的岗位为止。制度体系是依据：每一个组织、每一个岗位上，都存在内在制度与外在制度，都会涉及组织、职业人、自然人制度或规则的执行问题；制度体系是信息元的主要来源。运行体系是路径：社会治理的源头治理是利用互联网信息化技术，对组织结构进行精细化的分割后，依据社会治理相关的责权利关系，构建起组织内的权力与责任，以及社会成员的基本权利与义务的控制网络。为了对责任等的归属进行记录，将形成组织账户，以及组织中的分层组织账户、职业人账户、自然人账户，并与社会组织统一社会信用代码、组织中的分层组织统一社会信用代码（待归类）、职业人统一社会信用代码（待归类）、自然人统一社会信用代码相连接。评价体系是标准：从社会治理的信息元体系中，提取与被评价行业组织相关的信息元，建立社会数字治理信用化的信息元

① 社会体制改革[EB/OL].(2013-02-20)[2013-02-20]. http://www.12371.cn/2013/02/20/ARTI1361316905742455.shtml.

数据库（每个行业有自己的信息数据库），对信息元数据进行标准化编码，将信息元数据按照权重划分，建立能够实现组织、职业人、自然人评价的指标体系。保障体系是支撑：社会数字治理需要一定的网络空间和物理空间，建立系统化社会治理组织管理机制，需要一整套的制度规范及互联网信息技术（如网络区块链技术，与信用、诚信管理相关的风险度量技术等）。

四、社会数字治理信用化下的社会治理信息来源

党的十八大提出深入开展道德领域突出问题专项教育和治理，加强政务诚信、商务诚信、社会诚信和司法公信建设；党的十八届三中全会强调建立健全社会征信体系，褒扬诚信、惩戒失信。加强社会治理中的社会诚信治理，对将我国建设成高质量的、完善的法治化国家具有重要意义。因为社会诚信治理，不仅涉及社会道德层面问题，还涉及法律、制度、社会经济运行规则等问题。

"通常，行业信用体系是一个'三位一体'结构，即由政府信用监管、行业组织自律和信用管理技术支撑机构互联互动。虽然各自发挥的功能不同，或有主辅之分，但运行主体却缺一不可。其中，行业组织自律方面的设计常有疏漏，企业分级评价只是方法之一，还应把企业公约、企业承诺、制定团体标准、宣贯信用国标、诚信教育、辅助监管等内容设计进去。"①可见，社会信用体系是非常庞大的系统性工程，如果社会信用体系系统性工程不断成熟，并付诸实施，将对我国实现社会治理的总体目标起到积极推动作用。我国优越的具有中国特色社会主义制度，服务于全体中国人民，优越的社会制度，为人民谋福利为宗旨，同时，也为推进国家治理体系和国家治理能力现代化提供了制度性保障。当然，优越的社会主义制度，面对复杂的社会治理的各项任务时，仍然有可能存在制度上的短板和制度上的短缺等，需要不断的制度创新和技术创新，来提升制度的执行能力，才能让我国制度优势转化为国家治理效能，优越的制度和科学技术相结合，制度优势才有可能转化为治理效能；理论上的制度优势，只有通过制度的有效执行，才能让制度优势真正惠及广大人民群众，这离不开社会治理制度相匹配的各项创新技术，来推动社会治理的各项活动顺利开展。不断实现人民对美好生活的向往，是社会治理的本质、方向和主要内容，社会治理将包含着完善社会治理的保障性制度，执行好按劳分配原则，注重利益分配公平、维持社会稳定、社会发展最终成果由人民来共同分享等，这

① 林钧跃 . 行业信用体系框架设计方法浅议 [J]. 中国信用 , 2008(2): 112-114.

些，都将标志着社会治理总体目标被一一实现。社会治理是包含覆盖城市、覆盖农村、形成政社分开、权责明确、依法自治、人人有责、建立源头治理、动态治理等要素，形成网络纵横的综合性社会治理机制。

社会治理需要抓住治理的重点，以达到“牵一发而动全身”的目的，也就是要从社会治理的责权利关系入手，做到权责明确。做到权责明确并不是一件容易的事，需要事先做好许多的功课。围绕责权利关系，人们分别要做的功课是：理论逻辑依据、法律制度依据、政策解读依据、科学技术依据等。有了上述依据，就可以找准社会治理信息要素的重难点，不至于出现古语所云的“一着不慎，满盘皆输”的局面。找准社会治理信息要素的重难点，就是要以法律、法规、标准、制度为依据，它也是社会治理规则体系的信息来源，用以分析每个人的权责关系，以合作博弈理论、委托代理理论等相关理论为参考，在合作联盟内建立生产、服务等相关合作协议（契约）的承诺制度。

社会治理丰富的信息来源，是建立在科学的社会学理论逻辑基础上的，社会治理将会深入各个社会科学领域，社会科学涉及政治学、经济学、法学、社会学、公共管理学、公共行政学、组织管理学、组织心理学、组织行为学、人力资源管理、社会信用学等。从社会治理人人有责、人人尽职的要求来看，要能够完全地在社会治理的理论逻辑中发掘重要的信息源，不说人人参与，至少需要发动社会中的一部分人，特别是与社会治理相关的专家学者的积极参与，做到事半功倍是很有可能的。

社会治理信息来源的法律制度依据，是与社会法治工作相关的各类法律、法规、文献解读、书籍等。制度依据广泛存在于社会各类组织中，社会各类组织中都有制度存在，每个行业各有自己的制度侧重点，尤其是大中型企事业单位，各项制度大都已经建立纸质档案或电子档案。这些都是社会治理的重要来源之一。

社会治理信息来源的政策解读依据，主要是指各类与社会治理相关的国家政策文件、地方政策文件、领导人讲话的会议记录等，这部分内容大都是公开的，网上都能够查阅。

社会治理信息来源和科学地处理这些信息的技术，主要涉及与社会治理信息处理的相关技术、方法等，它关系到社会治理的实践过程是否可行和哪个阶段能够使用的问题。社会治理整个过程的信息处理的流程是复杂的，如信息元的结构、信息元的收集、信息元标准化的制定、统计学对信息的各项处理、社会调查的理论、信息样本等技术、互联网信息化的各项技术、人工智能开发等。

由于社会治理涉及多项国家政策的目标定位，寻找更多有价值的社会治理的治理信息来源，将会涉及社会治理领域的社会生活、经济生产的方方面面。

这里用专家学者的文献资料，说明社会治理与社会信用体系之间的关系。社会信用体系建设这个概念中的所谓“社会信用”是一个含义极为宽泛的范畴。根据《社会信用体系建设规划纲要（2014—2020 年）》，社会信用体系建设覆盖政务诚信、商务诚信、社会诚信和司法公信四个重点领域。其中，政务诚信建设主要指向政府，不包括其他政务机关（如人民代表机关、政协或政党机关），其核心要求是政府依法行政、发挥诚信建设示范作用。商务诚信建设基本对重要市场领域和要素无所不包，涉及生产、流通、金融、税务、工程建设、政府采购、招标投标、交通运输、电子商务、统计、中介服务、会展广告、企业等。社会诚信建设指向医药卫生、计划生育、社会保障、劳动用工、教育科研、文化体育旅游、知识产权、环境保护、能源节约、社会组织、自然人信用、互联网应用及服务等。司法公信建设则对法院、检察院、公共安全领域、司法行政系统、司法执法和从业人员提出要求。社会治理是一种偏重于工具性的政治行为，可以被看作“技术活儿”。要实现这个转变，政府需要有技术支持和方法选择。……将社会信用体系作为社会治理工具的优势还不仅限于此。有专家认为，社会信用体系能分配治理目标，社会信用体系及其自由裁量权引导系统跃过了限制自身的私法和软法（文化、风俗、道德）的疆界。可以断言，将社会信用体系用作社会治理的工具，不难达成社会共识。①

社会治理的要素信息来源是多元化的，将每个行业、部门、组织、岗位按照社会治理的治理主体、自治主体等进行单元划分，每个单元都有自己的侧重点，可以从所在的行业、部门、组织、岗位的单元上，结合多元化社会治理目标进行责权利关系的分析，结合社会治理信息要素的重要程度，通过专业化技术的筛选，获取社会治理重要的信息源。

社会治理就目前来看是一项综合性程度高、技术难度高的复杂性系统工程，但是未来社会信用体系与社会治理体系相结合的网络信息化创新技术在得到社会的广泛认可后，可以形成“互联网 + 社会数字治理”的社会治理新模式。通过社会数字治理信用化的技术路径介入，可以让社会治理庞大而又复杂的系统性工程在实施时有条不紊地进行。

---

① 林钧跃 . 社会信用体系：社会治理工具的最佳选择 [J]. 中国信用，2018（12）.[EB/OL]. 2018-12-27)[2018-12-27]. www.sohu.com/a/284836240_777813.

五、社会治理信息元数据的标准化

美国人弗雷德里克·泰勒，是西方古典管理理论主要代表人物之一、科学管理运动的创始人，被公认为“科学管理之父”。1911 年，他出版了《科学管理原理》，标志着管理新时代和标准化新时代的到来。①

社会治理信息元数据标准化是社会治理制度的一种形式。社会治理信息元数据的标准化，能够在社会治理主体之间执行社会治理的各项任务时，变得有章可循、有据可查。提高社会治理信息元数据的标准化水平，对提升社会治理能力起到关键性的作用，因为社会治理的各项决策都离不开与社会治理相关的各种客观信息。社会治理的信息元能够直接和间接描述与社会治理相关的客观状况，通过社会治理信息元架构的建立实现数据的传递。信息架构这一术语诞生于数据库设计领域，是指对某一特定内容的信息进行统筹、规划、设计和安排。

社会治理中的信息内容非常丰富，从自然人、职业人、组织中的组织、组织到整个行业的各种信息均需要逐层进行统筹、规划、设计和科学安排，才能使社会治理既具有层次性又具有整体性。信息架构的主体对象是信息，它是一门由信息架构师来组织信息并设计信息环境、信息空间及信息体系结构，以满足需求者信息需求的艺术和科学。社会治理信息标准化架构是实现社会治理信息管控、提升社会治理信息应用价值的重要前提。

“数据是记录客观事物或事件的符号，其目的是反映客观事物或事件的性质、状态以及相互关系等。”②社会治理信息元数据标准化，是社会治理数据标准管理的一项重要内容，将确保社会治理在各行业执行协议（契约）时，符合数据一致性的重要保证，也是社会数字治理的重要前提条件。社会数字治理信息元数据标准化，应该结合社会信息元应用架构的具体要求进行配套性规划；社会数字治理信息元数据库建设，需要进行治理信息元数据的分类及代码标准化的工作。社会治理区块链网络化共享平台，能够让社会治理体、社会自治体、社会共治体平台，在互联网络上实现分权共治、数据共享等功能。社会治理的分权共治的去中心化，建立在社会治理法治化的基础上，是对原有社会管

① 刘杰，张定康．标准化战略（第 2 版）[M]. 北京：中国质检出版社，2018.

② 张磊，勾鑫晔，马文卓等．重庆市科技资源数据标准化建设研究 [J]. 网络安全技术与应用，2019(11):141-143.

理法治化水平的提升。通过区块链网络化技术的非人格化智能合约的共识认同处理，让社会治理中的法律、规范、相关标准等规范行为变得高效。网络化的互联互通，让社会治理的规范体系、社会治理的活动变得透明、公开和具有可追溯性。社会治理分工合作各方的治理、自治、共治行为，更多地需要运用法理性权威体系，为社会治理究竟是“法治”还是“人治”设定界限。去除个人主义、机会主义、官僚主义等需要的是法治理念，可以规范脱离法治轨道而直接滥用权力的负面影响。

然而实现构建社会治理共享平台，需要对不同系统、不同格式、不同标准等，以及各系统的数据名称、编码、类型、标准、接口、格式、原则等进行统一，最终实现社会治理各平台之间数据的互联互通与共享。社会治理共享平台的建构，需要一定的资金、技术等投入，重要的社会治理信息元数据的标准体系，将在社会数字治理信用化的进程中逐步完善。

社会治理信息元数据标准化，是实现社会治理共建共治共享、推动社会治理精准化的基础性工程。随着经济社会的不断发展，社会治理共建共治共享需要各行各业在与社会治理相关的各个层面上开展合作，面临着治理信息元数据标准化的问题。而信息元数据的标准化是制度化的一种表现形式，社会治理的信息元数据标准化核心，是要求社会治理建立的规则和制度所对应的信息元数据进行统一规划，其是推动社会数字治理精准化的基础性工作之一。

社会治理的数字化建设，可以分为行业外的统一标准、行业内的特殊标准。行业外的统一标准，是指社会治理信息元数据能够跨行业、跨部门、跨组织、跨系统，共享社会治理的信息元数据；行业内的特殊标准，是指由于每个行业、部门所执行的组织任务和目标不同，建立自己的特殊领域的社会治理信息元数据，从而实现社会治理。以行业为中心进行的行业内数据共享与行业外数据共享的区分，可以解决社会治理信息元充分利用的问题。在统一社会治理数字化建设的同时，可以有效地解决数据共享问题，进而实现在社会治理全社会覆盖的情况下，兼顾社会治理跨区域、跨部门之间社会治理数据资源的交换、共享和对接。

鉴于社会治理信息元数据标准化是一个非常专业的问题，可以借鉴国内外的政府信息标准规范工作的经验，开发社会治理信息元数据标准体系。“就目前而言，我国对政府信息的整合、共享、公开、开发已成大势，在资源管理和利用方面的元数据需求日渐突出，因此需要综合考虑包括资源描述、资源管理、资源利用等政府信息生命周期环节上的元数据需求，在建立统一的标准框架基础上，制定合适的元数据标准。”[①] 社会治理作为政府管理工作的一部分，社会治理信息元标准化的开发利用，与政府开发的信息元数据标准体系框架有着重叠的组成部分。国内学者对开发国内外的政府信息元数据框架的研究比较全面，可以参照这方面的文献资料，加速社会治理信息元数据标准化的构建过程。

社会数字治理信用化的信息元数据的开发，要更多地了解社会、政府、组织对社会治理的相关需求，我们首先可以参照《社会信用体系建设规划纲要（2014—2020 年）》。以法律、法规、标准和契约为依据，建立社会治理信息元数据标准化目录。通过专家群体智慧的运用，将社会治理信息要素进行重要性排序，建立符合各行业需要的信息元数据库。社会治理的治理重点是社会各类型组织治理，组织中有许多的制度，这些制度既有组织内在制度，主要是组织进行业务活动的规章、标准、契约等，也有组织的外在制度，主要是国家的宪法、法律、法规、行政命令等。这些组织外在制度需要及时融入组织内部制度。建立这一整套社会数字治理信用化的信息元数据框架，是一个循序渐进的过程，相关部门要在社会治理的实践中不断细化，直到形成成熟而完整的社会治理信息元数据体系为止。也就是说，社会治理信息元数据标准体系框架可以分步完成，重点的社会治理要素先进行建设，并直接运用到社会治理的实际场景中去。

社会治理信息元数据的质量管理问题，可以参照国际标准化组织专门制定的 ISO 8000 数据质量标准的具体规范要求。ISO 8000 数据质量标准致力于管理数据质量，具体来说，包括规范和管理数据质量活动、数据质量原则、数据质量术语、数据质量特征（标准）和数据质量测试；通过 ISO 8000 的标准规范，可以保证用户在满足决策需求和数据质量的基础上，在整个产品或服务的周期内高质量地交换、分享和存储数据，从而保证用户可以依托获取的数据高效地做出最优化的安全决策。社会治理是由政府主导的，社会治理中的“诚信”是实现社会治理各项目标的关键，所以政府主导的社会治理要以提高政府公信力为前提，而社会数字治理信用化要向社会说明，社会治理各主体之间各项制度执行行为是否诚信，这就需要对社会数字治理信用化的数据质量提出非常高的要求。数据质量不仅包括信息技术领域讨论的精确性、完整性、一致性、及时性等方面，还包括数据的表现形式是否可以被用户理解、数据是否容

① 张晓娟，唐长乐．我国政府信息元数据标准体系框架构建及其应用流程 [J]. 信息资源管理学报，2018(3):25−36.

易获取、数据量是否足量或过量等。随着社会经济的不断发展，社会的各类型组织为了适应社会经济快速发展的进程，需要充分利用信息技术。其中，组织治理信息元标准化工作是一个重要的环节。标准化作为一门组织管理工具，可以将复杂的系统转化为简单而灵活的系统。组织治理信息元标准化，将建立的各项规范、规则进行系统化、程序化的工作业务流程，并通过社会治理互联互通的平台，减少组织内部成员之间的矛盾，激发组织内部的活力，使问责成本大幅降低。

第三节　社会治理的专业化治理

一、哲学社会科学工作者的积极参与

2016 年 5 月，中央党校召开学习贯彻习近平总书记“5 · 17”重要讲话座谈会，深入学习习近平总书记“5 · 17”重要讲话精神，进一步认识关于“哲学社会科学作为人类认识世界、改造世界的重要工具，历来是推动历史发展和社会进步的重要力量；人类社会每一次重大跃进，人类文明每一次重大发展，都离不开哲学社会科学的知识变革和思想先导。”①

社会科学是指以社会现象为研究对象的科学，其任务是研究并阐述各种社会现象及其发展规律。社会科学主要是研究关于人与人关系的规范理论，其实质是对社会治理相关“善治”理论和实践的研究，主要包括法律、政治、经济、社会科学四个大的门类。

就目前而言，我国社会治理的主要目标有以下四个方面：第一，经济方面的治理，即对制造业产能过剩的治理。落后的产能过剩影响着我国经济高质量的发展。第二，激发社会活力，首先就要释放组织活力。相关部门需要用社会治理理论等系列工具，对科层制等级组织进行一场管理革命；克服科层制组织信息不对称问题，重点是“公平问题”，涉及机会公平、利益分配公平等问题；创新社会迫切需要用诚信制度来保障社会公平，尤其在利益分配的公平问题

① 人民网 – 理论频道 . 中央党校召开学习贯彻习近平总书记“5 · 17”重要讲话座谈会 [EB/OL].（2016–05–20）[2016–05–23]. http://theory.people.com.cn/n1/2016/0523/c40534-28371361.html.

上，要引起社会各界的足够重视，对我国公有组织内部利益分配的满意度，需要进行大范围的科学调查。第三，社会公益的发展。社会公益的发展与上述两个方面密切相关。社会公平度高，社会成员就会提高对组织的认同感，进而影响对社会的认同感，从而增进社会诚信度，进一步促进社会公益事业的发展。第四，国家富有、人民富裕、社会认同感增强、社会稳定。社会公平治理的水平高，社会阶层对立的仇恨自然会减少，社会的犯罪活动也会随之减少。社会科学是要社会科学工作者以科学的方法，研究如何让社会治理的各项目标实现等一系列问题。

2019 年 3 月 4 日，习近平总书记在参加全国政协十三届二次会议文化艺术界、社会科学界委员联组会时强调："哲学社会科学工作者要走出象牙塔，多到实地调查研究，了解百姓生活状况、把握群众思想脉搏，着眼群众需要解疑释惑、阐明道理，把学问写进群众心坎里。哲学社会科学包括文化文艺不接地气不行，要解释现实的社会问题，开什么处方治什么病，首先要把是什么病搞清楚。要把好脉，中国身体怎么样，如果有病是什么病，用什么药来治，对这心里要透亮透亮的。号脉都号不清楚，那治什么病？"[①] 社会数字治理信用化主要包括法律学、政治学、经济学、社会科学、数学等内容，正如习近平总书记所说的，需要广大的社会科学工作者走出象牙塔，到社会基层去解决社会的实际问题。社会科学的专家学者们，不仅要敢于承担国家的责任，而且要能够将学到的社会科学的各种理论与中国的实际问题相结合，为我国社会治理寻找解决问题的方法。同时，社会科学工作者要打破"唯论文、唯职称、唯学历、唯奖项"的束缚。社会科学工作者，要能够承担起社会治理所需要的制度创新和技术创新的重任，并不断开拓与社会治理相关的新领域。对于社会治理中的各种困难问题，社会科学的专家、学者们要走进基层，与一线基层工作人员一起，开展社会精细化治理的调查与探讨，获取更多的科研素材、解决更多的实际问题。社会科学工作者要充分利用与基层群众沟通、合作的机会，汲取群体智慧的结晶，让理论与实践相结合，不断获得有价值的科研成果，从而让社会科学走向"唯学术、唯贡献"的科学道路。

社会数字治理信用化的基础工作，包括社会治理信息元数据的建立，需要寻找最具价值的社会治理的重要信息元要素，本身就是一个非常科学的问题。

---

① 习近平．一个国家、一个民族不能没有灵魂 [J]. 求是，2019（8）：4-8.

比如，社会科学走向“唯学术、唯贡献”的界定，界定的方法要让社会认同形成社会共识，将考验着相关社会工作者的能力。

相关部门要将社会法律、法规、制度等相关的规则与规范，连接到社会的各类型组织中去。同样一个社会治理的信息元要素，在不同的行业它们的重要程度的排序可能是不一样的。所以可以按行业来建立社会治理的信息元数据库，建立标准化和规范化的编码体系。这项社会治理的基础性工作，需要具有一定的专业知识能力的社会科学工作者来完成，而且工作量比较大。但如果分布到各个行业中去做，让熟悉该领域的专家学者进行指导，以及基层人员分工合作共同参与，其实是可以很快实现的。社会治理人人有责，若能分工明确、共同参与，任何困难都能克服。

二、社会治理的参与者信用师队伍

社会数字治理信用化，主要关注的是社会治理活动中的诚信行为，而群体中社会治理的各项核心制度，涉及组织的群体、个体行为，研究组织中的诚信治理问题，必须与组织中的群体和个体联系起来。利用组织行为学等相关理论，可以为社会治理中诚信行为的研究提供一些重要的逻辑线索。

随着信息科技的不断发展，特别是互联网区块链技术的应用，有人希望通过这项技术来对制度和规则进行非人格化的控制，确保组织中的制度和规则在某些组织与管理领域被完美地执行。区块链技术，希望通过控制分权和分布式账户的记录，建立共识机制，以此来确保信任机制的实现。区块链技术与财务会计记账的非人格化控制机制相比，其是通过一个共同治理组织（自治组织），让每个相关组织成员都有账户，都能够看到这笔账户的记录情况，并且该分布式账户有不可删除、不可篡改的特点，虽然区块链记账技术比会计账户上的非人格化控制技术的信任机制更为先进，但还是不能够确保线上（账上）和线下（账外）的诚信一致性问题。区块链技术的信任机制，在应用与社会治理方面仍然面临诸多问题。根据相关文献陈述：“从善政到善治的政府治理创新已经在路上；但在其实践过程中依然面临一系列需要破解的难题，需要寻找新的技术支撑；区块链技术的应用面临法律法规缺失以及现行法规存在冲突的双重矛盾，要逐步开展对现行法律、法规的评估，补充促进区块链技术发展、应用及监管内容和条款，在法律政策层面提供相应的制度配套。”①上述所说的寻找新的技术支撑，可以使人联想到社会信用管理体系的理论和相关技术，以应对区块链技术短板中的信任机制不足问题。解决社会治理中的诚信问题，需要区块链技术与社会信用体系的理论与技术工具的参与，才能实现社会治理从善政到善治的过程。同时区块链技术用于社会治理，还需要建立法律法规、制度与标准等。

在《社会信用体系原理》一书的总序中，有这样一段描述：“从我国信用管理人才供应情况看，信用人才的培养还远不能满足社会经济发展，特别是社会信用体系建设的需求。据测算，目前我国所需信用管理人才数量应该在 500 万以上。”②建立社会各群体之中的权力和利益不会被践踏的诚信社会，以及促进社会群体、个体相互之间的信任，对承担这项任务的信用管理人来说是任重道远的。尤其是在组织中，为完成高质量目标需要诚信合作的科研群体，成员之间必须相互信任。信任是一种对他人肯定的预期，认为他人不是通过言语、行动或决定等行为攫取利益的投机者。社会各类型组织的治理，不可忽略的一个重点是诚信，因为组织中诚信秩序的建立，可以确保组织成员之间信任，大幅度削减管理人员的数量，也就意味着能够削减部分高价值的岗位。对组织来说，将会省出一笔资金用于技术创新的投入上，进一步增强组织的创新竞争力。

组织成员之间缺乏信任，首先表现在组织纪律散漫、干群关系紧张等，最高管理层获取各层次组织管理情况的信息成本更高。组织中的激励制度被扭曲，而偏离组织目标的政治活动变得活跃。组织中就会出现薪酬分配被部分利益群体操纵，利益分配就会脱离按劳分配原则、功绩制等公平制度和原则。组织中部分成员为了获取可操纵利益的权力，就会想方设法，通过舞弊手段获取组织的高价值岗位，因为高价值岗位一般与组织中的权力相关，以便于利用权力来影响组织的利益相关的决策，这必然会导致一贯坚持以组织制度为原则的组织制度信仰者被排挤在组织的核心管理层，由一部分机会主义者主导组织的各项活动，那么，这个组织就是没有创新活力的。

但随着社会的进步及社会制度创新和技术创新的不断推进，社会诚信管理

① 大数据战略重点实验室 . 区块链 3.0：秩序互联网与主权区块链 [M]. 北京：中信出版集团股份有限公司，2017.

② 王东胜 . 社会信用体系原理 [M]. 北京：中央广播电视大学出版社，2011.

的需求也在不断增加，社会各类型组织将会逐步进行组织内部的各项诚信管理，消除组织内部的信息不对称，削减臃肿的组织结构，从而让组织去实现更高的组织目标。

随着社会治理的不断推进，社会信用体系及相关理论将成为社会治理的工具被提到议事日程上来。在社会治理的实践中，与社会治理相关的信用活动频繁，诚信治理成为不可或缺的元素，将会推动社会治理朝着数字精准治理方向迈进。

在现在很多的政府部门、企事业单位中，每个部门到底需要配备多少的人员岗位，什么样的诚信水平才能发挥组织的最高效率，组织是不是机构重叠，部门人员是不是臃肿等情况，还没有数据来加以认证。还有企事业单位的产品和服务的质量、安全、人力资源的合理利用、责权利清单的透明度等，这些与社会治理相关的信息数据资源获取，都需要通过信用师的信任背书，确保社会治理相关信息数据资源的质量。社会治理下多层次组织治理是社会治理的重点，因为存在更多的诚信问题。而组织治理的重点就是解决组织内部成员之间的诚信问题。通过提升组织内部的诚信度，将会大幅降低组织管理的各种成本。

人们寄希望于社会信用体系下的诚信治理和信用管理技术与区块链技术融合，但是仅靠信用管理、区块链技术，实现人们在生活、生产活动与之相关的沟通、互信、协商、协作、合作所需要的信任是不现实的，也是不可能的。区块链技术作为一门技术，涉及为谁的利益服务问题，所以所谓区块链技术的信任机制是有限的、局部的。社会治理下组织、群体、个体的信任机制的完善，需要培养具有专业技术能力而且具有共产主义信仰的、道德信仰的、制度信仰的，能够遵守职业道德伦理底线的，并积极参与到社会信用体系建设中的信用师队伍，完成这个时代需要的社会变革和进步的特殊使命。

三、社会治理需要坚持社会主义方向的信仰者

2013 年 11 月 12 日，党的十八届三中全会审议通过了《中共中央关于全面深化改革若干重大问题的决定》提出了创新社会治理，要求：必须着眼于维护最广大人民根本利益，最大限度增加和谐因素，增强社会发展活力，提高社会治理水平，全面推进平安中国建设，维护国家安全，确保人民安居乐业、社会安定有序。要改进社会治理方式，激发社会组织活力，创新有效预防和化解

社会矛盾体制，健全公共安全体系等重要任务。”[①]社会治理，需要建立以党委领导、政府负责、社会协同、公众参与、法治保障的社会治理体制机制，这也是中国特色社会主义国家治理体系的重要组成部分。社会治理必须坚持法治德治相辅相成，促进不同区域的社会治理水平整体性提升。

构建社会治理这一项复杂的系统工程，除了使用社会科学理论和信息化计算机技术等工具外，要坚持以人为本的理念，它是社会治理的关键。唯有关注民心，才会得到社会认同，才会得到民众的积极参与，发挥人民群众的群体智慧，社会治理才能够卓有成效。党委领导是指在党员队伍中执行社会治理任务的党员干部，不能背离自己在入党誓词中的庄严承诺。入党誓言：“我志愿加入中国共产党，拥护党的纲领，遵守党的章程，履行党员义务，执行党的决定，严守党的纪律，保守党的秘密，对党忠诚，积极工作，为共产主义奋斗终身，随时准备为党和人民牺牲一切，永不叛党。”[②]所以社会治理中的党员干部，首先要尊重中华人民共和国宪法，遵守社会主义制度等。因为坚持社会主义发展方向和维护社会主义各项制度，需要真正的共产主义信仰者，坚持党的路线和方针，人民才能放心。政府负责：“责”就会涉及社会治理中的责权利关系，责权利关系中责任是首要的。政府组织中的责任成立是要有依据的，依据来自对国家法律、法规、相关制度的执行情况。然而，责任的确认需要进一步畅通法治化的渠道，建立和完善政府的责任体系。社会治理中的政府组织要为自己的违法、违规、违反组织纪律的行为负责，从政府的决策者和执行人来说，就是要为自己的决策行为和执行行为的结果负责，这一切都与社会主义的各相关制度相关，这就需要真正的制度信仰者。社会协同、公众参与、法治保障：除了需要技术参与，还要构建与社会治理体系相适应的新型道德规范体系，这就需要真正的道德信仰者来共同参与共建新型道德规范体系。

---

① http://www.moe.gov.cn/jyb_xxgk/moe_1777/moe_1778/201311/t20131115_159502.html.

② 入党誓词 [EB/OL].(2017-11-01)[2017-11-01]. http://cpc.people.com.cn/n1/2017/1101/c64387-29619382.html.

第四节　证明责任（贡献）分配模型设计的逻辑

一、与政策、法律、制度相关的指导思想

有学者将信用分为人格信用与制度信用，并且进行了比较，其结论是：制度信用的确有着积极的、正面的功能。它在生成机制、传播载体和影响范围上的特点，使其更适宜一个工业化、城市化和现代化的时代，以及近些年来日益信息化、网络化、电子化、数据化、全球化的发展趋势。所以人们需要对"制度"这个概念具有足够的认识。关于什么是制度，约翰·R. 康芒斯（John R.Commons）给"制度"下了定义："我们可以把制度解释为集体行动控制个体行动。"舒尔茨（T.W.Schultz）和林毅夫认为，从最一般的意义上讲，制度可以理解为社会中个人遵循的一套行为规则。柯武刚和史漫飞把制度定义为用于共同体内的、众所周知的规则，它抑制着人类交往中可能出现的机会主义行为，并未例外地对行为施加某些惩罚。制度可以对集体中的个人不诚信的行为进行约束。组织为实现共同的目标，需要组织成员诚信地去遵守组织中的各项制度来保障组织目标的最终实现。社会自然人同样需要在社会公共场所各项活动的行为中，符合国家、地方政府所颁布的法规、规范等各项制度规则。

奥利弗（Oliver）指出，制度不只包含成文的规则、程序和道德规范，还包括为个人或组织的行为提供意义框架的认知模式、符号系统与道德模板。制度包含着特殊文化的存在，它并非为了促进组织的效率，而是构建了一种合作与竞争关系，把遵从制度的合法性作为目标。制度被表述为三个基本内涵：第一，制度是均衡，是个体相互理解偏好和决策行为的一种结果，这种表现出稳定状态的行为方式即为制度；第二，制度是规范，是建立在特定形势下个体间对"适宜"和"不适宜"的共同认知基础，这种认识并非出于目的性，而是规范性的义务；第三，制度是规则，互动基于相似的认知基础，如果没有遵照这些制度，就会受到惩处并带来低效率。由于制度的内涵非常丰富，群体之间的合作、协调等，可以通过协议、契约的方式来执行组织更加复杂的任务和目标。但是也不是随意建立新制度的，因为制度本身有其内在价值，如果制度的建立不仅没有给国家和组织带来利益，反而起到了相反的作用损害了国家或组

织利益，这种制度就是不可取的。制度是生产力和生产关系的客观呈现，不能脱离生产力发展状况任意建构制度内容。部分组织中的各种维护小团体利益的潜规则，或许正在替代正式的制度而运行，正在危害着国家利益，侵害组织和个人利益。所以“制度”本身也是需要治理的。制度问题还涉及环境对组织的影响，组织不是处于由弱到强就是由强到弱的不停变迁中。而且组织的规模越大，它越符合科层模型，则环境的影响越弱。

2019 年 10 月，党的十九届四中全会审议通过《中共中央关于坚持和完善中国特色社会主义制度　推进国家治理体系和治理能力现代化若干重大问题的决定》(以下简称《决定》)。《决定》中提到，中国特色社会主义制度是党和人民在长期实践探索中形成的科学制度体系，国家治理一切工作和活动都依照中国特色社会主义制度展开，国家治理体系和治理能力是中国特色社会主义制度及其执行能力的集中体现。历史传承、中华优秀文化传统和现实国情，是中国制度优势形成的社会基础。人民是制度建构、实践和评价的主体，人民的拥护和认同是中国制度优势形成的主体条件。为保持生命力、顺应经济社会和时代发展要求而不断自我完善、自我发展，是中国制度优势形成的内在动力。国家的治理体系和治理能力现代化，需要社会治理相关制度等一系列规则的保障，确保社会治理的各项目标得以实现。社会治理的各项规则作为制度的一项核心内容，社会治理的各项制度是以国家的法律、法规、标准、契约为依据。社会治理的形式是治理体、自治体、共治体之间自上而下与自下而上的相互协作、相互合作的关系。社会治理制度的建构、实践和评价，应该得到人民群众的认可，其重要特征是确保社会治理能够满足上下互动、协商、沟通、合作等各项活动的需要。社会各治理主体之间，在对制度的执行方面具有强制性和约束性。制度和规则的建立要依据法律、法规和政策，尤其强调社会各治理主体应该依法依规认真履行，这是社会的责任、是社会的义务；制度的创新都要获得社会的普遍认同，在用以规范人们的各项治理活动和行为中，能够体现其社会效益、经济效益，也就是治理活动的结果终将体现出社会价值。

我国的收入关系与分配制度。从改革开放后我国收入分配的制度演变来看，1987 年党的十三大提出实施“以按劳分配为主体，其他分配方式为补充”的分配政策，允许劳动之外的其他要素参与分配。1993 年党的十四届三中全会提出“建立以按劳分配为主体，效率优先、兼顾公平的收入分配制度”，允许个人资本参与收入分配。1997 年党的十五大明确提出了“以按劳分配为主体，多种分配方式并存”的收入分配制度，并将这一制度确立为我国社会主义初级阶段的分配制度。公有经济以按劳分配为主，个体经济中实现按经营收入分配，私营经济和外资经济中实现按资本分配和按劳动力价值分配，分配方式由此形成多样化的格局。[①]按劳分配原则：根据《中华人民共和国劳动法》第四十六条规定，工资分配应当遵循按劳分配原则，实行同工同酬。工资水平在经济发展的基础上逐步提高。国家对工资总量实行宏观调控。同工同酬是指用人单位对于技术和劳动熟练程度相同的劳动者在从事同种工作时，不分性别、年龄、民族、区域等差别，只要提供相同的劳动量，就应获得相同的劳动报酬。

功绩制体现了“任人唯能”和“奖优罚劣”的思想，实现了担任政府职位“机会均等”的原则。从历史上看，西方国家的国家公务员制度是资产阶级革命胜利后反对封建制度的成果，其核心就是功绩制。1997 年世界银行发展报告的操作性解释认为，功绩制就是“建立基于才干而不是上级恩赐的录用制度”和“建立基于才干和业绩的内部晋升制度”。通俗地说，功绩制原则就是以工作实绩、效果与贡献大小，作为公务员享受改善待遇的主要条件，考核的结果直接与其工资、待遇及级别升迁挂钩。注重的是工作实绩与能力而无论资历与亲疏。《中华人民共和国公务员法》于 2018 年 12 月 29 日修订通过，其中第七条规定，公务员的任用，坚持德才兼备、以德为先，坚持五湖四海、任人唯贤，坚持事业为上、公道正派，突出政治标准，注重工作实绩。这无疑体现了功绩制原则。功绩制原则不能被精确地用于组织中，因为适用于科层制的公平(录用)——竞争(晋升)模式不再具有统一适用性。首先，对于个体(公务员)而言，这个规则并不是期望中的那样规范化，在操作中掺杂了很多人性色彩；也因为这样，功绩制才更有价值意味。其次，在人员安排上，“才能”“才干”等含义发生了位移，能够做到提高行政质量的人员是有才干的，以“投入——产出”为衡量标准的考核思维得到了细致解析，对“投入”要求更“廉价”，对产出要求“优质”。专家的文献论述可以说明目前对按劳分配和功绩制度的具体内容的落实，需要进一步深化。因为激发全社会的活力，是以公平的利益分配和对组织、群体中每一个成员的贡献都能够得到客观肯定为基础的。

对社会治理相关的法律、政策性文件，需要认真研究主要有以下的相关文件内容，现列示如下。

---

① 严金强，李波 . 改革开放 40 年来我分配关系变化的理论分析 [J]. 上海财经大学学报（哲学社会科学版），2019（1）：4-15.

2018年12月29日修订的《中华人民共和国村民委员会组织法》。

2018年12月29日修订的《中华人民共和国城市居民委员会组织法》。

1986年9月15日中共中央、国务院颁发的《全民所有制工业企业职工代表大会条例》。

2016年2月，中共中央办公厅、国务院办公厅印发《关于全面推进政务公开工作的意见》。

2011年3月，《中共中央 国务院关于分类推进事业单位改革指导意见》。

2016年7月，中共中央办公厅、国务院办公厅印发的《国家信息化发展战略纲要》。

2016年12月，中共中央办公厅、国务院办公厅印发的《关于进一步把社会主义核心价值观融入法治建设的指导意见》。

2018年5月，中共中央办公厅、国务院办公厅印发的《关于进一步加强科研诚信建设的若干意见》。

2018年9月，中共中央办公厅、国务院办公厅印发的《防范和惩治统计造假、弄虚作假督察工作规定》。

2019年4月，中共中央办公厅印发的《党政领导干部考核工作条例》。

2019年5月，中共中央办公厅、国务院办公厅印发的《法治政府建设与责任落实督察工作规定》。

2019年6月，中共中央办公厅、国务院办公厅印发的《关于加强和改进乡村治理的指导意见》。

2019年7月，中共中央办公厅、国务院办公厅印发的《关于加快推进公共法律服务体系建设的意见》。

2019年7月，中共中央办公厅、国务院办公厅印发的《党政主要领导干部和国有企事业单位主要领导人员经济责任审计规定》。

相关的国家政策性文件还有许多，这里不一一列举。政府政策文件的指导思想引导组织内部相关制度的建设，制度是不是具有正义性、规范性，首先要通过国家相关的政策文件这一关。

二、技术的指导思想

我国关于责权利关系的研究可上溯至20世纪70年代末的农村经济体制改革，彼时广大农村地区推广施行形式多样的家庭联产承包责任制，“责权利相结合”便是对这一改革的经验总结，并成为指导我国经济体制改革的重要原则。“责权利”是“责任、权力、利益”的简称。责任、权力和利益具有特定的含义。其中，责任是指在特定社会关系中的行为主体分内应做的事或应承担的职责；权力是指在与他人共处和共事中，行为主体所享有的能自主支配对象的意愿和力量；利益是在与他人共处和共事中，行为主体所应享有的利益，包括物质利益和精神利益。[①] 不难想象，责 > 权，不仅意味着责任者无法履行其责任，而且预示着其充当替罪羊或牺牲品的结局。责 < 权，使责任者易于滥用权力，有损他人。难怪有人说缺乏责任约束的权力是一股祸水，流到哪里，哪里遭殃。责 > 权和责 < 权，是责权之间的不相称，肯定不公平。尤其在团体内部，此处的责 > 权往往以彼处的责 < 权为前提。反之亦然。这便是备加的不公平，其程度越大，引发的矛盾冲突越激烈。

对责权利进行相关性分析前，首先要关心的是公平问题。公平问题日益被社会各界重视，并要成为衡量社会治理能力的一项重要指标。公平标准与法律和社会理性密切联系，公平作为衡量指标时，关心的是接受服务的团体或个人是否都受到公平待遇，需要特别照顾的弱势群体是否能够享受到更多的服务。公平的衡量是有难度的，尤其要重视组织中公平感的研究，因为研究表明公平感对组织成员对组织认同感有促进作用。可以通过调查量表的科学设计，以社会调查的形式，多层次在组织中开展公平感的调查，并运用结构方程模型，来进行量化分析。组织公平度量的技术方法可以参考的技术类文献，除了李保东所著的《结构方程模型在组织认同研究中的应用》这本书外，还有吴明隆的《结构方程模型——Amos 实务进阶》等文献，以及相关的数理统计学分析技术的应用类书籍。随着互联网信息技术的不断发展，网络平台可以进行多批次调查，并且成本相对低廉且可控。公平感能够促进组织内部成员的合作和团结，提高对组织的认同感，进而形成良性公平竞争的环境。同时以计算机为核心的互联网信息技术的不断发展，使组织从外部引进新的创新制度、知识、技术或新的组织文化等，结合本组织的具体情况，来分析组织结构中的多层次的责权利关系，并使对组织治理下的责权利关系进行科学的量化成为可能。以此为基础，促进组织自我革命、自我优化，让组织成员之间形成良性的竞争压力。通过对组织科学的治理，清晰责权利关系，促进组织的自我治理（管理）能力的不断提升。

① 常攀攀，陈佑清．责权利相统一的主体：对学习主体内涵的新认识 [J]. 教育研究与实验，2018（6）：51-57.

“在我国的民法通则中，对于连带责任的规定并没有确切的描述。通常情况下，我们可以从概念上将连带责任理解为当事人处于两者或者两者以上时，当权利人的权益遭受到某种损失的时候，责任人承担共同连带责任。”[①]但是法学上所说的“共同侵权”关系到连带责任问题，连带责任的精确归属是个技术性问题，需要考虑到各种因素。“共同侵权案件中，部分共同侵权人身份不明，无法追加，且受害人亦不放弃对其他侵权人的诉讼请求，对此该如何处理，法律没有明确规定，笔者认为，应当建立共同侵权中的连带责任制度，应当先行判决已经明确的侵权人承担侵权责任，待其他侵权人明确之后，已经承担侵权责任的人可以向其他侵权人进行追偿。”[②]也就是说连带责任者一般是两人或两人以上，并且连带责任的分配有先后顺序。其实无论是社会治理的治理体、自治体、共治体，还是我们常说的组织与管理，都存在连带责任关系。诉讼法学中有关责任追溯的实务，都是可以供社会治理的各领域有关证明责任分析参考的。

社会信用体系作为社会治理的重要工具，将辅助社会治理的各项目标实现。北京大学法学院教授沈岿认为我国的社会信用体系是制度信用：“以信任的来源或依靠为标准，信用可分为人格信用和制度信用；具备这些特征的时代，使得人格信用不仅难以形成，而且无法满足发生在更大范围内陌生人之间的交往。人格信用的软弱无力，成为制度信用受到更多青睐的正当理由。社会信用体系建设至今，也的确显示了其作为制度信用的功效。”[③]

分析制度关系是与责任相关的，责任主体并不一定能够承担独立的客观责任，所以需要研究责任的连带关系，准确落实责任主体，才能平衡责权利关系。烟台大学法学院教授张平华认为，实行连带责任法定原则的原因是“作为加重的责任，连带责任整体上应归于强行法而予以法定。比较法上多在合同、商法等交易领域坚持连带责任原则，在非交易领域实行按份责任原则。侵权法属于典型的非交易领域，应适用按份责任原则，相应地也就应该坚持连带责任法定。此外，连带责任涉及内外双层复杂的利益平衡，其证明责任更有法定之必要。对证明责任缺乏明确的规定往往是导致一些实务难题的重要原因”。[④]社会治理体系涉及丰富的内涵，连带责任关系可以适当地进行科学划分和技术性归类。

① 余媛媛 . 浅谈民商法连带责任中存在的问题和对策 [J]. 经济管理（全文版），2016（5）：126.

② 韩德坤 . 共同侵权中的连带责任问题探析 [J]. 法制博览，2014(12)：177-178.

③ 沈岿 . 社会信用体系建设的法治之道 [J]. 中国法学，2019（5）： 25-46.

④ 张平华 . 连带责任弹性不足及其克服 [J]. 中国法学， 2015（5）： 118-139.

社会信用体系是制度信用，社会治理中的组织治理，需要建立更为科学合理的契约条款，作为对制度规范不足的各种补充，有利于连带责任的确认和分配。近年来有关证明责任的研究文献逐步增加，也说明了这方面社会的需要在增加。社会治理的重点在基层组织，能够区分各种责任的归属，将会大幅度提高社会治理的效率。证明责任的要件事实，将能够避开对各种责任归属的主观解释，从而规避人为的与个体理性、机会主义、官僚主义等所造成的相关的不确定因素，来提高社会治理中的公平、正义等理性程度。我国著名的法学领域的专家田平安曾经说过："无论是着眼于价值理念的确立还是具体民事诉讼制度的建构，要想对社会的发展产生实际的效果，民事诉讼法学研究就必须通过一种实证性的社会学研究实现理论研究与社会实践的良性沟通，而这正是当前民事诉讼学研究所缺乏的。"[①]社会治理解决的都是以人民内部矛盾为主的社会问题，许多的责任诉讼是民事诉讼，2020 年 5 月通过的《中华人民共和国民法典》（以下简称《民法典》）对有关自然人、法人、组织等在保护民事主体的合法权益、调整民事关系、维护社会和经济秩序等方面做了具体规定。民法典的及时出台对推进社会科学治理和建设法治化国家，必将起到积极作用。

三、关于社会治理制度的博弈

在中国古代政治学说的大师们看来，"政治，就是管理、治理，它主要是讲治国之道，即在国家制度保持不变的前提下，谋求有效管理国家、治理社会的方略"[②]。德国著名的社会学家、政治经济学家马克斯·韦伯认为："政治意指力求分享权力或力求影响权力的分配。"[③]政治学是研究社会管理和治理的特定现象及其规律的科学。社会治理和国家政治建设首先要解决的问题是，如何通过社会治理的制度创新，来凝聚社会各方力量，促进社会合作和社会团结。社会治理的重点是社会基层治理，将会涉及社会各类型的基层组织和组织成员个人与之相关的社会治理的制度问题。我们把组织内的政治行为定义为在组织里职责所需之外进行的，但影响着或试图影响着组织中利益分配的活动。用制度来规范组织中的组织、组织成员的政治行为，可以从博弈论中汲取精华来进

① 段文波.要建事实理论视角下民事案件证明责任分配实证分析[M].厦门：厦门大学出版社，2014.

② 刘振洪.论政治及政治学的研究对象和体系[J].内蒙古师大学报（哲学社会科学版），1990（1）：57-62.

③ 马克斯·韦伯.经济与社会[M].北京：商务印书馆，1997.

行制度创新，从而确保社会治理中的各项博弈行为，符合组织治理的公平竞争需求。

所谓社会，乃是以共同的物质生产活动为基础而相互联系的人类生活共同体。如果从方法论角度看，社会学研究的是社会不同群体之间的关系，政治学研究的是国家与国家之间的关系；只要涉及人、牵涉人的选择，经济学家就能使用比较系统的、比较深入的、发展比较完善的逻辑体系来解释现象。从政治“制度化”和“政治过程”的不同视角出发，把政治的“制度化”作为政治学的研究对象（事实也正是如此），而把对“政治过程”的研究归结为政治社会学的主要内容。其中包括促成政治发展的一切方面，如上层集团的发展、增补和组成，政治力量的不平衡程度，政治文化，政党，选举过程，社会和政治的冲突及社会运动，等等。以社会为主导及以政治为主导的两种理论取向各有其理论重心，前者以社会为主，后者以政治为主，但实际上研究者在研究中要衡量社会与政治孰轻孰重，是一件十分困难的事情。过分突出一方面的重要性，很可能会出现偏颇，导致理论与实际的脱节；同时，由于现代社会的发展，社会与政治的界限越来越模糊不清，很难断定社会与政治因素的重要性。所以，越来越多的学者把政治与社会放在同等重要的地位来研究二者互动的关系，这种理论取向可称为政治社会双重取向。所以研究政治学问题就要结合研究社会学问题，这样才能将社会治理理论与社会治理的实践密切结合起来。

2011 年 10 月，中共十七届六中全会做出了《关于深化文化体制改革推动社会主义文化大发展大繁荣若干重大问题的决定》（以下简称《决定》）。《决定》指出，深入开展学雷锋活动，采取措施推动学习活动常态化。深化政风、行风建设，开展道德领域突出问题专项教育和治理，坚决反对拜金主义、享乐主义、极端个人主义，坚决纠正以权谋私、造假欺诈、见利忘义、损人利己的歪风邪气。把诚信建设摆在突出位置，大力推进政务诚信、商务诚信、社会诚信和司法公信建设，抓紧建立健全覆盖全社会的征信系统，加大对失信行为惩戒力度，在全社会广泛形成守信光荣、失信可耻的氛围。加强法制宣传教育，弘扬社会主义法治精神，树立社会主义法治理念，提高全民法律素质，推动人人学法尊法守法用法，维护法律权威和社会公平正义。

所以社会数字治理信用化，不仅包括经济学、司法学、社会学，还包括政治学领域，社会治理要从政治社会学角度来研究一定的社会物质、精神要素，以及从不同群体之间各种关系相互适应、相互协调的人文精神要素出发，来研究和获取促进社会群体结构之间良性互动和协调发展的方法。社会治理的总体目标，是要让社会群体之间形成良性的互动，减少社会摩擦成本，进而释放社会活力，促进社会利益最大化，维持社会稳定，来实现社会群体之间的共识、合作。社会经济的高质量发展，需要社会各群体之间形成合作协调与公平竞争的格局。

在无序竞争性的社会情境下，群体内的个体之间的竞争并不稳定，个体的竞争也必须以促进群体的合作协调为条件。要从组织的纵横向分为若干网络层次，在处于不同情境下的群体与个体之间，植入有利于形成良性竞争的规则与规范来规范各类博弈行为，依靠的是凭借与社会治理相关的制度创新来创造社会公平竞争的合作环境。社会治理要形成源头治理，社会治理就是要深入社会的各级基层基础组织内外部、组织成员之间，创建一个能够确保组织和个人之间公平竞争的制度体系。道格拉斯·C. 诺斯（Douglass C.North）则认为制度应该被视为社会的博弈规则，是人类设计的制约人们相互行为的约束行为，它定义和限制了个人的决策集合。

制度被视为社会的博弈规则，那么社会竞争也需要制度来确保博弈规则的公平。这就会涉及博弈论与信息经济学部分理论和方法。随着数字网络信息化时代的到来，网络正以迅速、便利、超时空的传递方式改变着人们的生存空间、生活方式和思维模式，为社会数字治理的建设提供了有力的技术支持。随着互联网数字信息化技术的不断发展，博弈论（game theory）作为方法论的导向，被越来越多专家学者所重视，博弈的现象广泛存在于社会的政治、经济等领域。博弈论是应用数学的一个分支，属于运筹学的一个门类。博弈论“按学科分类属于数学的一个分支，其核心内容在于运用数学方法构造人类行为的理论；博弈论的成功之处在于通过数学模型使对利益的冲突与协调问题的定性分析定量精确化”[①]。以博弈论的方法作为导向，是能够深刻理解社会治理中各种博弈行为形成的原因。博弈论运用数学方法构造人类行为的方法，将会深刻地影响着人们对人类社会治理运行模式和社会治理制度建构的思考。

社会治理要实现社会治理的总体目标，就是让国家的社会治理决策精神深入社会的每一个角落，并且能够做到从源头治理开始。要做到这一点，可以深入研究用博弈和信息论的理论工具结合社会信用体系理论与系列工具，来分析人们的社会生产、生活活动中与社会治理所要关注的各种竞争行为。社会良性

① 高志明. 制度公正与博弈均衡——一种关于法律制度的博弈论分析 [J]. 理论与改革，2004（01）：137-139.

的竞争，并不能通过自然进化获取，需要借鉴博弈理论及其方法，形成创新制度和创新技术，来规范一切社会治理活动中的各种竞争行为。现实中的社会各领域的组织、人员之间的竞争信息，一般来说是不对称的。因此，信息经济学与博弈论有密切的联系。从本质上讲，信息经济学是不对称信息博弈论在经济学上的应用。这里，不对称信息指的是某些参与者拥有，但是另一些参与者没有的信息。当然，二者也存在差异：博弈论是方法论导向的，给定信息结构，研究什么是可能的均衡结果；信息经济学是问题导向的，给定信息结构，研究什么是最优的契约安排。可见，博弈论是实证的，信息经济学是规范的。通过人们竞争博弈信息的收集、传递、加工、处理、应用等，来获取社会治理的宏观和微观的信息，从而成为制定与社会治理的决策依据。

组织之间有着既合作又竞争的复杂博弈关系，这种博弈关系可以分为非合作博弈和合作博弈。非合作博弈关心的是策略，研究参与人在博弈中怎样做出最优决策，强调个体理性，追求的是自身利益最大化；而合作博弈关注的是期望的决策得到怎样的结果。合作博弈的参与人共同达成一个具有约束力的协议（契约），并要求参与人共同承诺，保证参与人的共同利益，并能够保证参与人之间利益的公平分配。合作博弈强调的是集体利益最大化。

对应于各博弈方的每一组可能的决策选择，都应有一个结果表示该策略组合下各博弈方的所得或所失。我们对博弈的分析主要是通过数量关系的比较进行的，所以研究的绝大多数博弈本身都是数量的结果或可以量化为数量的结果，博弈中的这些可能结果的量化数值，称为各博弈方在相应情况下的“支付”。规定一个博弈必须对支付做出规定，支付可以是正也可以是负。它们是分析博弈模型的标准和基础。社会治理提出的最主要原因是与工业社会相适应的科层制等级组织（官僚制），因为其运作刚性、僵化、反应迟钝等原因，已经不能满足信息化时代社会发展管理的需求。而目前世界范围内大多数国家，为了实现组织目标，仍然沿用着日益陈旧的科层制等级组织的管理机器。

切斯特·巴纳德在著作中写道：“因为我们十分清楚，一个大型等级组织在短期内也许对我们有利，但是从长远来看却有害无利，所以不会被世界组织的规划者们所接受。要解决好这个问题，我们必须对一个十分困难的猜想——未来几代人对于世界社会的目标。”[①] 目前，随着交通工具的日趋先进，世界各国交往日益频繁，导致了世界经济正在不断融合，跨国经济组织的规模不断

① 巴纳德．组织与管理 [M]. 杜建芳，译．北京：理工大学出版社，2014（3）：110.

壮大，有些经济组织正在将他们的业务范围拓展到世界各国，大型组织不断崛起。大型等级组织短期也许对组织是有利的，但是长期来看是有害的。这一特点随着社会科学技术的不断发展，应该可以被克服：通过组织治理模式让管理变得扁平化，技术创新将会对组织中的责任进行有效分割，精确责任定位等。切斯特·巴纳德在他的著作《组织与管理》中提出来几个重要观点。第一，我们在促进个体合作方面取得的成绩有限，其原因可能有几个，不过很重要的一个就是个体对管理人员的诚意和创新缺少信心。正是这种信心的缺乏，而并不是什么技术上或者能力上的限制，严重阻碍了个体发挥自己的最大能量。缺乏信心也让一些很有前景的事情难以实现。因此，结果就是所有人的利益都受到损失。组织中的合作是组织不断壮大的重要保证，管理人员只要公正合理地处理组织管理中的相关事务，就能获得组织成员尊重，有利于组织中的群体之间合作。这需要通过组织诚信治理活动的有序开展，来实现组织最大程度的合作。第二，在绝大部分等级组织中，人们都能感觉到领导和普通员工常常对组织的未来感到担忧。因为这些组织不光对达成组织的目标必不可少，也决定了组织相关的个人的目标是不是能够实现。他们很难意识到，组织的目标或者个人的目标和利益没有组织也能得到满足。这点就要求组织的管理者能够清醒地认识到个人目标和组织目标之间的关系，要想方设法地将组织中的个人目标纳入组织发展的轨道上来。要让员工对组织未来充满信心，就要让个人的目标和组织目标相联系，这就需要营造一种公平竞争的环境。第三，大型等级组织的活动通常非常复杂，除非这些活动能够在空间上或者时间上被分解成为更小的部分。通过组织结构的分解，将责任依附于组织分解的组织结构上，建立细分后的责任中心，并进行责任控制。以上三点，对解决科层制问题有很好的启发作用。第一点，最重要的是解决组织上下属之间的信任问题。从组织的责权利关系上看，管理者的权力运行轨迹必须公开透明，远离个人理性而存在于规则秩序之上。责任分配清晰，利益分配公平。权力的获取，应该要有功绩等因素的支撑，而不是仅仅依靠悬而未决的能力凭证。第二点，组织的目标制定和落实，应该要与组织中成员个体目标相结合，让每个个体成功，组织才能有更大的成功；公平竞争规则的执行透明化、被监管，是组织治理中的重中之重。第三点，中大型科层制等级组织，广泛存在着组织治理信息不对称的情形，所以要通过现代信息化计算机技术，将组织切割成更小的部分，责任与组织结构相匹配，来破解信息不对称给组织治理带来诸多的困惑。

社会数字治理信用化，主要是运用信息经济学的规范和博弈论的合作博弈原理，以及我国社会主义国家不断发展起来的社会治理理论，和社会信用体系理论及其创新技术工具相结合，并运用计算机信息化技术和“互联网+”技术，实现对管理社会科层制机器的升级改造。从以上的描述来看，运用信息结构的规范和合作博弈理论工具，可以实现对社会治理的模糊信息概念（或现象）进行定量化、数字化，从而让社会治理的信息要素实现与数学的沟通，为社会治理使用大数据、人工智能技术提供无限的可能。

党的十九届四中全会审议通过的《中共中央关于坚持和完善中国特色社会主义制度、推进国家治理体系和治理能力现代化若干重大问题的决定》（以下简称《决定》），明确提出要建设人人有责、人人尽责、人人享有的社会治理共同体。要从源头治理开始，打造共建共治共享的社会治理格局。社会治理关注群体之间的合作关系，从社会治理的基层组织入手，分析社会治理的基层组织治理的责权利关系，将社会治理主体分为治理体、自治体、共治体。在主体内部，主体之间建立与治理目标相关、有约束力的协议（契约），让不能实现的社会治理的合作目标得以实现。“主导人们行为方式的是个体理性而不是集体理性；或者说，机制是一切社会经济关系的根本基础，不合作是基本的，合作是有条件和暂时的，因此非合作博弈关系比合作博弈关系更普遍，是博弈论的主流；但也不能据此排除合作博弈的存在。”[①] 合作博弈得以存在，要通过科学的协议（契约）设计来降低制度的交易成本。信息的不对称性与合作偏差相伴相随，组织合作中的协议（契约）设计要以国家法律、法规、标准、契约为依据。这对于建立法理性社会治理权威至关重要。法理性社会治理权威，是将个体理性的“小我”转化为制度规范下集体的“大我”，形成符合法治化要求的更为高级的集体理性。群体间的合作博弈，是要在社会治理体合作联盟之间，通过协议（契约）的形式，对合作的结果进行分配，也就是博弈方的得益或支付的分配。这个分配可以理解为社会治理下的责权利关系形成的结果，要对责任造成的损失和利益实现的收益进行分配。

在合作博弈合作结果的分配问题上，合作博弈理论发展出分配、核心、核仁、沙普利值（Shapley value）等概念。但是这些概念所提供的方法，并不能承担起社会治理与责权利相关结果分配的重任。根据著作[②] 中描述，“分配是合作博弈最重要的概念，但遗憾的是，在一个博弈中，分配有无限个，且许多

① 李帮义，王玉燕 . 博弈论与信息经济学 [M]. 北京：科学出版社，2017（5）：107.

② 李帮义，王玉燕 . 博弈论与信息经济学 [M]. 北京：科学出版社，2017（5）：119.

根本就得不到执行。利用优超的概念，对分配进行分类，形成了核心的概念，但遗憾的是，许多博弈中核心可能是空集。为此，引入了超出这一指标，寻求最大超出最小化的分配，即核仁。核仁这一解的优势体现在核仁总存在，且是唯一的，这个解的缺陷就是计算太复杂，因为 S 共有 2^n 个"。① 可见，社会治理下的组织治理对组织剩余成果的分配方法，各文献的相关描述还不能形成统一，原因在于合作联盟的协议（契约）的复杂性，仅可将其作为理论探索来看待。关于社会治理下的组织合作的剩余成果的分配，符合合作剩余成果分配要求的实例文献很难查找到。这就为社会治理的制度创新和技术创新留下了更多的余地。另外，社会治理是一个社会系统性工程，社会治理信息多元化需要有一个相对统一的数据标准，来制定统一的数据质量标准，才能适合未来国家之间、部门之间、组织之间可以进行数据质量的统一管理，统一规范数据的利用、存储、传递、共享等。所以社会治理的数字化要考虑的问题非常多，从技术上来说需要开拓视野，另辟蹊径。

四、合作结果分配度量模型形成思路

社会治理和自治需要有组织、有纪律的集体行动，否则将走向无政府主义状态。组织中每一个人，通过合作共同努力来实现组织的各项目标。这就要用制度来建立组织中的博弈规则，形成有效公平竞争的组织环境，来约束人们可能出现的机会主义倾向。组织中制度只有规范地执行才能体现其价值。制度执行的质量问题，需要通过分析组织中的责权利关系，才能获得客观的评价。在责权利关系中，责任是首先要考核的重点，组织中的责任，并不是完全独立存在的，多数是以连带责任存在的。组织中洗脱自我责任者的技巧越来越精细，通过责任混淆来达到"法不责众"的目的，或隐藏最终决策者的错误决策，本末倒置让本不应该承担责任的底层人员来承担责任，等等，这些游戏他们可以说是已经玩得炉火纯青了，而且有恃无恐。出现这样的情况是由于对制度执行能力的考核技术没有与时俱进。

要实现社会治理体系和社会治理能力现代化，就要从社会治理和自治的源头责任抓起，将各项多层次的责任精确划分，将责任落实到真正的相关责任人身上，才能实现社会治理理论与社会治理实践形成的良性互动与沟通。

按照《社会信用体系建设规划纲要（2014—2020 年）》的相关精神，社会

① 李帮义，王玉燕．博弈论与信息经济学 [M]. 北京：科学出版社 .2017（5）：119.

信用体系建设符合制度信用的特征。有部分专家学者认为，社会信用体系是社会治理的理想工具。但是社会治理涉及社会中的每个人，因而社会治理的内容覆盖的范围非常广泛。要能够完成海量的社会治理任务，并且能够完成社会治理既定的各项目标，就需要利用现代化的计算机信息技术，结合制度和技术创新的成果，来实行符合现代社会需要的数字化的社会治理。目前，只有达到计算机信息技术等各相关技术融合的要求，如数字化技术、标准化技术、制度共识等，才能使得社会数字治理各项规则与计算机信息技术相结合。社会数字治理信用化将为社会数字化治理的各项技术的汇通融合提供技术上支持。

社会数字治理有一项重要的内容，就是与社会治理责任相关的连带责任分配。要实现社会治理能力与社会治理现代化，就是要注重社会公平，需要将社会治理的过错责任的程度大小，在合作群体中进行客观责任的划分。客观责任的划分是要讲证明责任的，与证据法学相联系。社会治理和社会信用体系，都是比较新的理论概念。如果涉及社会治理连带过失责任时，需要寻找符合法律、法规等所规定的连带责任分配的规范性制度。社会治理解决的是以社会关系中的各类矛盾和利益冲突为主的人民内部矛盾，正确处理人民内部矛盾是构建社会主义和谐社会的主要目标。希望能够从民商事法中，寻找到公平合理的连带责任内部份额划分的方法。但是通过相关法律文献研究发现，许多单行法的法律文献关于连带责任的规定并不完善。能够适用于加快推进社会治理体系和治理能力现代化要求的连带责任制度的具体规定仍然不能满足社会数字治理的需要。这些我们可以从专家有关研究法学的文献资料中，来加深对我国连带责任制度的认识。

我国民商事法律深受大陆法系的影响，在立法上未对连带责任的定义做出明确规定，只规定了连带责任的法律效果，导致规定过于零散、缺乏总论性等规定及连带责任人内部份额划分规定的缺失。一般认为，以过错程度的大小来划分责任份额，有利于实现个案审理结果的公平合理。民商事法律条文中虽然对何时适用连带责任进行了规定，但总的来说，我国法律体系中缺乏对连带责任适用的条件、范围等的统一规范。我国法律法规制定连带责任制度的初衷是最大限度地规避违约风险、提供救济及保障经济交往顺利进行。但是在法律实务中，连带责任这种过分强调外部权利救济的特点也正是可能有失公平的起因，单单注重外部连带而忽视内部“份额划分”，常常也使连带责任认定后的追偿处于尴尬境地。社会治理是有组织的活动，确保社会治理的各项目标实现，需要用制度来保障；制度执行是否到位，需要对社会治理主体进行内部连带责任划分；连带责任划分是项“技术活”，原则性强。社会信用体系是社会治理的工具，在法律制度对连带责任划分的具体规定缺失的情况下，借鉴其的意义不大，需要创新开发以适应社会数字治理的需要。

国家强大需要的是大量的人才脱颖而出，依靠的是制度执行的良好结果，所体现出来的责权利关系是均衡的，在组织中的制度被公正地执行。制度的执行需要权力来运行，规范权力运行维护公平正义，就是社会治理的重点，也是难点。要在社会各群体内外培育契约文化，逐步拔除中国历史上封建社会遗留下来的遗毒，这些遗毒主要表现为组织中危害国家法治化进程的家长制文化，因为它是建设高质量法治化国家的最大阻碍。要做到这一点就要消除组织中阻碍制度有效被执行的信息不对称的状况，按照国家、组织的规则与规范的要求，对相关的信息保持公开和透明。按照国家有关社会治理人人有责、人人参与的原则立场，以及需要通过实行社会源头治理的政策精神来执行这项重要任务，需要的是系列化的工具支持，其中可能包括社会数字治理信用化体系。这项工具核心要件是社会数字治理信用化的账户式诚信（信用）度量模型，可以在本书暂时简称为账户度量计分模型（具体内容可以参阅第五章第四节的第五点），但仍然需要获得社会各界的广泛共识和认同。

社会群体是社会的主体，社会群体主要以组织形式存在，社会治理主要面对的是社会各类型的组织。社会组织治理对象具有多样性。社会组织治理关注的是结构上复杂的科层制等级组织，尤其是要关注大中型的国有企事业单位，它们依据组织结构实现多层梯级治理，其组织治理所形成的结果是复杂的，社会治理的结果能够评估社会治理的绩效。根据 2016 年 7 月《国务院办公厅关于推动中央企业结构调整与重组的指导意见》的有关精神，压缩企业管理层级，对五级以下企业进行清理整合，将投资决策权向三级以上企业集中，积极推进管控模式与组织架构调整、流程再造，构建功能定位明确、责权关系清晰、层级设置合理的管控体系。上述文件提出了压缩企业管理层级，其意义是可以降低科层制等级组织的代理成本问题，所以在进行社会数字化信用化的账户度量计分模型设计时，可以考虑以三层有决策权的结构为主，但并不是说对组织结构少于三层有决策权层级的结构的组织，该社会数字治理信用化的账户度量计分模型就不能用，相反使用起来更简单、方便。

社会数字治理信用化是将组织与个体（自然人）放在平等的位置上。因为社会治理的人人有责，社会中的每个人有权有责，这就意味着社会治理与“责权利”相联系。根据《社会信用体系建设规划纲要（2014—2020 年）》，社会信用体系是社会主义市场经济体制和社会治理体制的重要组成部分，它依据法律、法规、标准、契约来建立健全覆盖全社会成员和信用记录和信用基础设施网络。从这里可以看出社会信用体系建设，其实主要建设的是社会制度诚信（信用）体系。所以无论是社会治理主体，还是社会自治主体，都是要以法理型权威关系被理性化，来行使社会治理（自治）的各项权力。法理型权威关系理性化，是指社会治理各项权力都运行在法治轨道上。社会治理主体、社会自治主体所行使的权力都不能被滥用，权力不能超越法律等规则范围，否则就会造成责任过失等情况出现。社会治理过程中的各项责任往往不能独立存在，可能存在更多内部连带责任，需要开发能够与社会治理相适应的责任划分模型。社会治理和社会自治都是为解决人民内部矛盾，解决社会群体协调与合作出现的各种合规性问题。根据《中华人民共和国民法典》第八章第一百七十七条规定，二人以上依法承担按份责任，能够确定责任大小的，各自承担相应的责任；难以确定责任大小的，平均承担责任。也可以根据《民法典》的要求划分社会治理和社会自治的各项责任。

五、账户度量计分模型设计

账户度量计分模型的创新设计要与组织结构相结合。每个组织机构都有法人或获取合法登记的账户（全国组织机构统一社会信用代码），作为一个组织总体的社会治理主体。如果是科层制等级组织，该社会治理主体范围划分为总部，然后往下阶梯分层为（部门）科、（大小）组，再依次分出各支下一级小的治理主体账户，直至组织岗位员工个人自治主体账户。组织治理账户与自治组织账户是分开的，单位整体组织结构上的各层次细分出的治理（自治）主体，按原有组织指挥链来设置。指挥链是指从组织的最高层扩展到最低梯次的完整的职权链。组织中各层次的职权链，按照组织与管理规范性的要求，是应该存在与责权利相关联的组织管理体系的。社会治理要充分利用原有的社会管理结构，将管理程序转移到社会治理的程序上去，这样将会大幅降低社会治理的各项成本。一个完整的治理（自治）主体结构，一般分为决策层、管理层、执行层、操作层。企业通俗的称呼叫总部（厂长、董事长等办公室）、（车间、部门）科、（大小）组、（具体到各）员工岗位；不管是厂长、科长、组长，还是岗位上的工人，在组织结构上分为四个层次、四个单元（也可能不是四个），各治理（自治）主体的设置都能找到所对应到位。

从账户度量工作的流程上看，账户度量计分模型工作的原材料，是事先已经被整理出来的、经过标准化的社会治理分类信息元数据，包括对信息元的描述、治理和利用等内容；而社会数字治理信用化，主要采集和提取与各组织结构相对应的信息元内容，并且是与社会治理（自治）相关的以诚信（信用）信息元为主的内容。这些内容一般分为诚信（信用）能力结果和诚信（信用）执行结果。诚信（信用）信息元数据库系列内容预先已经被分别注入组织的各个层级的结构内部，并通过（协议）契约得到确认（固定）。诚信（信用）信息元数据的采集与记录是以客观的结果为导向，在实际采集（被动采集）过程中才会有记录。诚信（信用）信息元数据采集与记录后，需要运用模糊数学的原理将信息元模糊的概念数字化，将责权利相关的信息元数据找到确切的对应关系。它依据的是合作博弈的协议（契约）结合创新度量计分模型来实现责权利相关结果的分配。

诚信（信用）信息元数据的采集与记录实现分配后，转化为数字，通过个人岗位账户积分汇总到（大小）组账户，（大小）组账户汇总到（部门）科账户，（部门）科账户汇总到总部账户。经过多层次的统计累加而成的诚信（信用）计分信息元数据，能够分别说明职业岗位个人和各级组织各自的诚信（信用）状况；并根据上述层级关系，逐层设置明细分类的组织和与职业岗位账户，分别都有自己相对独立的诚信（信用）账户。明细诚信（信用）账户的独立设置，可以将不同职业岗位不同结构上的组织，根据事先拟定的诚信（信用）信息元，分配到不同结构组织和职业岗位个人电子信息窗口上。建立具有各自岗位特征的分析模型，根据信息元数据的重要程度，建立诚信（信用）信息元数据指标系列。由于各自的岗位差异，信息元数据指标系列的权重也存在不同信息元的内置，也就是说账户度量计分模型是一样的，但是内部相匹配信息元的内置和权重是不一样的，最终形成组织或个体的诚信（信用）账户。不同组织有自己独立特征分析模型及其诚信（信用）账户。

诚信（信用）信息的采集与记录是由组织内外各个层次的治理（自治）主体的责任（损失）和贡献（利益）取证记录提供的。治理（自治）主体分组织外部和组织内部，外部包括各级人民政府、各工会组织、各民主党派、各级行政执法机构、信用管理专业化机构、各类社会专业组织、各类新闻媒体、社会公众等不同组织和个人，内部包括党委、纪委、工会、职工代表大会委员会、组织（自治）自我治理的志愿者、信用管理部等，这些组织和个人都能够为诚信（信用）账户提供信息来源，但需要符合信息采集的相关标准，信用师对信息元是否符合标准进行确认。

社会治理主体是一个社会各界多层次的治理（自治）主体组成的一个多元治理的集合体，要符合国家相关政策精神。社会治理多元主体之间相互协同与沟通，形成社会各责任主体良性的共辅共治。主体间的治理与被治理（自治）对象所表达出的遵守承诺和履约能力等相关诚信（信用）行为、所形成的具有证据特征的动态和静态的诚信（信用）信息记录，由辖区内的负责诚信（信用）记录的信用人员登记到相关组织和行为人各自独立的账户上。

某个行业、某个组织、某个岗位的最小的信用行为主体可以反映出岗位个人的职业技能、职业道德、履职承诺及体现出的学术成果与贡献等与治理相关的信息。可以将职业成果和贡献等比作收益获得信息，责任成本、违纪违法等作为成本支出信息。每个诚信（信用）行为主体都拥有一个相对独立的、自动化累计的诚信（信用）账户，每个诚信（信用）账户拥有一个社会治理相关的专家组拟定的信用积分总分值，这个信用总分值经过得分与失分加减后，可以得到一个实际得分值，来体现该诚信（信用）行为主体的诚信能力等。诚信（信用）账户也可以说是诚信（信用）评分系统，是通过对组织的诚信（信用）的治理（管理）流程、业务流程上的每一个环节进行考核，分辨出组织治理多层次网络结构中上级组织与下级组织、组织与岗位、岗位与岗位之间的线上与线下的治理（自治）能力和治理结果的优劣，从而推导出组织内不同部门对共同遵守的合作协议（契约）的尊重程度等各种信息，才能引导组织内外的社会相关治理主体，对相关的诚信（信用）行为主体进行针对性的线与线下的治理，从而进一步提高被治理对象的自我控制能力、自我治理能力，实现相关组织的治理目标。

职业岗位是组织合作的最小诚信（信用）行为主体单元，职业诚信可以从职业能力、职业道德伦理、职业规范等几个方面，通过职业岗位诚信度的采集和计量来获取职业诚信（信用）的信息。按照不同行业不同岗位的特点，事先拟定一系列岗位诚信（信用）信息元数据组合，分别构建拥有不同岗位特点的诚信（信用）信息元数据标准化体系框架，贯穿于多层次的组织和不同的职业岗位与之对应的诚信（信用）的动态管理过程。职业信用标准化体系框架的建立，能够考核组织行为与岗位行为相关的合规程度。每个职业岗位工种在行业内制定相对一致的职业标准诚信（信用）信息元数据的考核指标体系，包括职业资格、职业状况、工作业绩、有证据的荣誉及有证据的违法、违规、违反职业伦理等信息。通过社会治理的组织治理主体、自治主体、共同治理体的沟通、协调、合作，实现社会治理的组织治理各种相关目标，将社会治理中的各项组织治理活动所形成的结果作为社会治理的可靠信息来源，通过对社会治理中的组织治理信息的连续性采集提取，使之成为社会治理的诚信（信用）信息，这些信息往往是社会数字治理信用化体系所需要的信息资源。

将诚信（信用）信息每次的记录，设为一个份额类似财务上的损益尺度（守信激励为正，失信惩戒为负），来体现某个诚信（信用）主体的动静态时点上的信用状况。同样在等级组织内有上下层次不同的、大小不一的组织形态，组织的协作与分工形成合作联盟（集合），联盟内有着的相关参与者，可以是组织之间或岗位个人之间、组织与岗位个人之间等划分出的有限诚信（信用）单元。单元主要指的是以科层制等级组织为主的各级组织和组织内的岗位个人所组成的可以划分的独立责任单位，就是说划分出的责任单元可以是组织也可以是岗位。将每个单元进行命名与编码，并给出各自诚信（信用）独立的账户；相关参与组织分工与合作的单元作为一个合作的联盟，有一份达成共识的损益分配协议（契约），来分配这一份守信激励为正、失信惩戒为负的客观存在诚信（信用）信息记录。诚信（信用）记录的分配，是由一整套计量诚信（信用）风险的分配方案的组合——账户度量计分模型完成的，通过模型最终将诚信（信用）的模糊信息量化后，将分配的结果归集到各单元事先已设定好的各自的诚信（信用）账户上去。

相关参与到组织合作的各单元，要对应于组织结构上各岗位工种等多层次的联盟（集合）。各级参与者的联盟，事先有各自合作协议（契约）约定，双方执行协议的公开信息至少应该包括制度规范的细节、责任承担（关注负利益）或利益激励（关注正利益）和与之对应的分配方案。方案要求联盟内的每个单元共同遵守事先已经确定好的相关规定，并通过遵守承诺共签协议（契约）等形式，使其成为有法律依据的、有约束力的协议（契约）。将参与合作的一个联盟（集合）的单元个数设为 N（大多是科层组织的垂直等级数，管理层为三层、业务层为一层），N 代表的是联盟中某个层次的组织个数，直到某个岗位的责任单元。设 N 最大值为 4，分别为总部、科、组、岗位的完整组合，N 为 3 就是三个组合，N 为 2 就是二个组合，N 最小为 1 就是一个组合。将产生一次诚信（信用）记录的标准设为 1，正数代表贡献收益的正面诚信（信用）记录，负数代表成本支出的负面诚信（信用）记录；在联盟内的各单元，每次的诚信（信用）记录不一定能够得到分配，只有该诚信（信用）记录涉及该单元时，才参与诚信（信用）记录的分配。

巴纳德认为，组织是两个以上的共同目标、通过一定物质和信息手段、彼此协调自己行为的系统。依据这个原理对评分模板设计做出相关规定。社会各类型的大中型组织，一般分为科层制的垂直等级组织、横向组织等，这里主要用科层制的垂直等级组织来做说明。等级组织设置多个单元，多数情况下分为有决策权的组织和没有决策权的岗位；有行政决策权的分为（大小）组、部门（科）和总部分三级，通常是管理层面上的具有一定的治理主动权，能够体现组织治理中的集体理性程度；员工岗位属于操作层，一般没有行政决策权，但可能存在专家决策权力，通常情况下处在业务层面上的基层自治组织，其基层自治活动是有组织的活动，事先对基层自治规则进行界定，通常按照组织法规、制度等拟定出一整套与自治相关的规范程序，其中包括对组织各层次指挥链上上级的决策、命令等治理（管理）相关的行为，是否符合国家宪法、国家政策、组织制度等的相关内容，作为基层自治组织的成员在接受执行命令的指令时，需要在自治组织的自治规则框架下，基层员工有义务和责任，维护国家宪法、法律、组织正义制度的权威，纠正和反制脱离国家宪法、法律、组织制度的一切违法、法规行为。将一个法人单位或通过合法登记的组织单位作为一个整体，将每一次的诚信（信用）记录设为标准化为“1”（或者“–1”），将科层制的垂直等级组织的法人组织单位、垂直等级结构上的每个组织指挥链上所对应的梯次职权链管理岗位及所有执行层面的岗位，依次命名为不同的单元名称，分别为总部、部门（科）、（大小）组、员工岗位四个层次，设为相对独立的四个单元；每次产生的诚信（信用）记录标准化为“1”或“–1”，依据合作联盟的协议内容，在四个单元之间进行（0 ～ 1 或 –1 ～ 0）责任或贡献分配，一般会形成 1/4、1/3、1/2/、1/1 的分配类型——1/4 分配类型涉及四个单元，1/3 分配类型涉及三个单元，1/2 分配类型涉及两个单元，1/1 分配类型涉及一个单元。

借用巴纳德的组织概念相关理论，将最小组织定义在两个人以上，也就是最少要有三个人才能称为组单元；一个垂直组织之间的分配，遇到三个岗位个人、三个组、三个科的分配，就要向上一单元晋级，也就是一个组内三个岗位个人涉及的每次诚信（信用）记录，都要归集到“组”单元所有，其他“组”单元、“科 / 部门”单元一样的。对横向各单元间的 1/2 分配后如何进一步地分配在《一种阶梯层次信用评估方法和评估系统》中没有写，原因是其具体技术细节要根据实际需要来调节；但是也要遵守巴纳德的组织概念相关理论，有关组织定义的原则，比如个人岗位单元从横向单元中分得的积分，在本组单元内只能再向一个岗位（同事）分，涉及第三个岗位（同事）分配就归集给“组”

单元了，同时分得的积分在原来的基础上进行 1/2 的分配，但始终遵循一个法人单位每一次信用记录标准化为“1”或“-1”的总分值，横向分配各单元的分配不能超出一次总诚信（信用）记录标准化“1”或“-1”的范围。相关内容可以查看《一种阶梯层次信用评估方法和评估系统》的有关说明。这是为社会数字治理信用化体系的建设量身定制的，如果能够成型，其应和计算机软件网络化系统融合，并在此基础上不断升级优化，为未来社会大合作提供技术性支持。

目前科层制等级组织管理模式，在世界范围内的政府机关和工商界等组织仍然广泛使用。社会治理下的组织治理，着重点是期望能够对以科层制为主的各类型基层组织进行系统性改造，注重该类组织纵横向上相关连接处管理流程的合规程度。对该类型组织纵横向上的管理者与被管理者的责任义务等的分担进行分配，需要在传统信用度量方法的基础上进行创新拓展，开发出自动化程度高的、操作流程严谨的信用风险度量技术，因为传统风险度量方法的专家打分法等人工主观判断方法的证据依据不够清晰，没有植入法理性的证明责任分配分析方法，在主观判断法和手工操作的过程中存在着各种差错，为了避免人为因素可能的干扰，需要建立起严格的信用师责任制和类似财务化非人格规则的信用管理流程，结合非人格化的区块链分布式账户，来形成真正意义上的信任机制实现，同时要确保符合社会数字治理的数据质量的国家标准化建设的基本要求。诚信（信用）信息元数据的采集和提取，依据的是客观存在的、有证据特征的诚信（信用）记录；诚信（信用）信息记录的来源，主要是通过社会治理的分工合作的形式，各个社会治理主体、社会自治主体、社会共治主体（社会治理主体的联合）的日常治理、监督检查记录及组织信用部门的信用技术采集记录等，从而为构建公正客观的、自动化程度高的快速诚信（信用）测试评分系统提供了前提条件。

第五节　积分分配与区块链规划

一、社会治理的自治网络中心

党的十七大报告指出，要坚持中国特色社会主义政治发展道路。坚持党的领导、人民当家作主、依法治国有机统一，坚持和完善人民代表大会制度、中国共产党领导的多党合作和政治协商制度、民族区域自治制度以及基层群众自治制度，不断推进社会主义政治制度的自我完善和发展。[①]坚持和完善基层群众自治制度，需要紧密与基层群众自治的实践活动相结合，是坚持中国特色社会主义政治发展道路的重要内容。

根据《中华人民共和国宪法》(以下简称《宪法》)第一百一十一条，城市和农村按居民居住地区设立的居民委员会或者村民委员会是基层群众性自治组织。目前，中国已经建立了以农村村民委员会、城市居民委员会和企业职工代表大会为主要内容的基层民主自治体系。

村民委员会的概念可以根据现行《宪法》和《中华人民共和国村民委员会组织法》的规定得到理解，村民委员会是村民自我管理、自我教育、自我服务的基层群众性自治组织，实行民主选举、民主决策、民主管理、民主监督。

居民委员会的概念可以根据现行《宪法》和《中华人民共和国居民委员会组织法》的规定得到理解，居民委员会是居民自我管理、自我教育、自我服务的基层群众性自治组织。

职工代表大会的概念可以根据《中华人民共和国工会法》得到理解，国有企业职工代表大会是企业实行民主管理的基本形式，是职工行使民主管理权力的机构，依照法律规定行使权力。

基层社会自治是社会成员通过社群的集合体共同行使自治权，即“自己统治自己”的社会治理形式。社会治理现代转型的目标是要建构科层（政府）治理、市场（公司）治理与社群（社会）治理三种比较稳定的治理模式。重构社会治理模式其本质就是改革社会管理方式的过程，对于社区治理而言，“自治”要求社会个体要逐步实现“社会人”的转变，这样才能做好基础社会自治与政府治理的良好互动。[②]社会自治是一个分权与权力重构的过程，来扭转政府权力过于集中而引发的顾此失彼的局面。社会自治是有组织的沟通、协调、合作的社会自我管理活动，是社会治理的一种模式，需要依据《宪法》和其他法律、法规等具体规定，来制定多层次基层民主治理组织和与治理相关的制度。社会基层自治一般是有组织的自治体，自治体作为组织，其运行过程中就会存在组织内外部相联系的责权利关系，就会有权力规范的要求。社会自治机

① 人民出版社．中国共产党第十七次全国代表大会文件汇编 [M]. 北京：人民出版社，2007：27.

② 商巍．社区自治与基层社会治理模式的重构分析 [J]. 法制与社会，2015（8）：201-202.

制的设计，需要考虑宪法和法律等规则的相关规定，需要考虑自治体之间的结构，还要考虑自治体自我管理、自我教育、自我控制等各项自我服务功能，所体现出来的是自治体自我能力的问题。社会自治的权力行使是运用正当性的权威体系，使一切权力行使在法治范围之内。

二、组织治理、自治与区块链技术融合

人需要通过特定的组织结构实现自己的目标，也需要依赖特定的组织结构生存和发展；人类社会需要通过组织结构摆脱无序走向有序，也需要依赖多样的组织结构运行和发展。无论是社会治理还是社会自治，其实都是在有组织的情况下才能实现组织各自的目标。根据相关专家的论述，可以推断社会治理实际上就是对社会各类组织的治理。

社会治理、自治、共同治理是有组织的行为。社会治理趋向多元化，是由多层次的科层制（等级组织）和非科层制（等级组织）构成的治理复合体，致使组织之间存在信息不对称，导致低效率、抵制社会革新、公平性缺失等消极因素出现，这必将导致社会治理相关政策与方针很难深入基层而得到全面贯彻。

区块链技术不是单一的技术，而是整合分布式数据存储、点对点传输、共识机制、加密算法等计算机技术的结果。可利用区块链技术，将社会治理的每一个治理体、自治体组织置于区块链内。建立点数据就是离散的孤立数据，条数据就是单维度下的数据，块数据就是特定平台上的关联聚合数据。利用区块链技术的特性，来对组织进行虚拟分解和重新聚合，来消除社会治理结构上的多元化、多层次的科层制等级组织和非科层制等级组织构成的治理复合体内的各种信息不对称的弊病。对社会治理体和社会自治体责权利的关系进行监督，维护社会治理、自治行为的公正客观。“权力制约不应只是制约一项权力，而应是制约一个权力体系。这个权力体系包括科学确权、依法授权、廉洁用权、精准管权、多元督权的全过程。”[①] 区块链技术下的社会各类组织内的治理、自治体，最大限度地实现自我管理、自我教育和自我服务的各项组织功能，建立有组织的政治纲领，建立有组织的责任机制；社会治理、自治体通过区块链技术的植入建立信任机制，来确保实现社会治理、自治的各项组织目标，维护社

① 大数据战略重点实验室．区块链 3.0：秩序互联网与主权区块链 [M]. 北京：中信出版集团股份有限公司，2017：197.

会治理、自治的各项活动的秩序井然有序。区块链技术支持下的多层次治理、自治体结构是一种阶梯层次结构。整个社会治理体系或大中型政府机构、企事业单位的组织治理都具有科层制等级组织的结构特征，社会治理或自治的各项活动，可以依据原有的组织为完成组织任务而设置的科层制等级组织结构。其组织结构内各等级组织上存在的指挥链，每一个指挥链下有一个被称为职权链的指挥平台，这个平台可以构建科层制等级组织治理和自治体与之相对应的区块链信息化计算机网络治理平台。另外，也可以不依赖原有组织的指挥链，重新构建虚拟化的组织治理、自治体网络化平台，通常可以用于构建组织内和组织外的网络虚拟化的横向组织，来完成社会治理的各项特殊任务。

为更形象地说明网络化的组织治理的结构，我们先来看原有组织的指挥链。不同层次、不同等级的组织上存在着职权链平台：“组”级职权链下有一个组成员自治体的平台；“科”级职权链下有一个并行几个小组的自治体的平台；再往上就是担任决策的最高管理机构“总部”的职权链，其下有一个或几个“科”级自治体的平台；但“总部”的自治体成分相对复杂，依据社会各组织类型的不同，可能出现不同治理相关的状况，如企业的董事长下的办公平台、董事会的董事成员平台、厂长办公室平台等，还有事业单位的院长办公室、校长办公室、事业单位法人设立的理事会等各种工作平台。我们再来看为完成组织的特定任务的自治平台，可能是由组织内部各部门联合自主成立的，由科研团队、党组织、团组织、工会组织、职工代表大会等为完成特定任务的而组建的，长期的或短期的治理、自治体平台。这些组织治理、自治组织的平台，一般是以横向组织的形式出现。科层制等级组织在管理上往往存在信息不对称的情况，导致组织内的机会主义盛行，各层级组织或成员为了自身的利益，在执行外在制度时选择有利于自身利益的制度去执行，当制度与自身利益不符合时，就用潜规则等来替代。发生重大失误事故时，就会相互隐瞒、推诿责任，导致各种全部或局部性责任无法得到落实，或责任落实出现偏差。严重的责任事故长期不能追究责任主体，可能会导致部分行业的系统性风险的发生。

区块链技术可以利用虚拟的技术，构建各类具有专业治理能力的横向组织。它可以在组织内部形成，也可以从组织外部植入，来参与到社会各类型组织的多层次治理活动中去。仅仅依靠体系内的组织治理，是不能够完全探明该组织内执行外制度能力的，也不能完全发现执行外在制度上的漏洞。体系内的各种评价活动，更有可能以维持体系内自身的利益或应对外部威胁和质疑为目的。组织治理的一个重点，就是清理违反国家法律、法规等的潜规则。组织内违法、违规、不成文的潜规则，是由来已久的历史遗毒沉渣。因为其不成文性相当隐蔽，尤为在组织成员之间合作形成的成果相关利益的分配上，表现更加隐秘，形成集团利益封闭的小团体，导致干群关系紧张、干群距离拉大，进而导致社会活力难以激发，国家宏观政策难以得到有效落实。社会治理通过一定的资源投入，有组织地进行社会调查，来找出证据深挖出现上的问题根源。

我国家还没有形成完善的、体系化的、与国家级制度相关的互联网监管体系。经济社会的高速发展，社会分工持续细化，增加了社会管理的复杂化程度，违反国家制度各种活动仍然在进行，中国特色社会治理和社会信用体系将承载着历史使命，依据国家的法律、法规、标准、契约等规则体系，来构建全面的制度执行的诚信（信用）监测体系。这需要外在横向的治理组织植入被治理组织内部，对治理、自治体系内的各项与制度有关的活动进行监管、开展，并且对相关社会主体的制度的执行能力进行公正客观的评价评估；同时，外在的横向组织或社会提供第三方服务的专业机构，除了要不断提高自身的专业能力外，还要有责任心和使命感，对被治理组织进行科学引导，完成社会治理的各项目标和任务。

三、构建区块链下的组织内部治理和自治账户

社会治理和自治是有组织的活动，任何组织要实现组织自身目标和任务，都要建立与之相适应的合法的组织制度。组织是社会的产物，在实现组织自身目标的过程中，必然会与自身组织内部人员、社会的利益方或社会自然人产生联系。组织就会自然而然地与组织内、外部形成不同的责权利关系。责权利的相互关系，涉及组织与社会规则、组织与自身的制度、职业伦理、职业道德等规范制约。一个管理健全的健康组织，会在组织内部建立有效责任控制体系。随着计算机信息化技术时代的到来，现代信息技术对现代社会的各方面产生了深远的影响，原有的组织管理模式已经呈现出陈旧落后的迹象，需要通过制度和技术创新不断提升管理能力和管理效果，社会治理理论迎合社会的需求，也为社会治理下的组织治理模式开启新了的窗口，为组织的管理模式转型和升级提供了机遇。社会治理和自治理论，能够指导组织治理活动的有序展开，构建新型的与责任相关的控制机制。它是从组织的诚信（信用）治理入手，融合多项技术，志在建立一个有效的组织成员之间的信任关系，在组织中实现高效的以责任为首的责权利控制体系。

任何社会治理和自治的活动，都是有组织的活动。社会治理或自治需要关注的要点，其实就是对组织责权利关系的控制。按照区块链技术，可以将社会治理分为治理体和自治体。不同的组织有不同的结构，其中大中型的政府机构、企事业单位一般是以科层制等级组织形式而存在的，有完整的组织指挥链，等级组织上下之间各有一个自己的职权链。每个层次都是治理体与自治体所构建的某一层的治理或自治平台，治理体可以比作是每个层次组织的指挥点平台，附有某一个职权链；自治体是由各层次职权链下的各个岗位上的组织成员构建的，是一个自我管理的自治平台。根据以上逻辑，就可以利用区块链技术，建立共同治理体、治理体或自治体的各类账户。

法人组织指具有法人人格，享有民事权利和承担民事义务的国家机关、社会团体、企业和事业单位等。非法人组织是指不具有法人资格但可以自己的名义进行民事活动的组织，亦称非法人团体。合法组织一般在地方人民政府、工商局、民政局进行登记注册，然后拥有统一社会信用代码。组织和自然人都有全国组织机构统一社会信用代码，自然人的统一社会信用代码为身份证号码。对上述组织和自然人与相关概念情况的梳理，将有利于各类账户的设置。

将社会治理的账户分为组织账户、职业人账户、自然人账户三大类。

政府机构、企事业单位、社会组织等各类组织账户是一个多层次分级账户，合法组织一般将在地方人民政府、工商局、民政局进行登记注册的组织机构统一社会信用代码作为该组织总账户代码。往下按逐步形成组织指挥链分级的各类分支账户，其组织的分级代码可以进一步往下编制科、组级的组织账户，最下层的就是职业人账户。组织治理往下分层的组织账户和职业人账户，可以按照一定的标准化要求来编制，职业人账户可以考虑添加按照职业分类的信息。

城市的居委会、农村的村委会，其辖区内居住着职业人和自然人。职业人上班时，属于职业人，回到居住地后，就是可定义为自然人，还有就是包括无业的、离退休人员，也属于自然人，所以一般来说自然人的诚信治理，是由城乡居委会和村委会的组织治理的。常住和临时居住地的自然人，可以在居委会、村委会的指导下建立自治组织。除组织职业诚信（信用）治理以外，自然人一般是归属于社区的社会化治理范围，其统一社会信用代码一般为身份证号码。

四、组织治理与自治的账户得分

组织得分，一般是与社会治理能力有关的得分，体现了该层级组织治理水平。它是通过社会数字治理信用化系列工具的量化后得到的，将证明责任结果的成立记为负数值，证明贡献结果的成立记为正数值，获得分配后，进入各组织的诚信（信用）账户。

职业人得分，一般是与社会自治能力有关的得分，体现了该层面职业人自我控制、自我实现的诚信度，也与该组织中治理与自治水平相关。通过将社会数字治理信用化系列工具量化后，将证明责任结果的成立记为负数值，证明贡献结果的成立记为正数值，获得分配后，进入各职业人的诚信（信用）账户。

自然人得分，一般是与社会自治能力有关的得分，组织治理一般对应于城乡居委会、村委会，体现了该层面自然人自我控制、自我实现的诚信度，也与该组织的治理与自治水平相关。通过社会数字治理信用化系列工具的量化后，将证明责任结果的成立记为负数值，证明贡献结果的成立记为正数值，获得分配后，进入各自然人的诚信（信用）账户。

五、社会治理（自治）责任与社会责任关系

社会治理是组织的行动，包含组织治理与自治组织两个部分。社会治理下的组织治理，要按组织结构划分出多层次的责任单元，包括组织和岗位个人两大类责任单元，并且包含组织治理与自治组织二者统一的责任单元。自治组织的自治水平与组织治理能力有关。自治组织中分布着一定数量的岗位个人责任单元。根据组织结构进行分层后的责任单元，组织治理有个治理责任中心，自治组织结构上的岗位责任是去中心化的，与治理责任无关的责任就是岗位独立责任。但是组织治理与自治组织的各自责任并不总是独立的，存在复杂连带关系，因此责任需要按责分配。同时我们关注的组织中贡献的分配也是如此。

社会治理的治理机制、自治机制能否形成合力，让社会治理活动中组织与组织、组织与个体、个体与个体之间形成良性互动，需要社会治理制度来保障。社会治理的各项制度的执行能力的提升，需要通过对组织治理中的责任治理来实现。

社会治理涉及全社会共同利益。对一个组织来说，社会治理包含着该组织对社会的责任与义务。一个通过合法登记而确立的组织，作为一个整体要对社会负责，并承担相应的社会责任。社会责任是经济、国家政策、法律法

规、职业伦理、职业道德、社会公平正义等方面的责任组合。国际标准化组织（International Organization for Standardization，缩写为 ISO）于 2010 年 11 月 1 日在瑞士日内瓦国际会议中心举办了《社会责任指南标准（ISO26000）》的发布仪式，该标准正式出台。2014 年 1 月，中国社科院经济学部企业社会责任研究中心发布了《中国企业社会责任报告编写指南（CASS-CSR3.0）》。2017 年 11 月 7—8 日，以“新时代·新责任·新征程”为主题的研讨会发布了《中国企业社会责任报告指南 4.0（CASS-CSR4.0）》。ISO26000 首次在全球范围内定义了社会责任，认为社会责任是“一个组织用透明、合乎道德规范的行为，对它的决策或者活动在社会和环境中产生的影响负责”，其性质是“对社会负责任的组织行为”，隐含着要求组织基于社会价值考虑组织行为的过程和结果。社会治理下的组织治理，需要考虑社会责任的控制过程，也可以说，组织治理要对社会责任有控制能力。将社会责任与组织内部责任形成统一，就要考虑组织内外部责任形成的过程。社会责任起始于组织内部的各个职能部门的决策人员或其他相关人员的行为结果，所以我们首先要从组织治理的内容来分析责任控制所关注的要点。根据 ISO26000 显示社会责任有 7 个核心议题，本书摘录有关组织治理的内容如下。

组织治理。组织应该定期检查其决策机制及架构，以增强以下能力：①创造提高透明度、道德操守、问责、守法、照顾利益相关方的环境；②善用财务、天然及人力资源；③确保在管理高层有合适比例的各方代表（包括性别、种族群组）；④平衡组织及利益相关方的需要；⑤建立长期与利益相关方的双向沟通机制；⑥鼓励员工参与社会责任相关的决策；⑦平衡员工权限、职责和能力水平，决定每一个员工相应的权力；⑧跟踪决定的执行，记录正面和反面结果的责任人；⑨定期评审和评估组织的治理过程。就社会责任而言，上述⑧和⑨是社会数字治理信用化的一项任务。推进社会治理体系和治理能力现代化与社会责任能否从根本上得到落实关系密切，所以对社会责任的研究是每一个行业的重要内容。

现实中，权力和责任相分离，对权力行使主体如何对自己的权力行为承担责任缺乏明确的规定；现实监督中遇到的一些问题不得不先向上级请示，最终以高层的讲话、批示、答复为依据，夹杂着浓厚的人治色彩。组织中人治色彩与制度执行的规范能力有关，制度的执行缺乏规范性的监管，必然出现机会主义的行为。人治必然夹杂着个人主观意志，脱离制度规范，从而形成亲组织不道德行为的社会责任。这就需要通过社会治理下的社会数字治理信用化工具进行分析，来确立责任人的责任范围。

社会责任的引发，首先要分析存在于组织内部管理行为的合规性，社会责任往往都是与各项制度的执行不力有关。社会治理下的组织治理，将为组织内的行政、道德、法律等责任进行梳理，需要自上而下与自下而上相互之间的沟通与协作，来提高组织各项制度的整体执行能力。从制度的规范层面上，关注组织内部契约管理的科学性、合规性；从确认责任主体上，要关注证明责任证据获取技术的开发，确保责任界限明确，有效防止责任结果被随意篡改，相关责任份额能够被公正地得到分配。在此前提下，进行社会治理（自治）责任和贡献积分的量化后的积分归集。它是将最底层的岗位、组织向上累加为整个组织的总部积分，可以反映整个组织的治理能力和自治组织能力。

第六节　科层制各级指挥链上的区块账户

一、分布式账户

社会治理的社会利益最大化，就是要从广大人民根本利益出发，实现社会公平正义，也是社会各类组织获取共同利益的重要途径。

区块链技术，可以实现多方社会治理体和自治体内的信息交换，并且共同维护一个不断增长的分布式信息数据记录。这些信息数据，通过点对点、建立共识机制、提供密码学技术保护内容和时序，使得多方社会治理体和自治体的任何一方难以篡改、抵赖、造假。社会治理结合区块链数据技术的特点，让点对点的社会治理和自治信息交换，实现去中心与中心化的结合；参与者之间共同记录、全网发布保存治理信息数据实现防丢失；社会治理和自治的多方共识记账实现防篡改；治理、自治区块的社会治理信息数据链式结构实现易追溯，等等。

首先，社会治理是有组织的活动，其参与者通过合作协议（契约）共同承诺认定，将社会治理的参与者分为组织、职业人或自然人，建立各自的独立账户。在社会治理和自治的网络化平台上与各自的独立账户相对应。社会治理和自治各方包括各分层组织、职业岗位、自然人等形成共识，在共识的基础上，确认社会治理的各相关内容，比如涉及组织治理相关的日常任务、决策、监督、问责、利益分配、职务提升、制度依据、成员能力依据、业务沟通流程、成员权利和义务、制度的执行质量、成员责任、贡献记录的正反两面、评审和评价结果等。这些社会治理的相关内容，最终建立起社会治理标准化的信息元数据库。这也是区块链治理信息记录的基础信息。

社会治理的信息记录，往往与组织治理参与者的治理被治理、自治活动有关，治理信息的分布式信息记录的一般业务流程如下。参与者之中某个人 B 被确认有一项贡献被证实，某一个 A 组织要奖励给 B 一项利益（精神或现金奖励）。其步骤为：① A 想要发送利益给 B，这笔奖励在网络上某一个“区块”发布，也作为代表 B 的网络位置；②该“区块”通过广播的形式给该“区块”网络里的所有参与者发消息；③参与者通过协议（契约）约定，认为符合协议（契约）的规定，网络内其他成员认定该项奖励为有效（可以设置有条件自动有效）；④该区块的奖励内容被添加到区块链上，提供永久的不可更改的该项奖励的记录；⑤奖励由 A 转移给了 B。

二、与社会治理结合区块链概念的文献部分摘录

社会治理结合区块链技术，涉及计算机分布式 P2P 点对点网络、计算机密码学、分布式账本，是经济学及社会学等多学科的一个综合技术结合体。

区块（Block）的概念：在区块链中，交易数据以电子化的形式永久存储，形成数据存储单元，即区块。区块作为区块链的基本结构单元，由包含元数据的区块头和包含交易数据的区块主体构成。

区块是在区块链网络上承载交易数据的数据包，是一种被标记上时间戳和之前一个区块的哈希值的数据结构，区块经过网络的共识机制验证并确认区块中的交易。父块（Parent Block）是指区块的前一个区块，区块链通过在区块头记录区块及父块的哈希值来在时间上排序。

在哈希值写入区块之前，先要搞清楚哈希算法。哈希指的不是某一种算法，是某一类算法，只要符合这类算法的特点就属于哈希算法。严谨一下把这个特点告诉大家：将任意长度的二进制值转换为固定长度的二进制值。哈希算法又叫散列算法，是一种只能加密、不能解密的密码学算法，可以将任意长度的信息转换成一段固定长度的字符串。通过哈希运算，从而映射成的二进制的值称为哈希值。

父区块哈希值，也就是上一个区块的哈希地址。我们知道区块链是按顺序一个个排列形成的区块链条，就像真实账本一样，每一页都有一个页码，通过

页码就能找到想找的内容；而区块链中，通过父区块哈希值就可以找到了上一区块结算后的信息。

哈希值，即 Hash 值，是通过对文件内容进行加密运算得到的一组二进制值，主要用于文件校验或签名。正是因为这样的特点，它常常用来判断两个文件是否相同。一般区块的结构分为区块头和区块体两个部分。区块头（Block Header）记录当前区块的元信息，包含当前版本号、上一区块的哈希值、时间戳、随机数、Merkle Root 的哈希值等数据。此外，区块体（Block Body）的数据记录通过 Merkle Tree（默克尔树，通常也被称作 Hash Tree。顾名思义，就是存储 Hash 值的一棵树，Merkle 树的叶子是数据块；Hash 是一个把任意长度的数据映射成固定长度数据的函数）的哈希过程生成唯一的 Merkle Root 记录于区块头。这意味着，如果当前区块的内容变了，或者上一个区块的 Hash 变了，一定会引起当前区块的 Hash 改变。区块体记录一定时间内所生成的详细数据，包括当前区块经过验证的、区块创建过程中生成的所有交易记录或是其他信息，可以理解为账本的一种表现形式。

UTXO 模型，简单来说，就是一种特殊的账户记账模型。它的中文叫作“未花费交易输出”，它跟银行传统的账户模型有一个很大的区别，就是这种模型只记录交易本身，而不记录交易的结果。

英国金融行为监管局（FCA）将分布式账户定义为一种技术模式方案，在网络中实现对参与者交易活动的同步记载（FCA，2017）。[①] 数据记载需满足以下条件：一是唯一性，交易与记录一一对应；二是记录连续不间断；三是记录格式标准统一；四是加密不可篡改。这些数据同步分发给网络中所有参与者进行存储、调取和比对。目前的主要应用领域为交易簿记、资产确权和身份验证等。

智能合约是一套以数字形式定义的承诺，承诺控制着数字资产并包含了合约参与者约定的权利和义务，由计算机系统自动执行。智能合约与传统合约（如法律合约）有相似之处，比如均需要明确合约参与者的权力、义务，违约方会受到何种惩罚等。

公有链（Public blockchain）也可以称为公开链或公共链。公共链对外公开，用户不用注册就能匿名参与，无须授权即可访问网络和区块链。比特币是

① 李文红，蒋则沈．分布式账户、区块链和数字货币的发展与监管研究 [J]. 金融监管研究，2018（6）：1-12.

世界上第一个共有链，所谓公和私区别就在于链上的节点是否是自己可控，与公有链对应的就是私有链。

私有链（Private blockchain）私有链是指其写入权限由某个组织和机构控制的区块链，参与节点的资格会被严格限制，这些软件被中心化机构控制。

联盟链（Consortium blockchain）本质上仍然是一种私有链，只不过它比单个小组织开发的私有链更大，却又没有公有链这么大的规模，可以理解为它是介于私有链和公有链之间的一种区块链。

互联链（Interchain）就是各种不同的区块链之间的互联互通所形成的一个更大的生态区块链。针对特定领域的应用可能会形成各自垂直领域的区块链，互联链就是一种通过跨链技术连接不同区块链的基础设施，包括数据结构和通信协议，其本身通常也是区块链。与互联网一样，这种区块链上的互联互通就构成互联链，形成区块链全球网络。

共识算法的研究很早便已经开始，例如工作量证明（Proof of work，POW），就是用工作成果来证明完成的工作量；权益证明（Proof of stake，POS），也称股权证明机制，类似于把资产存在银行里，银行会通过你持有数字资产的数量和时间给你分配相应的收益。

拜占庭共识算法起源于古罗马时代的拜占庭将军问题，简单来说这是分布式一致性的问题，拜占庭将领们必须所有人统一协商是否在某一时刻对敌人发起进攻。实用拜占庭容错算法（Practical Byzantine fault tolerance，PBFT）将算法复杂度由指数级降低到多项式级，使得拜占庭协议在实际分布式系统中的应用变得可行。

Algorand 算法[①] 可以避免区块链分叉，确认交易的时间也将大大减少。该算法的总流程主要由两个部分组成：BA* 和块提议。拜占庭协议 BA* 是 Algorand 算法中的核心技术，具有很强的扩展性，用户只能够保留私钥；在块提议中，根据加密抽签选举的方式在普通节点中选择出委员会成员，接着从委员会成员中再次以加密抽签选举出提议者，每个提议者都拥有提议块的权利。

以上概念都是从互联网络或文献资料中收集来的。因为区块链技术存在已久，很容易从互联网上学习和搜集，以便在构建社会数字治理信用化时，在共管、共识机制分布式账户设计或社会治理的实践时作为参考。

---

① Algorand 是由图灵奖获得者 Silvio Micali 发明的一种加密货币共识算法。Algorand 这个名字既代表了一个创新的共识算法，也代表了一个基于该共识算法实现的公链平台。

三、社会治理从相关社会学中寻找最佳社会治理方案

社会治理和社会自治是有组织的活动，作为组织要实现组织的治理或自治的各项目标，就需要有与社会治理相关的制度来进行规范；社会治理相关制度的建立，是以国家的法律、法规、标准、契约为依据的。有了制度的规范和执行能力的配合，才能分析组织治理中的责权利关系，进一步来规范权力运行和平衡责权利关系。

社会治理下的组织治理想要高质量实现组织目标，需要以社会治理理论结合社会学相关理论为指导，来协调组织中成员之间的合作行为。按照博弈论中的合作博弈理论，组织为完成共同的目标，可以通过协议（契约）的形式，来约束组织和组织成员可能出现的违反组织制度的行为，所以协议（契约）约定和承诺就是要求每个成员在执行制度的规范时忠于自己承诺，放弃个体理性实现集体理性，从而提升组织内部成员相互之间的信任水平，降低组织内部政治活动成本，最终使得组织中每一个成员的收益得到改善。

然而社会治理和自治涉及社会中的各种类型组织系统。系统组织理论用系统分析方法研究组织，认为行政组织是“一个结构的技术系统”，由许多分系统组成，包括目标与价值系统、技术分系统、社会心理分系统、结构分系统和管理分系统。这些分系统不是相互隔绝的，而是按照一定的结构形式有机联系的整体，从而产生部分大于整体的功能。不同的组织系统是复杂的，但是系统组织理论还是强调了组织的结构。组织中专业分工不同，承担的职能不同，完成的组织目标和任务也不同，以责任为首的责权利的关系也具有差异。所以建立组织账户，就要考虑到组织中的专业分工、责任范围等因素。依据组织治理与自治相关的责任关系，分割成大小不同的组织账户。区块链技术的去中心化账本功能可以被用来创建、确认、转移各种不同类型的资产及合约。

通过文献对组织系统理论和区块链账户功能的描述，我们还需要了解区块链分布式账户的结构。多个账本的数据结构，目前的发展是将金融（多个子链）账户链、智能合约链、智能资产链与分布式账本（主链）分开。智能资产、智能合约穿越不同的参与者，涉及不同的业务或法律实体，这需要一个可复制的（每个节点上都有交易的副本）、共享的（智能合约、账户、智能资产的交易结果是一致的）分布式账本。组织账户可以按照组织结构来分步设置分层后的不同等级的组织账户，制度的执行质量的好坏，能够给组织带来价值上的损益。组织为实现组织目标和完成组织任务，就需要组织中的组织与组织、

组织与成员、成员与成员之间进行合作。合作是有条件的，需要在组织中通过一系列的有约束力的协议（契约），协议（契约）是依据制度规范内容来设计的。协议（契约）约定需要得到组织成员的认同并承诺，承诺的兑现才能保证组织内各项合作方案得到实现。承诺的践行是组织治理的一个重点。

然而，社会治理从宏观上或者微观上的组织结构上看，都存在上下层次的科层制结构，社会管理是一个不断叠加而成的大型科层制等级组织结构。这就是说，社会治理体系无论是上层治理，还是基层治理，都需要利用科层制结构的组织形式，来实现最大限度的社会合作与控制，并利用该组织结构的控制关系来提高组织效率。失去控制和合作的社会治理，就会造成无政府主义泛滥。所以社会治理要获得理想的治理状态，就要借鉴有关文献中所描述的，实现科层制（等级组织）结构下的组织管理的理想状态，但是理想状态是有条件的：实现社会治理的组织目标，每个人按职责进入自己的岗位；遵循组织的各项制度；上级对下属有控制和监督的义务；组织的各项活动按事先约定规则规范进行；管理者（治理者）行为要去除个体理性实现集体理性，排除与组织治理无关的憎与爱；管理者（治理者）所有人员具有与职业活动相符合的专业技能等。①

但科层制结构组织的理想状态仍很难实现，因为组织中总有个体理性伴随着机会主义，阻碍着理想状态的形成。为此，需要将组织进行精细分割，形成独立的考核单元。但在传统的管理组织模式下，管理成本高昂且涉及众多技术性问题，具体实施的效果并不确定。这就需要利用现代化计算机信息技术，结合指挥互联链技术，大幅减少有选择的制度执行的随意性，消除人为制造的组织内部上下层级之间的信息不对称，来实现或接近科层制结构组织治理的理想状态。

四、互联网下的社会依法治理形成群体合作新格局

数字治理是互联网信息数字技术、数字经济发展而产生的新型社会治理模式。社会数字治理要完成社会治理的各项目标，实现社会利益和集体利益最大化，逐步瓦解个体理性在组织中形成的基础，就要解决社会治理工具和治理方式不足等问题。建立数字化的诚信社会、诚信组织，就是充分利用目前的互联网信息计算机技术，实现高科技参与下的社会治理的良性循环治理。

① 彼得·布劳，马歇尔·梅耶．现代社会中的科层制[M]．马戎，时宪民，邱泽奇，译．上海：学林出版社，2001：17-19.

该治理模式这可能涉及以下几个问题。第一，社会治理相关的法理基础。社会治理的信息元数据来源问题，同样需要以法律、法规、标准、契约为依据。然而社会治理信息要素的内容丰富，制度的形成需要有法理基础。根据2020年6月中国法制出版社出版的《中华人民共和国民法典》第七条，民事主体从事民事活动，应当遵循诚信原则，秉持诚实，恪守承诺。第一百一十一条，自然人的个人信息受到法律保护。任何组织或者个人需要获取他人个人信息的，应当依法取得并确保信息安全，不得非法收集、使用、加工、传输他人个人信息，不得非法买卖、提供或者公开他人个人信息。《民法典》的出台表明，无论是组织的信息还是职业人信息、自然人的信息的收集，都需要在法律许可的范围内展开。《民法典》第一百二十七条规定，法律对数据、网络虚拟财产的保护有规定的，依照其规定。数据的收集也是如此，需要在法律许可的范围内进行。社会治理相关的各项信息元数据，是社会治理评价工作的决定性生产要素，由此产生的数据保护与数据使用规范及数据将被资产化等问题，除了民法典外，还要参考《中华人民共和国民法通则》《中华人民共和国劳动法》《中华人民共和国合同法》《中华人民共和国担保法》《中华人民共和国公司法》等相关法律文献，来认定社会治理与社会自治相关责任。第二，社会治理平台。将利用区块链技术或区块链发展而来的以太坊、互联链等技术作为备选，将社会治理的组织治理分为治理体和自治体两个板块，治理体一般对应的是组织账户（本），而自治体对应的是个人账户（本）；治理体是多中心化的账户，自治体是以弱中心化为主，特别需要时还可以设计为去中心化，其账户（本）是分布式的。社会数字治理网络化平台内，存在着许多社会治理的参与者，社会治理是有组织的治理活动，包括组织和岗位个人；这些参与社会治理的组织和岗位个人，将承担着与治理活动相对应的责任和义务。所以社会数字治理信用化，就要对数字治理网络化平台内的不同参与者，建立各自独立的帐号，来记录与治理活动行为主体相关责任与义务的相关信息，在责任与义务相关信息能够得到落实的提前下，社会治理的参与者方可参与到社会治理或社会自治的活动中去。第三，社会数字治理平台建设的另一个重要议题，是强调社会治理下的组织治理，其组织内部的竞争，是以公正公平为原则的竞争，让组织上下的多元利益的博弈关系变得公开透明，最终，让组织纵横向的多层次的博弈活动，实现博弈的相对均衡，这些都需要法治化下的社会治理制度，以及法治化下的社会治理制度的执行力来保障。第四，社会治理平台的主要技术支持有诚信（信用）度量技术、分布式账本技术、共识算法技术、线上线下信任技术、防伪技术、防篡改技术、多点监管技术、可溯源技术、数字加密技术、伪匿名技术、数字签名技术、智能合约技术等。

五、社会治理账户分类和区块链技术

在社会治理或自治主体关系中，一般社会治理主体是治理者，有治理权力；自治主体一般为被治理者，有自治权力；一般需要签署一个对双方具有约束力的协议（契约）。这种社会治理与被治理关系，不是绝对的。因为社会治理的各项规则是建立在法治化基础上权威体系上的，社会治理主体或治理者在协议（契约）体系的框架下，必须依法治理。一旦治理主体和治理者脱离法治轨道，社会治理主体和治理者自己成为违规、违法对象，社会自治主体或被治理者就有责任和义务依据治理制度规范进行反向的治理，让社会自治主体和自治者成为即时治理者，就要需要治理与被治理双方明确各自的权利义务边界。

社会治理的实际情况是复杂的，因为涉及社会的各行各业；但也不是无秩序的，而是根据每个行业的特点，根据内在制度和外在制度进行分类，建立社会治理的组织治理信息元数据目录。每个行业、部门、各级组织等，根据行业政策和组织制度，人人动手自我建立与社会治理制度相关的信息元目录。尤其对于合法注册的各类组织，信息元数据的建立如果涉及数权保护，要注重数据财产的权利保护。

社会数字治理和自治是有组织的活动，组织是有结构的，应以此来设计组织的治理结构。依据组织指挥链的阶梯层划分数个治理单元和被治理单元。治理单元一般对应组织的每一个职权链，每个职权链下大多数情况下会有一个或数个被治理单元（自治单元）的平台。

依据组织数字治理的目标和任务，建立与社会数字治理相关的制度，实现与组织数字治理制度相关责权利的数字控制系统。依据不同的社会治理功能，选择与社会数字治理相匹配的区块链技术，如公共链、联盟链、私有链、互联链等；还可以选择共识机制下的各种共识算法，如工作量证明（Proof of work，POW）、权益证明（Proof of stake，POS）、实用拜占庭容错算法以及委托权益证明（Delegated proof of stake，DPoS）、Algorand 算法等。社会数字治理的线上线下的信任机制，可以让信用师来进行信任背书。还有区块链的分布式账本技术，一般经过组织治理结构的重新分割切细后，将每一个组织单元作为一个治理区块，包含治理体与自治体；一般治理区块单元内，有一连串的依据法律制度建立起来的协议（契约）和制度规范体系，在自己的网络区块平台上能够查阅，并在计算机内可以自动化调取；在组织的指挥链上，依照组织阶梯层次从上到下分布着完整的职权链，每个层级上组织附有一个职权（或几个辅助职权），将职权链上的每个职权作为一个该组织的治理点，这个治理点的名称通过与该组织的专业业务有关。而该职权链上的每个职权的治理点下，就是该组织普通成员，这些成员将依照自治组织制度，参与组织内的自治事务，可以利用区块链技术的概念，通过区块链的分布式账户形式，让每个成员成为一个自治点。这样形成了在该一个组织内，有一个治理点和多个自治点，从而实现组织内部自上而下与自下而上的互动治理与自治的协调与合作模式。所谓职权是指一个职务所固有的发布命令和要求服从命令的权力。而所谓职权链是指从组织的最高层梯次往下扩展到每个不同等级组织的职权链接，它是等级组织行使命令和要求服从命令的组织指挥系统。职权链下的组织内的所有成员是各个分布式自治点；账户分为组织和组织岗位个人两种，每个组织有一个账户，每个组织岗位个人有一个账户。如果是科层制（一般分为四个等级组织）的话，组织将分为岗位个人、组、科、总部四个层级。一个法人组织，一般情况下在组级下有 N 个岗位个人级单元，在科级下有 N 个组级单元，在总部下有 N 个科级单元，有 1 或几个总部级单元（但也要归为 1 个单元）。他们的治理与自治关系如下：各个组级下的岗位个人级——岗位个人为自治体；各科级下的组级——科级为治理体，各组级为自治体；总部下的科级——总部为治理体，各科级为自治体；总部为总治理体，也是该组织总的责任中心。总部治理体由谁来治理呢？是由该组织全体成员中，被证明的信仰者（共产主义信仰者、道德信仰者、制度信仰者等）及其他社会认同的适合进行社会治理的信仰者、管理委员会、职工代表大会、工会、党委、各民主党派、社会各类纵横向的专业化服务机构、政府执法的行政组织等共同来治理。社区居民委员会，也可以参照类似社会治理账户的设置，用以规范自然人的自治体组织账户和治理体组织账户。

现代科学技术的高速发展，将整个社会从社会管理模式转向崭新社会治理模式，必然对社会各类营利性和非营利性组织的管理模式产生影响，从而带动组织管理模式切换到治理模式中去。现实中的组织治理，应该是能够找到更为有效地解决问题的方法，即多中心化与去中心化的结合；按照组织指挥链的顺序，将组织切割成为各个独立的责任区间；通过去中心化的分布式自治组织建立点对点的连接，使组织中的散播谎言者、机会主义者、制度破坏者、封建代表人物等无能者充分暴露出来，让组织中全体成员依据客观事实加以分辨、帮助改造，从而形成你我他互帮互助的良好组织氛围。不要让组织成为才不配位者、不合理的身份特权者、公权私用者等的天堂，而是要组织成为实际贡献者的乐土。贡献意味着为社会或组织产生了经济效益和社会效益。让组织的激励机制、法律、制度价值等功能真正被激活。

领导者受到公众的责难并不一定是他本人犯了错，同样，他受到公众的赞扬也不见得是因为他自身的优点。所以责任和贡献并不一定在组织和成员中的某个单元独立存在。无法将责任与贡献公平地被划分，推卸责任、收揽贡献的成果，可能是通过违规的政治活动来实现的。如果是这样，组织中各种违规的政治活动就得不到根治。这将严重影响组织中的创新活动正常开展，组织中的创新成果质量也难以提高。

通过建立指挥互联链，利用分布式账户中的治理和自治组织账户，以及相关技术，使组织中责权利关系中的责任得到明确。权力的运行没有偏离制度规范，利益的分配建立在机会平等、结果平等及协议（契约）规定范围内，并且要在获得社会广泛认同的基础上，形成的与利益分配相关的收益才能作为合法财产权益。这涉及产权概念。产权不是指人与物之间的关系，而是指由物的存在及关于它们的使用所引起的人们之间相互认可的行为关系。社会公认的收益成为合法的财产权益，需要社会治理的源头治理和社会治理的精细化。组织中的责权利关系的规范，要从社会治理的源头治理和社会治理的精细化开始，需要在组织每个成员的积极参与下，建立诚信（信用）的机制。这种组织诚信（信用）机制不会主动生成，而是通过指挥互联链的共识机制和分布式账户等技术的处理，让每个组织成员形成诚信的价值观。

一个被细分的组织中的组织单元，包含着一个对应的治理体和一个自治群体，通常需要在组织成员达成共识的情况下，将一个依据组织制度形成的协议（契约），作为群体实现组织目标的合作方案。协议（契约）内含有组织所有的制度和规范，组织所有成员承诺在协议（契约）的框架内执行所有条款。各条款中相关的责任义务形成了责权利关系，制度的执行及与制度执行力密切相关的各种履约行为所形成的客观结果成为记账内容。它们体现的是组织与制度相关的各主体诚信行为的能力，通常表现为责任形成负面结果，贡献形成正面结果。通过各种履约行为结果所产生的信息元数据的收集，按照社会治理下组织治理的相关制度，将各种履约行为所形成的诚信行为结果进行记录。但是组织中的责任往往并不是独立存在，需要进行连带责任归属的分析，然后将责任建立在真凭实据的基础上，才能在组织各独立的账户之间进行登记。

将组织中所有成员作为一个自治组织单元，每个成员都有属于自己的独立账户（职业人账户），类归自治账户；每一个组织也有一个组织账户（集体账户），类归治理账户。组织中的制度和规范，通常包含外在制度和内在制度，外在制度通常以国家法律、法规、标准等为主，内在制度通常是组织内为完成组织目标和任务相关的业务流程、伦理规范等为主。外在制度能不能在企事业等单位内有效执行，涉及国家的宏观政策的落实、国家资源的有效配置等；外在制度能否有效执行，涉及国家法治建设的成果和企事业各单位的社会责任。外在制度在组织内的执行，存在更明显的利益冲突，所以对外在制度的执行监督，可以设置更多的外部横向组织参与监管，来提升组织执行外在制度的能力。内在制度的有效执行，通常是由组织内的职权链上的管理者来负责的，但同样存在着各种内部利益冲突，需要内部设置横向组织参与监管。社会治理人人有责、人人尽责。组织中的每一个成员，都是制度的执行者，也是制度的监督者，同时也是组织内责任和贡献的发现者，提供责任和贡献信息的线索者。这些复杂的诚信（信用）信息，通过组织内外信用人员分析和鉴定，将责任信息和贡献信息记录到不同的组织账户、职业人账户中。

职业人账户通常以组织中的每个岗位责任为中心，岗位责任有时是个人行为不当引起的，有时与相关的组织和同事个人的制度执行诚信能力有关，责任存在连带关系。责任被准确定位，才能均衡组织中的责权利关系，正义制度才能体现其自身的价值。基于组织治理活动有关参与者，责任被准确定位，组织和组织成员才能形成自我约束能力。同样贡献被准确定位，才能激发组织每一个成员的积极性，久而久之就能够激发组织的整体活力。通常需要在证明责任或贡献的归属是公平和公正的之后，才能进行划分。

自然人账户，通常是社区居委会带领下的自治组织，居住地居民的社区自治活动，通常包括已回到社区的职业人、离退休人员、外来人员等各类人员，其责任和贡献的划分办法与职业人一样。其账户分为社区居委会上下游的组织账户和自治组织内独立的自然人账户。

六、指挥互联链社会治理的结构

党的十九届四中全会通过的《中共中央关于坚持和完善中国特色社会主义制度推进国家治理体系和治理能力现代化若干重大问题的决定》指出，必须加强和创新社会治理，完善党委领导、政府负责、民主协商、社会协同、公众参与、法治保障、科技支撑的社会治理体系，建设人人有责、人人尽责、人人享有的社会治理共同体，确保人民安居乐业、社会安定有序，建设更高水平的平安中国。这一要求，需要在党委领导下多方参与、共同治理，需要有一定的层次、有组织的社会治理理念。为推进国家治理体系和治理能力现代化，需要将各级层次按照四个层次进行划分，一般基层组织党委领导下的单位，往下分为科级、组级、成员三个层次，总共分为四个层级，四个治理单元。单元分为治理体单元和自治体单元，才能有利于每个人的责任被正确度量和责任边界被精确划分。

组织中的个体或组织本身为了进一步获得自身的利益所采取的行动，可能有利于他人，但是也有可能损害了他人的利益。这就要通过社会治理用制度来保障，确保在主体之间获取自身利益的同时不损害他人利益。社会治理在制度的落实和制度的执行方面，成为社会治理的重点。社会治理和自治是有组织的、有目标的治理行为。没有领导的社会治理和社会自治将会走向极端的无政府主义。

现代社会治理为实现社会管理目标，仍然离不开科层制结构模式，这在为组织管理带来效率的同时也存在短板。科层制组织结构内部的不确定性主要包括法律、法规等制度运行的不规范性，自建不正义隐性条例替代制度；既得利益者抵制组织变革，阻碍组织制度创新和技术创新；组织中出现了各种不公平现象，组织自身没有能力解决等。解决这类社会问题，需要社会治理现代化技术的不断成熟。社会治理通过合作、协商、沟通等伙伴关系，运用法治权威，引导组织权力运行体系进入法治化的轨道，使各项正义制度被有效执行。社会主义制度优越性得到不断体现，社会治理的国家战略目标才能真正实现。

然而组织中的有限理性和机会主义在没有制度阻拦的地方是不会主动离开的，必须通过制度的执行能力来驱赶。千百年来由于科层制组织中的信息不对称等因素，始终无法让制度执行到位，组织或群体中隐含着或明或暗的违规者，可以一次又一次地逃脱违规的惩罚。

但是随着现代社会科学技术水平的不断发展，信息网络化的计算机数字技术得以不断创新，期望在不久的将来，社会数字治理信用化技术，会打破科层制组织中信息不对称的怪圈；利用法治框架下的网络化合作治理法理性权威，对组织中责权利关系进行分解，让极端的自利行为曝光，让组织中制度规范得到尊重，责权利关系得到均衡。

利用区块链技术结合相关可以利用的技术资源，在区块链网络上设置诚信账户，将其分为组织治理账户、职业人自治账户、自然人自治账户。将党委领导下的组织治理划分为四个层次，每个层次为一个单元，每个单元存在治理与被治理、自治关系。建立独立的组织、职业人、自然人的分布式账户，通过信用人员责任分配并为网络线上线下的信任背书把关，将每一次诚信记录传输到分布式账户内，组织所有成员可以依据网上输入的制度明细条款（或开发协议下的智能合约），进行比对形成共识，确认有效后记录生效。社会治理网络上存在的各项争议可能就是社会治理的重点，可以结合中心化与去中心化，通过组织治理与组织自治的相结合，形成组织内每个分支组织和组织成员自我管理模式，从而实现组织治理下的民主、透明、公平、公正，来确保社会主义制度在组织中得到具体的落实。社会治理下的组织治理可以减少管理人员的数量，提高管理人员及普通员工对组织制度执行能力，保持他们对制度执行的诚信意愿。

七、去中心化、中心化与再去中心化

现实中的组织管理结构，存在着组织中心化和去中心化管理问题。一般在多层次的等级组织中，是在一个高等级的集权管理中心的支配下，还存在着多层次单个集权管理的中心。可以将这一系列的集权管理的中心，进行建立独立的责任单元。每个独立单元可以区分出“中心”或“去中心”，它们与组织制度相关的责任规范机制相联系。

由于在组织中，主导人们行为方式的是个体理性，而个体理性是导致组织非理性的重要原因；而且个体理性可能会导致组织中机会主义行为的泛滥。机会主义主要表现特征是不按组织规范、规则办事，或进一步对组织中的规则进行曲解，曲解后的规则，被一部分人视为可以为个体理性服务的工具。

在多层次的不同等级组织中，某一个组织行为，可能存在着不同行为人的个体理性，行为人的个体理性是形成的机会主义的根本原因之一，由于等级组织中的信息不对称，给组织中的机会主义行为存在留下了缝隙，就会有可能造成组织中建立起来的具有约束力的各项制度，被机会主义者所操纵，具体表现在不同等级组织的阶梯层面上分布不均的制度执行“真空”，它将影响组织制度的执行力，进一步影响组织成员之间合作与协调，以及影响组织高质量发展的进程，最终导致组织的整体利益受损。对组织中的机会主义进行有效遏制，必须对组织中制度的执行能力，进行科学客观的考核，需要通过一定的技术手段，才有可能得到实现，它是一个“去中心化”—“中心化”—“再去中心化”的过程。这个过程，是由社会数字治理信用化下的社会治理和自治相结合的责任控制系统来落实的。组织中的去中心化，是指组织中与决策、命令、制度执行、责任结果等信息的传递方式，不再仅限于专门的人员（某个职务上的领导）或特定人群来负责传播，而是由全体成员共同参与、共同行动、协调一致的结果；其次，在去中心化治理模式中，组织成员的协同治理的结构呈现的是放射线状态，组织成员围绕组织任务、组织责任、组织制度、组织承诺等，来安排自己在组织中的各项活动，而不是仅仅对组织中某位重要管理者的负责。

社会治理下的组织治理或自治组织，是有层次性的阶梯结构。一般社会治理对应组织治理的“中心化”问题，社会自治组织对应治理中心的“去中心化”问题；组织治理或自治组织的中心化到去中心化，一般中心化落实到职权链上，体现在每个等级组织上的职权人运用法理性权威的能力；去中心化，是对应于每一个等级组织中，其组织成员之间精确地运用法理性权威，进行自我管理、自我规范、自我约束的能力，从而确认上级组织治理“中心化”的合规性、合法性，存在组织治理“中心化”的错误被纠正的过程，最终实现降低组织整体管理成本的各项目标。

由于等级组织呈现出来的是有层次性的阶梯治理结构，所以高一个等级的治理的中心，相对于下一等级的治理中心来看，这个下一等级的治理中心，就是另一个自治组织，以此类推。

为了进一步说明组织阶梯治理结构，我们将等级组织设定为决策权（组织治理权）为三级的等级组织治理，分别为总部治理、科级治理、组级治理；四级的等级自治组织，分别为总部自治、科级自治组织、组级自治组织、组员自治组织。组织治理对应的是“中心化”，自治组织对应的是“去中心化”，而这里所说的“中心化”和“去中心化”仅仅是指的是一个等级组织的内部治理和自治。

再“去中心化”是中心化到再去中心化的过程，一般是在组织外部的更高一级的横向组织的参与相关组织的治理，这些横向组织，包括各行政执法机构、各政党组织、社会第三方组织等，但也有组织内部的，如组织内的工会、各民主党派，职工代表委员会等，来执行再去中心化的任务。但是，外部的横向组织，可以分为不同的层级，更加注重国家的整体利益，要求相关组织承担社会责任等，经过审批、登记、许可后，在社会治理的网络上自由出入于被治理组织的内部。在社会数字治理信用化的网络上，每一个自治组织需要安排分布式账户。

组织根据自己不同组织结构和组织治理的目标，以及组织承担不同的组织任务，可以对组织治理再“去中心化”进行相关的调整，并能够在自己的行业内形成共识，组织治理和自治组织经过时间的检验，其规范性不断得到完善，从而释放组织内部活力，打开组织中的每一个成员的个人发展的空间，依靠每一个组织成员协调、合作和共同努力，去实现组织的各项目标和任务，可以进行相关的调整。在与社会治理相关的指挥互联链网络中，链上存在各种类型的组织结构，但横向组织的结构可能比较复杂，原因是横向组织有关治理的各项任务比较零散或比较特殊。但也可以利用这个简单原理，来构建横向组织的治理与自治关系结构，来承担治理活动中的各项任务。横向组织也需要通过组织治理和自治组织进行自我教育、自我管理、自我完善、自我提高从而提高社会治理的水平。

第五章　社会数字治理信用化与社会大合作

“马克思认为随着分工范围的扩大，生产方式日益完善，各民族闭关自守的状态因分工而改变，相互之间的联系日益密切，历史就在越来越大的程度上成为全世界的历史。”[①] 自改革开放以来，我国社会经济飞速发展，农业人口的占比不断减少，社会分工越来越细，第二产业和第三产业等非农产业发展迅速，这一切都促使我国城市化的进程不断推进。近四十多年来，我国城市数量越来越多、城市规模越来越大，城市人口越来越多，到了 2019 年末我国城市常住人口数量约为 84 843 万人，乡村常住人口约为 55 162 万人，城市化水平约为 60.6%，比 2018 年末提高了约 1.02 个百分点。这就意味着，在过去的 2019 年一年时间中，我国城镇常住人口大约增加了 1 706 万人。[②] 农村人口的不断向城市集聚，促进了新的社会分工形成，导致了职业人群的职业种类不断地分化，社会群体之间形成越来越复杂的人际网络，因此人们之间需要进行协作的关系越来越多，在交往不断增加的同时利益纠葛也在增多，形成犬牙交错的利益关系；从不同区域汇聚来的不同文化背景的人群，需要彼此之间共同对各自文化、习俗等认同与融合；城市人口的增加，导致了职业群体之间的各项竞争变得更为激烈等。以上各种综合因素，意味着利益冲突的可能性的增大。社会治理需要更好的制度来满足社会在各领域的治理需求。

另外随着互联网信息技术的不断发展，新的产业、新的业态、新的模式的不断更新，深刻地改变着社会分工速率，同时也加速了社会阶层的分化，对社会治理的机会平等及公平的财富分配带来的新的挑战。社会主义的按劳分配制度和功绩制制度怎么落实，都是与社会治理的目标相关联的。“中国梦”的

① 闫文璐 . 浅谈马克思的社会分工理论 [J]. 青年与社会，2014（19）：348-349.

② 地理沙龙号 . 2019 年我国城市化水平达 60.6%，城镇人口比去年增加约一个百分点 [EB/OL].(2020-03-13)[2020-03-13]. https://www.sohu.com/a/379636081_794891.

实现并不是部分人的梦，而是要实现中国每一个人的梦，是激发社会活力的风向标。

涂尔干的社会分工论认为社会容量和社会密度是社会分工产生的直接原因。然而，在中国历史上的封建社会时期，社会人口密度很高，但是社会分工没有获得很大的发展。这个与封建的社会制度有关。缺乏道德规范的制度，导致了中国封建社会正常分工不能随着时代的发展而有序进行。皇权专制和阶级利益催生出来的不公平社会制度，导致了社会不同群体之间的集体情感瓦解，造成了社会群体之间的各种冲突，影响了我国社会的整体团结。这也是我国封建社会走向衰落的原因之一。所以社会制度的建立，需要遵循道德准则。社会治理的目标和任务是既要促进社会分工的有序进行，又要建立社会制度的公平正义。

中华人民共和国成立后废除许多不平等社会制度。社会主义制度下社会分工得到了有序进行。改革开放以来，我国社会的所有制结构及社会资源配置方式发生了很多变化，国家科学技术的不断发展，促进了新的社会分工不断深化。随着中国政府建设和谐社会的理念和“中国梦”指导思想的提出，由社会分工暴露出的社会公平问题越来越突出，也为社会治理理论的发展和用社会治理来解决社会各种问题提供了机遇。社会治理是在法治框架下的社会治理，通过社会数字治理信用化来促进法治社会的建设。利用现代科学技术实现社会精细化的社会治理的各项目标，让社会各组织之间的互动合作、人与人之间的协调合作及良性互动合作的过程变得看得见、摸得着，从而为进一步的社会大合作提供了可能。

第一节　社会经济快速发展与社会分工

一、社会分工

关于分工的概念，理论界争论多年，认识不一。苏联出版的《新编简明哲学词典》认为，分工是各种不同而又彼此相联系的劳动活动类型与形式的体系。这一定义强调了分工是体系，照顾了事物之间的相互联系。我国有学者认为，分工就是社会总劳动划分为互相独立而又互相依从的若干部分，与此相应，社会成员固定地分配在不同类型的劳动上。另外还有学者将分工定义为一个人或某个经济组织将现有的一部分（或全部）操作或职能分割为两个或两个以上不同的操作或职能，交由两个或两个以上的个人或经济组织去从事的过程。分工从静态上看是一种状态或分工水平，从动态上看分工是一个发展过程；同时，本书认同将分工看作制度安排的观点。就社会分工有利于社会的一面，现代社会分工使人们从事各种劳动岗位的社会划分更加具有独立性和专业性。对于组织来说，能够更好促进组织人尽其才、物尽其用，提高组织的生产或服务效率。但社会分工促进了社会阶层的分化，产生了一系列的社会公平问题。马克思在谈到消灭分工时说："分工不仅使精神活动和物质活动、享受和劳动、生产和消费由不同的个人来分担这种情况成为可能，而且成为现实，而要使这三个因素彼此不发生矛盾，则只有消灭分工。"[①] 可以说，社会分工涉及不同群体的利益关系，通过将社会群体细分成若干部分来研究社会群体之间的利益分配的公平问题，就目前社会的科学信息化技术水平而言，已经是能够做到的了，只是做这件事将涉及社会分工的价值分析，是一项具有挑战性的系统性工程。

社会分工是生产力发展的必然结果。控制社会阶层分野持续扩大不仅要从社会物质利益分配公平入手，还要从精神层面消除社会负面的心理预期。这不仅有利于建立在道德规范下的法律制度的创新，而且有利于更为优秀的良法制度的创新出世。要让社会的良法制度得到有效执行，就需要通过社会数字治理信用化系列工具，对社会制度执行的各责任主体进行客观评价，让社会治理下的各项社会主义制度的执行能力得到大幅提升。

二、中国城市化进程不断加快促使社会分工细化

社会分工的不断发展和细化，进一步催生和促进了个人的发展，但是也带来了个人发展的异化：一方面，人的脑力和体力劳动分工导致了城乡分离，劳动和产品分配的不平等致使财富的分配不均，从而刺激人的劳动生产，把人的发展束缚在单一的劳动技能上，人的能力得不到自由发展；另一方面，分工引起城乡分离和利益矛盾，出现阶级对立，占统治地位的阶级为了维护各自的利益，势必通过阶级、国家等形式创设各种限制人的发展的社会条件，来影响人的自由发展。

① 刘军，解战原．马克思分工概念的两重涵义 [J]. 北京交通大学学报（社会科学版），2006（2）：45-48.

随着科技的推动和生产力的进一步提高，社会分工越来越细，特别是新式交通工具的出现和交通运输水平的提高，使人们的交往日益频繁，过去生产受地理因素局限的现象被改变，社会分工开始超越国界向着国际分工方向发展。国际分工之所以出现并发展壮大，究其原因，一是机器大生产的出现和对原料要求的提高，二是科技发展带来交通工具和通信设备的革新，三是自然条件上的差异性。随着我国社会经济的不断快速发展，社会上出现了不同语境下阶层称谓，如灰领阶层、白领阶层、中产阶级等。社会阶层的异化，如果不能引起我们足够的重视，将逐步形成隐性阶级分层，各种潜在的利益冲突难以避免。获得优势地位的群体为固守既得利益，必然反对社会变革，阻碍社会主义建设事业的持续进行。这将会对社会主义公平正义的各项政策的落实形成威胁，协调人们之间的利益冲突的成本将会不断上升。如 2018 年中国法制出版社出版的《中华人民共和国宪法》序言中所述："在我国，剥削阶级作为阶级已经被消灭，但是阶级斗争还将在一定范围内长期存在。中国人民对敌视和破坏我国社会主义制度的国内外的敌对势力和敌对分子，必须进行斗争。"依据国家宪法精神，要让国家的各项公平正义的制度得到有效执行，需要社会治理主体和社会自治组织，在达成共识的前提下、在党委党组织的领导下共同治理，通过职工代表大会、农村村委会、城市居委会等有组织地进行自治活动。

我国社会市场经济快速发展，促进了社会分工进一步细化，但是社会分工持续进行中的不平衡、不协调的矛盾和问题依然突出，对社会管理提出了更高的要求，需要社会治理制度创新，解决制度的有限性，补充原有社会管理上制度的不足，从而促进社会团结和消除社会阶层的非理性分化。社会治理的制度创新是制度的主动变迁，需要与社会主义的价值观相适应的道德观来规范各项社会治理制度创新活动；社会治理要考虑社会整体利益取向和整体社会价值取向，从道德层面上思考社会分工、收入分配等是否合理。社会治理是有组织的活动，更多地要体现出各社会治理主体具体的职业道德和职业伦理。加强社会治理制度建设，完善党委领导、政府负责、社会协同、公众参与、法治保障的社会治理体制，提高社会治理社会化、法治化、智能化、专业化水平，对社会民众普遍关心的按劳分配制度、功绩制等制度的实行提出了很高的要求。要依据我国宪法、法律、法规等各项制度规则，用数据化来为社会公平正义的各项议题进行实证分析，提出和建立新的指标和新的衡量标准，来满足新时代社会主义建设的需要。"中国梦"的基本内涵是国家富强、民族振兴、人民幸福。要实现"中国梦"，社会治理就要从社会公平正义开始，让每个人的财富积累，都是通过合法手段和自身的努力实现的。这样才能消除群体之间因为利益分配不公正而导致的利益冲突，同时这也对社会治理提出了更高的要求。

三、社会公平正义关注利益分配

党的十六届六中全会指出，社会公平正义是社会和谐的基本条件，制度是社会公平正义的根本保证，必须加紧建设对保障社会公平正义具有重大作用的制度。党的十七大报告明确指出，实现社会公平正义是发展中国特色社会主义的重大任务。党的十八大报告明确提出“三个倡导”，即“倡导富强、民主、文明、和谐，倡导自由、平等、公正、法治，倡导爱国、敬业、诚信、友善，积极培育社会主义核心价值观”。党的十九大报告指出，要不断满足人民日益增长的美好生活需要，不断促进社会公平正义，形成有效的社会治理、良好的社会秩序，使人民获得感、幸福感、安全感更加充实、更有保障、更可持续。我们将正义问题理解为对人生存方式及社会关系是非、善恶、美丑的追问。从客体方面看，它以人际交往与互动关系为对象；从主体方面看，它是人在变革社会关系时，为求真、善、美，去除假、恶、丑观念而把握世界的一种方式。社会公众普遍关注的社会公平正义问题，也就是我们通常所说的社会公正问题，最为关键的是社会利益分配的公平问题。通俗地说，就是你对你的收入是否满意，你能不能说出其中的道理。许多人的收入已经很高了但是仍然不满足。这就要从道德层面上、通过创新制度的调整，让利益关系特别是要让利益分配的公平性得到保证，才能真正实现利益关系的合理性，实现公平正义的社会价值。

凡是有人群聚集且有利益分配的地方，就必然会存在公平正义的问题。要准确把握公平正义的内涵，需要通过社会治理及与社会数字治理信用化的相关系列工具的介入，将公平正义的理论内涵上升到具有可实际操作的客观分析层面上，才能使公平正义的各项议题通过理论与实践的因果认证，建立与社会公平正义相关的各项衡量价值标准，从而用社会公平正义的衡量标准，去真正实现社会各项价值。总之，收入水平满意度的提高，是与建立符合客观事实的衡量标准有关的，涉及努力程度、能力水平、实际贡献与成果等因素。

四、制度的正义和价值

“所谓正义，根据罗尔斯的分析，首先是指一种制度的正义。我们讨论正义首先看的是制度，看这个制度是否公平。”① 党的十八大报告强调指出，要在全体人民共同奋斗、经济社会发展的基础上，加紧建设对保障社会公平正义具有重大作用的制度，逐步建立以权利公平、机会公平、规则公平为主要内容的社会公平保障体系，努力营造公平的社会环境，保证人民平等参与、平等发展的权利。社会制度的正义原则是制度实现实质上的公正、公平、平等，是社会治理中的各项制度安排的基础。社会治理和社会自治是有组织的活动，实现社会治理的各项目标离不开制度的正义性，正义是有社会价值的。社会治理的目标之一是让社会群体多元化利益关系的博弈过程和博弈结果形成相对的均衡，这种利益多元化博弈的均衡，离不开制度正义的确认和保障。

制度正义包括两个层面的含义：一是制度本身必须符合正义原则，制度的设计理念和运行机制符合道德伦理标准；二是制度必须具有正义功能，在促进社会公平正义方面发挥积极作用。制度设计理念和运行符合得到道德伦理标准，是由于伦理和道德通常在群体或组织中形成，是社会群体之间团结的前提。任何社会团结的根源、任何促使人们去体谅他人的动力、任何对自身行为不带私心的规定，都可以称作道德，这些纽带的数量越多，力量越强，道德本身也就越牢固。但是道德与伦理是两个不同的概念，伦理强调的是由社会群体构成的人与人之间的关系，这些必然存在的关系是外在的、客观的；道德则要将人与人之间伦理关系外在的、客观化的道理和规范，内化为内在的道理和规范和德性，具有主观性。在德国古典哲学家黑格尔 (Georg Wilhelm Friedrich Hegel) 所著的《法哲学原理》中，对道德与伦理作了区分；道德与个人联系在一起，而伦理往往会与社会和国家联系在一起。社会治理更多的是从制度有关的道德层面上，观察与个人实践相联系的作者素质等客观信息；社会治理在伦理层面上，观察与社会理性治理相联系的组织与员工之间的关系、组织与各种内外部利益关系的处理与协调关系，以及这样的关系是否符合公序良俗、社会舆论、诚信（信用）、信念等客观信息。社会治理需要社会诚信（信用）来推动道德伦理在社会治理各领域的延伸和拓展，在制度未能够触及的领域，用道德和伦理范围的诚信（信用）来维护，从而规范社会治理主体的各种行为。除了需要社会治理中的伦理道德外，法治框架下的正义制度也是社会治理中秩序维护的重要手段之一。社会治理必须建立各项制度，才能确保社会治理的有序

① 围炉 . 对话“张扣扣案”律师邓学平：司法偏见和制度正义 [EB/OL].(2020-06-17)[2020-06-18]. https://www.thepaper.cn/newsDetail_forward_7891637

进行。社会治理的制度是在社会道德与伦理的基础上形成制度正义，再以社会治理的制度正义为基础，使社会治理制度成为社会各类型组织的外在性制度，推动社会各类型组织内部制度理性化建设，逐步实现全社会以权利公平、机会公平、规则公平为主要内容的社会公平保障体系。

制度的正义性能够满足社会、国家、组织、群体、个人社会生活的安全、稳定等的要求。制度正义需要有效执行才能体现出社会价值。社会分工与合作的有效性和低成本在获取经济效益的同时实现社会效益，是组织中正义制度得到了有效执行的结果。国与国、地区与地区、组织与组织之间除存在着制度的竞争外，还有更为关键的竞争，即制度执行力的竞争。制度得不到执行或失去执行力的制度只是摆设，制度真正的价值需要通过执行力来体现。而制度的各项条文条例，就如同能力证书一样，如果在需要时不使用它（不执行它），就不能产生价值。制度的能力价值和执行价值是可以通过科学工具的分析来体现其价值尺度的。社会信用体系系列工具，将为社会治理各项目标的实现提供技术支持，推进制度执行能力现代化。

制度价值最理想的测量方法，就是先计算执行一项制度能够带来多少价值的货币量，再计算没有执行一项制度导致损失了多少货币量，最后计算执行制度或不执行制度，价值不增不减的货币量，然后通过长期不间断的计算，得到这项制度的平均价值。然而，一个组织中的一项制度，存在着调整者与被调整者之间的权利关系等复杂因素，计算制度的价值技术要求和计量成本都会很高。所以，没有哪个组织愿意用这种理想的制度价值计量方法去计算制度的价值。但是随着社会科学技术的不断发展，对于制度的价值计量会越来越受到重视。从会计学角度来看，制度能够为组织提供价值，具有资产的属性。资产的特征是能够为组织带来经济利益、获利组织可控制或拥有的、拥有直接或间接导致现在或未来现金或等价物流入的潜力。无形资产是指组织拥有或控制的没有实物形态的可辨认非货币性资产。可以将制度归类为一项无形资产。不过制度作为无形资产的计量，在会计学上讨论的很少，实例分析和计量的就更少了。

从社会治理的角度来考虑，社会治理体系和治理能力现代化实现程度的绩效考核，最少需要五个指标，即经济、效率、效能、公平、制度执行力。我们对前两个指标的量化数据相对容易获得，但是效能、公平、制度执行力的衡量就不是那么容易。因为效能、公平、制度执行力的量化衡量的数据获取与无形资源差不多，获得货币的效用值不容易。所谓货币的效用值就是指人们主观上对货币价值的衡量。如果能够获取这些货币的效用值，将对社会治理的各项决策的优化起到积极作用。

我们将社会治理中组织治理的内外制度作为无形资产来看，将组织治理的内外在制度执行力作为无形资源来看，然后用一定的方法去量化它们。但是无形资产的价值数字化，不是像企事业单位生产出来的产品和服务那样可以用货币计量，需要满足会计学上有关无形资产确认的两个条件；第一，与该无形资产有关的经济利益很可能流入企业；第二，该无形资产的成本能够可靠地计量。组织中制度的执行力依靠的是组织治理下的诚信治理能力，这种能力对组织来说就是一种无形资源。资源分配中经常涉及“成就”及“技能”等无形资源，数学分配模型中却没有包含这两类，因为缺少对其进行数值表示的测量单位，但是相对测量方法能够很好地确定无形资源的数量，并得到它们的优先权如此，将这些优先权与归一化的有形资源相结合进行资源分配就成为可能。无形资产和无形资源的量化和测量需要寻找一些新技术从而逐步克服量化的误差。随着社会信息化计算机技术的快速发展，社会学家和经济学家们对效用相关概念的研究不断深入，通过数字化才能满足其理论与实践的需要，从而使得运筹学、模糊数学、博弈论、信用学等学科得到了快速发展。合理地运用这些学科可以逐步实现社会治理重要信息元的货币化。通过社会治理理论和实践的不断磨合，能否优化和解决组织中责权利关系是否一致性的问题取决于社会数字治理信用化的量化处理技术能力是否不断提升，从而实现将人体精神层面上的诚信能量价值转换为推动组织协同、合作、团结的外在凝聚能量，形成高密度的集体智慧，创造出更多与服务和产品相应的高质量价值。在社会广泛认同的基础上，可以创建社会诚信（信用）价值虚拟货币。

五、社会分工可能存在消极因素和对政府监管形成了挑战

（一）社会分工精细化，不同组织之间竞争激烈

社会分工的复杂性和精细化的不断提高使得社会上新的职业种类不断产生，原有企事业单位的部分业务可能被新的社会分工所取代，导致原有的产品和服务价值淘汰或走低。如果原有企事业单位缺乏创新精神，没有增强忧患意识，不去做社会调查然后及时调整或增加新的产品和服务，必然没有能力迅速规避各类风险。这样的企事业单位可能存在破产倒闭的风险。非营利组织除上述原因以外，如果偏离奉献于社会公益或共益目标的宗旨，片面地倾向于追求

功利主义为取向行为，给社会需求方提供带有的负效应的服务，同样也存在关门停业的风险。

（1）社会分工精细化可能造成局部的集体主义思想衰落，社会凝聚力下降。现代社会科学技术的快速发展需要社会分工的精细化，从而导致部门和组织内部界限和条块分割，各工种之间人员的联系越来越少，导致局部集体主义思想的衰落。这对集成度高的核心技术的创新不利，对产学研一体化科研活动的持续推进不利。推动产学研用一体化发展战略需要发扬群体上下紧密协调合作的集体主义精神；高度集成的科技源头创新与产业化之间磨合、创新技术成果转化与创新融资的衔接及风险测量与收益的平衡等都需要运用集体智慧。2017 年 1 月，李克强总理在国家科学技术奖励大会上的讲话指出："我们要推动大众创业、万众创新，着力激发全社会创新潜能。人民群众是历史的创造者，也是推动创新的根本力量。我们有 1.7 亿多受过高等教育或拥有专业技能的人才，蕴藏着巨大的创新潜能，这是我国发展用之不竭的最大'富矿'。要不拘一格用好各方面创新人才，集众智、汇众力，提高社会创新效率。既要支持专业人才在创新上不断突破，也要激发普通民众的创造潜力；既要支持本土人才勇攀高峰，也要吸引海归人才、外国人才来华创业创新。我们要以海纳百川、求贤若渴的气度，为各类创新人才施展才华提供更大空间、更广阔的舞台。"[①]大众创业、万众创新对社会治理提出了更高的要求，组织协调好全社会的创新活动仍然需要一大批的创新制度。创新制度的标准化体系包括：技术人才培养与认定、科研合作契约管理网络、高密度的科研合作协调网络、创新人员技术交流合作沟通网络、创新知识交换网络、创新组织和个人的利益冲突协调网络、创新成本测量控制网络、创新效率评价网络、创新过程知识产权监管和权益保护网络等，这些都需要发挥群体智慧，从而逐步建立起与创新相关的系统性制度。并且这些制度的执行质量需要得到切实的监控。

我国经济制度的基础是社会主义公有制，社会主义公有制的基础地位决定了的社会主义市场经济必须要坚持集体主义原则。随着现代社会科技的高速发展，在全球经济贸易越来越紧密的前提下，市场竞争日益加剧，尤其对于那些营利性组织来说，创新能够增强组织的竞争力，一切国与国之间的竞争也是一样的。集体主义精神能够实现集体利益和个人利益的辩证统一，应强调集体利

① 李克强在国家科学技术奖励大会上的讲话（全文）. 新华社 [EB/OL].(2017-01-9)[2017-01-11]. http://www.china.org.cn/chinese/2017-01/11/content_40080708.htm.

益高于个人利益。因为集体主义精神所带来的集体理性能够形成更为高级的群体智慧。但是群体之间的团结与合作需要组织制度的规范和对道德准则的遵守。要促进组织内部的公平正义，组织内的民主就需要尊重客观事实，在此前提下才能培养集体情感，维系组织内的团结，形成组织的凝聚力；遵守制度规范和道德准则就意味着自觉履行责任。自觉履行相关责任是组织治理中诚信管理的结果，精细化的诚信管理是科研诚信的基础。

1955年毛泽东在《中国农村的社会主义高潮》中提出要“提倡以集体利益和个人利益相结合的原则为一切言论行动的标准的社会主义精神”。集体利益和个人利益相结合才能发挥社会主义的集体主义精神。现阶段促进群体内的个体的自觉创新精神需要社会主义的集体主义精神。组织中的利益分配是否公平，要看能否调动组织全体成员的积极性，这是重要的参考指标。

（2）社会分工精细化可能造成社会责任管理的空白点。组织内外的责任管理缺失最终会反馈给社会。责任管理的缺失会引发组织内对外的诚信（信用）关系恶化。无论是政府组织还是私营组织，从组织内部来说，都有可能出现知情权、选择权、劳资、福利和工作时间等不公平方面的冲突，以及科研团队内部知识产权剽窃、买官卖官、贿选捞官、寻租敛财等违法行为；从组织外部来说，制假售假、恶意逃债、商业欺诈、偷税骗税、虚假广告、会计造假、统计造假、公权私用等都会给社会管理增加管理成本。新问题层出不穷，社会责任管理空缺是在所难免的。

（3）社会分工精细化使人们所从事的各种劳动岗位的社会划分更加具有独立性和专业性，在组织和个人利益的驱动下各种各样的竞争出现。在社会监管无法到达的领域还形成了违法违规的恶性竞争。这对社会责任管理提出了更高的要求，需要引进组织治理的理念和具体措施以弥补责任管理的空白。

社会分工精细化后，无序竞争造成了社会道德沦陷。诺斯认为，意识形态是人们关于世界的一套信念，能使个人和集团行为范式合乎理性，是由互相联系的、包罗万象的世界构成的，包括道德和伦理法则。制度监管未触及之处就需要道德和伦理来确保组织的团结和稳定，道德和伦理是群体形成凝聚力的基础。道德规范是一种非制度化的规范，不使用强制性手段；它还是一种内化的规范，也就是说道德规范只有为人们真心诚意地接受，并转化为人的情感、意志和信念时才能得到实现。目前社会分工加快，社会的各种竞争加快，新的道德秩序未形成之前，原先的道德秩序会被冲击，从而造成部分领域的道德沦陷。解决法律尚处于空缺状态和新的制度还未及时创建时，要解决危害社会公平正义、影响社会稳定和团结的新分工领域，我们就要以科学的态度将社会科学和诚信（信用）道德结合起来，加快和促进新法律及新制度的建立，从而应对部分领域道德的沦陷。我们应充分运用我国已经建立起来的社会诚信（信用）相关理论，充分发掘现有法律制度体系中的相关内容，将责任的解释建立在真凭实据的基础上，充分利用现代信息化的互联网计算机技术，通过科学的论证使责任得到精确的分配。

（4）社会分工精细化给政府监管带来的压力增大，解决社会各种矛盾的成本增加。2019 年 9 月，国务院发布了《关于加强和规范事中事后监管的指导意见》："依法监管。坚持权责法定、依法行政，法定职责必须为，法无授权不可为，严格按照法律法规规定履行监管责任，规范监管行为，推进事中事后监管法治化、制度化、规范化。"① 随着我国社会经济的高速发展和社会分工精细化程度的加速，我国政府重新定义了社会经济发展的模式——社会经济高质量发展。社会经济高质量发展需要运用更多的先进技术和先进的社会治理理念，如此才能适应社会高质量发展的监管需求。新公共管理理论是当代国外行政改革的主要理论基础，在全球范围内影响很大。公共管理创新策略理论要求公共管理领域的技术和方法也要不断创新，以实现政府管理各项高价值目标。这对各国政府管理部门提出了新的挑战。我国政府提出的经济高质量发展的目标就是要淘汰落后的管理机制，从政府管理走向政府治理。要借鉴先进的管理理论思想和方法，将其运用于社会治理，从而获取社会管理的高绩效。现代绩效评估一般包括经济、效率、效能、公平四个方面。政府监管是否到位，除要对经济、效率、效能、公平四个方面进行绩效评估外，还要重视对制度执行力的诚信度的衡量，以此为基础设立一系列的衡量标准和指标才能体现政府的监管能力和水平。"监管效能是监管所表现出的效率与效果，其聚焦于监管目标选择的正确性及其实现程度。与过去在政府管理过程中单纯强调行政效率的价值追求不同，监管效能更看重目标达成的效果，要求强化监管的质量和质量保证能力，从关心效率转变为关心成果，不仅要以正确的方式做事，还要做正确的事。"② 文献所描述的监管的质量和监管质量的保证能力依靠的是监管组织治理下每一个责任主体所达成的承担责任的协议（契约）的执行力，需要从客观责

① 国务院 . 国务院关于加强和规范事中事后监管的指导意见 . 国务院 .[EB/OL].(2019-09-06)[2019-09-12]http://www.gov.cn/zhengce/content/2019-09/12/content_5429462.htm?trs=1.

② 渠滢 . 我国政府监管转型中监管效能提升的路径探析 [J]. 行政法学研究，2018（6）：32-42.

任所形成的客观结果入手。往往是通过采集执行组织和执行人的诚信信息，经过科学的识别和量化分析，来精确判断该责任主体的具体责任，判断对于已经约定的协议（契约）内相关责任和义务的执行是否符合协议（契约）所规定的要求。如此才能实现“要以正确的方式做事，还要做正确的事”。

（二）社会分工加快，利益冲突和劳资冲突加剧

“现今伴随中国经济的蓬勃发展，工作环境以及工作福利得以显著改善，但大型主流招聘平台所发起的职场测试中，超过五成职场人士对薪酬不满意，尽管收入上升，但是薪酬满意度却在不断降低，工作不满意的比例也出现了持续上升的情况。”① 分工的基础是群体之间的合作，群体合作需要道德伦理和制度规范。组织内公平感的提高是建立在组织管理职业伦理基础上的，如果发现组织内部基层员工有不满情绪，管理者就要走向基层岗位进行沟通和调查研究，以调整薪酬分配方案。薪酬分配需要更多地考虑能否调动员工的积极性。我们目前的按劳分配制度和功绩制等制度都是与调动积极性有关的。能否准确地运用好这些制度和组织管理人员的职业道德、伦理息息相关。职业道德和伦理是提升组织责权利三者关系均衡能力的基础。公平利益分配的前提是公平、公开、公正。这种分配的权力往往掌握在组织领导者手中，诚信的领导者就会考虑到国家利益和组织利益，而不是首先考虑个人的利益，如领导犯错后工资也不比下属少等。公平竞争岗位应事先设定公平条例，在组织中公开宣传，符合条件的高价值岗位允许竞争上岗，而不是走形式，这也是利益公平的具体体现。利益分配的公平感可以增强人民群众的获得感、幸福感、安全感，这就是国家利益在组织中的体现。职场公平感下降就需要谋求国家利益的横向组织进行协调，可以通过组建众多科研团队的形式走产学研相结合的道路，深入组织基层展开调查。人民群众的获得感、幸福感和安全感具有重大的现实意义，能够体现国家对人民群众高度负责任的态度。人民群众的获得感、幸福感和安全感一旦被破坏和阻碍，就要从国家制度层面上寻找责任人，使其承担起应有的社会责任，并对其进行精准惩罚。

在组织治理的微观层面上，“权、责、利”既结合又统一。均衡三者之间的关系，体现出管理者的“权力”运行能力。让权力运行得到公正、公平，关键是让“权”运行在公平正义的法治轨道上。壮大组织需要公平性的竞争，竞

---

① 于潇，陈世坤.提高收入还是提高公平感？——对中国城乡劳动力工作满意度的考察 [J]. 人口与经济，2019（2）：78-91.

争的公平性在于起点公平、过程公平、结果公平。权力运行公平正义是解决利益冲突的关键。在选拔干部时要任人唯“才”，这个“才”除业务能力外还意味着伦理道德层面上也具有“诚信”能力的人才。组织成员的诚信能力需要组织培养，可以通过不间断定期开展社会调查问卷的形式获取结论，这种重复性的调查结论与其他方法相结合后的结论可以作为干部能上能下的依据。

（三）社会阶层产生，社会中蔓延烦躁不安的情绪

改革开放 40 年以来中国社会经历了阶层的变迁。社会成员在社会结构中地位、位置发生巨大变化，社会阶层的不断分化会改变人们社会资源的拥有量，从而进一步改变社会阶层结构。从另一个层面上看，社会阶层的分化是国家制度变迁的结果。“目前，中国社会阶层结构现代化的宏观态势已经初步显现，当前的社会阶层关系是基本协调的，但也存在着诸多矛盾和问题，新的阶层关系还处于不断磨合和建构当中，阶层结构发展中的变数仍然不小。展望未来，在构建社会主义和谐社会的进程中，需要进一步构建和创新阶层关系协调发展的制度与机制，深入调整利益格局，保障社会各阶层能共享改革开放成果，促进社会和谐。”①

社会学家曾经用结构分化的概念来解释世界上不同国家或社会在现代化发展中的差异，认为相对较高程度的分化是一个社会迈向现代化的结构条件；改革开放以来中国社会结构的分化早已突破了敌对阶级理论的范畴，新的社会阶层将在中国社会中占有越来越重要的地位，构成中国社会最主要的利益群体；正是在这个意义上，具有现代阶级阶层意义的概念不是首先在学术出现，而是首先在国家治理体系中成为分析转型社会分化的重要概念，至少二者是同步发生的。从以上文献资料中可以认识到社会阶层分化中的问题和未来发展的趋势。解决阶层分化过程中的矛盾主要从与社会资源持有量相关的利益分配入手，还需要从社会主义制度来理解，如此才能解决社会分化过程中贫富差距持续扩大形成的财富分配不公所引起的各种利益冲突。改革开放初期，我国整个社会的利益分配体系是大锅饭和平均主义，严重地影响着人们劳动的积极性和创造性。1985 年 9 月 23 日，在中国共产党全国代表会议上，邓小平说：“在改革中，我们始终坚持两条根本原则，一是以社会主义公有制经济为主体，一是共同富裕。”邓小平还鼓励先富带动后富，最后达到共同富裕。提倡让一部分人先富起来是提倡依靠自已勤劳努力先富起来，富起来必须依靠诚实劳动和合规合法经

① 李劲，李蕊．论改革开放以来中国社会阶层结构的变迁 [J]. 学理论，2013（29）：76-77.

营实现。1993 年 11 月 11—14 日党的十四届三中全会通过的《中共中央关于建立社会主义市场经济体制若干问题的决定》提出“建立以按劳分配为主体，效率优先，兼顾公平的收入分配制度”。还可以通过我国的《事业单位人事管理条例》《中华人民共和国公务员法》《中华人民共和国劳动法》等来了解与收入分配的相关制度。共同富裕是“中国梦”的一部分，深层次折射出的是社会公平、公正。要真正体现出我国社会制度的优越性，惠及更多的社会人群，需要在制度执行上下功夫。让社会阶层分化走在制度正义的道路上。社会阶层的晋级是在合法合规的勤劳努力并对社会做出了一定的贡献的前提下获取的。说到底就是要社会认可你获得的财富和你获取的社会地位是正义合法的。

第二节　责任控制的困惑

一、责任冲突

责任冲突是指责任主体在进行责任选择的时候所遇到的矛盾状态，即责任主体在特定情况下表现出的左右为难而又必须做出某种非此即彼选择的境况，这种选择的突出特征是在满足某一责任要求的同时，又违背另一种或几种责任要求。一般而言，责任冲突与组织和个体在社会中所扮演的角色有关，现代社会中的个体，在社会中所扮演的角色往往是是不同的且更为复杂。每个角色承担着不同的责任和义务，履行某个社会角色的责任和义务可能与另一个社会角色的责任和义务相冲突。社会分工的不断细化将赋予某些组织和个体更多的社会角色，责任主体所涉及的责任可能层次更多，如个体责任、组织责任、社会责任。由于社会在不断进步和发展，社会角色所承担的各种责任必须与社会发展的要求相适应。如果固守陈旧的传统责任观念，缺乏创新精神，依然沿用过时的责任观念，必将导致传统责任观与现代责任观之间的冲突。

社会要继续向前发展，就要解决公共资源被窃取的问题。某些组织和个人在进行与国家和组织相关的决策或执行任务时，存在着有令不行、有禁不止、有章不循、知法犯法等现象，从而造成了组织人才资源流失、物质资源流失等，增加了社会管理成本，给社会提供了负能量。在公有、公营的组织内，如果责任结果的追究透明度不高，责任划分依据不清晰，自己人监管自己人，社会关系的角色冲突，同时伴随着机会主义倾向，就会导致个体责任、组织责任、社会责任不连贯，责任不追究或责任分担不明确等都会破坏社会整体利益。

社会公平意识逐渐增强，与责任问题相关的问责制度就要形成自上而下与自下而上的问责连贯，让责任能够通过顺延的客观事实被认定，依次承担相关责任才能体现社会的公平价值。社会治理下的公平意识的增强将促使政府、组织、个人共同遵纪守规，主动承担分内的责任。

二、权力冲突

所谓权力冲突，是指两种或两种以上的权力来源给公共管理主体的行为带来的两种或两种以上的客观责任之间的冲突。非公共领域的管理主体同样存在权力冲突问题。权力冲突最关注的是权力运行是履行法治框架下的责任还是运行脱离法治轨道的上级命令。一般情况下权力运行人会放弃职业伦理，选择上级命令，这与权力运行人的利益有关，长此下去会严重侵犯国家的法律法规的权威体系。所以社会治理理论已逐渐被国家和社会各界所重视。权力体系作为国家治理体系现代化的重要组成部分，不仅涉及社会主义民主政治建设，而且也涉及国家治理的状况及现代化程度。党高度重视权力运行，党的十七大报告提出要建立健全决策权、执行权、监督权既相互制约又相互协调的权力结构和运行机制；党的十八大以来，习近平多次强调要“强化对权力运行的制约和监督”。这不仅表明了党对权力运行认识的深化，而且也表明了党对权力运行的重视，突出了权力运行在国家治理现代化中的重要作用。权力运行规范性关系到社会治理的成败，关系到国家的前途和命运。要通过加强对权力运行的制约和监督让权力在法治轨道上运行，让权力行使人的权力依据国家法律法规下的制度体系所形成的法理性权威运行。对权力运行制约的加强和监督管理能力需要通过责任分析、责任能力证明、责任分配及正确的民主程序来实现，这些都有赖于制度创新和技术创新，要通过社会数字治理信用化的系列工具来确保权力运行的制约和监督的能力逐步实现理性。

三、利益冲突和公地悲剧

“在制度转轨的过程中，由于产权界定的不清楚，因而一旦涉及到公共产品（即本书论述的重点——‘公地’）问题时，总会存在一些政府的部门和个人为自己谋取利益的机会主义倾向，赚取制度租金，结果导致了市场信号的失真和资源的低效甚至无效配置。”[①]很早以前，亚里士多德就曾说过：“参与分享人员最多的公共物品，获得的关心最少。”经济学的“公地悲剧”理论源自在加州大学任教的英国生物学家 G. 哈丁教授 (Garrett Hardin) 于 1968 年在 *The tragedy of the commons* 一文中首先提出“公地悲剧”理论模型，说明了人们过度利用公共资源的恶果。

“公地”(Commons) 制度曾经是英国的一种土地制度——封建主在自己的领地中划出一片尚未耕种的土地作为牧场，无偿提供给当地的牧民放牧。站在理性经济人的角度，每个牧民都希望自己的收益最大化。在公共草地上可能会有两种选择：一是让牛健壮来增加卖牛的收入；二是增加牛的数量来增加收入，但会加重草地的负担，可能会使草地因过度放牧，导致草场破坏。经过选择，牧民为了获得更大的利益，决定不顾草地的承受能力而增加牛的数量。看到有利可图后，许多牧民明明知道草场被破坏后可能的结果，但还是纷纷加入这一行列。作为公共牧场的草地状况迅速恶化，悲剧就这样发生了。美国黑勒教授在 *The tragedy of Anti-commons* 一文中提出“反公地悲剧”理论模型。“公地悲剧”与“反公地悲剧”的本质涉及产权问题，牵涉到公共产权问题时，要么可能造成公共资源的过度利用 (“公地悲剧”)，要么造成资源利用不足 (“反公地悲剧”) 等一系列利益冲突问题。公地悲剧的关键是公共利益与私人利益之间的冲突，具体表现为个体利益与组织利益的冲突、利益集团与国家利益之间的冲突、特殊利益群体和社会公共利益之间的冲突等现象。

四、责权利均衡

权力是一种特殊的资源和载体，组织中的权力资源总是以稀有性为前提。由于权力资源的占有者的能力有大小，需要通过有序竞争才能选拔出能力出众的干部人才。出众的权力资源的占有者应该能够确切履行相应的责任，把握好责权利关系。前提是对国家和自己的组织诚信、忠诚。发现出众的干部人才时不应妒忌、不应打压，条件成熟时还应该将自己手中的权力转移给这些干部人才。正确的选人用人能够给国家和自己的组织带来利益，从而让组织中所有的人共同获得更多的利益。然而并不是每个组织中的权力占有者都会忠实履行自己的责任和义务，在制度监管执行不力的情况下，腐败往往建立在权力的基础之上。在没有建立起责权利均衡的机制的组织环境中，依靠部分人的主观偏好

① 李晓峰. 从“公地悲剧”到“反公地悲剧”[J]. 经济经纬，2004（3）：26-28.

建立起的所谓的高薪养廉的欺骗策略可能是一种更加隐蔽的自利小团体式的掠夺。在一个组织尤其是公有组织中，薪酬分配是一个重要热点。薪酬分配主要是要激发组织全体成员的积极性，同时要与组织整体取得进步相联系。这涉及人力资源的职业伦理问题，国家的人力资源政策要落实到位，就要避免滥权的干扰。

人力资源部门要有相对独立的决策权。社会分工要按才分工，岗位竞争的起点要公平，不要人为设置与国家的法律法规没有任何关系的潜规则，甚至作为组织内在制度加以执行。在利益分配关系中，权力如果没有被制约，伸出来的手就是掠夺之爪。科层制等级组织往往与外界隔离形成相对封闭环境，国家的制度不一定能够渗透其中，组织内权力体系的运行与国家的法律法规相脱节。这样的组织要修正自己的错误往往会非常困难。社会上各种类型的组织是社会生产生活的重要场所，也是实现社会治理的法治化基层载体。社会治理中的组织治理必须体现法治精神，通过组织治理将法治精神渗透到管理制度和管理行为中，使法律价值观成为全体职业人思考问题的价值取向。

实现责权利均衡一致有助于消除不劳而获的搭便车、贪污欺盗、等同剥削的掠夺、密谋不义之财等现象。这需要关心社会法治建设的各类人才的参与，共同推进社会法治化进程。

五、法治化下的社会治理需要社会分工与协作

在人类社会发展进程中，社会分工既是社会生产力发展的必然结果，又是社会生产力发展的巨大动力，它促进了生产关系的变化发展，推动着人类的解放和发展历程。然而，在人类社会发展的不同历史时期，社会分工在推动历史发展的同时也给社会发展带来了一系列社会问题。这些问题的产生并非是社会分工规律本身所带来的必然结果，相反，正是人类社会制度在不同程度上违背社会分工客观规律的集中体现。“因为真正的共同体的建立不仅需要高度发达的社会分工作为前提条件，还需要社会各阶级特殊性的消解，以建立一种全球化背景下普遍意义上的共同性，从而为真正的共同体的建立铺平道路。”[①] 在全球化的背景下，社会上的组织类型也受到全球化的影响，如外商独资企业、中外合资企业等。在国家的主权范围内，国家的法律、法规、制度、政策的落实

① 韩宪磊．浅析社会分工的发展对所有制形式的影响——读《德意志意识形态》有感 [J]．学理论，2011（35）：43.

和执行与否关系到国家法治建设的步伐。社会经济的高速发展和信息化技术的高速发展给政府监管部门带来很大的挑战。习近平总书记在党的十九大报告中指出："时代是思想之母，实践是理论之源。""时代是思想之母"指思想是时代的产物，时代为新思想的产生与发展提供了广阔的历史空间，任何思想的诞生都离不开时代，都会深深地铭刻上时代的烙印；"实践是理论之源"即由于社会实践具有不可中断的特性，它能够为理论的创新发展提供源源不断的动力，所有理论的创立都离不开实践，也会随时随地接受实践的检验。只有那些被实践反复检验过的理论创新成果才能最终成为科学理论。中国社会为社会科学工作者提供了很好的施展才华的舞台。要发挥哲学社会科学的实践作用来影响和改变社会各类企事业单位落后的组织管理模式，如果理论与实践的结合是成功的，就能为社会带来社会效益和经济效益。目前这已逐步被发达国家的科学界所重视。我国的科研体制改革正在进行，科技评价逐渐由唯学历、唯资历、唯论文、唯奖项的倾向过渡到唯学术、唯贡献。学术界提出了四类学术创新："一是方法学创新，是否创立了原创性的科学研究方法，可被用来解决重要的科学问题；二是关键科学证据，是否为重要科学问题的解决提供了新的、关键的、可靠的证据；三是理论认知或社会需求，是否对所在学科的认知体系或对解决重要社会需求背后的基础科学问题有实质贡献；四是学科发展，研究工作是否可以导致领域研究方向、范畴、视野（视角）的变革或者领域认知体系的显著进步，从而促进学科发展。"① 随着我国科研体制的改革进程的不断加快，这四条新标准对于深入推进社会治理能力和水平与实现社会治理现代化的建设将会起到积极的推进作用。

我国目前国有企事业单位要实现高质量发展就要落实与制度执行相关的诚信机制，通过对制度执行的有效监管使责任得到落实。在组织中存在社会分工和协作关系，常常涉及多人多元化责任分配。社会治理中的组织治理需要科学分析责权利关系的均衡度，这样才能实现组织精准治理。本书认为社会治理包含实施责权利均衡这项系统工程。实施责权利均衡分析将涉及众多的社会科学知识和部分的自然科学。目前某些企事业单位还不具备解决诸如利益分配不公所引起的各种组织内部矛盾，组织内部仍然被各种机会主义所困扰着。需要更多的社会科学工作者积极参与，将社会学的理论层面上升到实践层面，将提高

---

① 操秀英.让"唯学术""唯贡献"落地可操作[EB/OL].(2019-08-20)[2019-08-20]. http://stdaily.com/kjrb/kjrbbm/2019-08/20/content_781926.shtml.

论文水平与社会实践结合在一起，让社会的实践结果来检验论文最终能否为社会提供经济效益和社会效益。社会数字治理信用化技术工具不仅要能够量化经济效益，而且要逐步克服困难来量化社会效益，将社会科学工作者的理论与实践相结合的成果和价值展现给社会。

六、社会数字治理与社会分权管理

社会化大生产要求分工越来越细，反映到上层建筑领域就要求管理社会公共事务的政府权力必须实行必要的分工：一方面要使权力行使更加专业化、精细化，另一方面就是要避免权力过于集中到某个人或某个组织手中，防止权力滥用；权力分工是社会分工的必然要求，社会管理的传统观念主要集中在集权与控制上，而现代社会的发展趋势迫使社会的治理必须转到分权与参与上。随着社会分工的不断细化，社会群体和个体也朝着多元化的方向发展，社会治理主体也会随着社会分工的细化而越来越多元化。在当代社会，治理根据治理主体的不同主体分为组织治理、自然人治理等。就组织治理而言，我国社会可分为公共组织与私营组织。公共组织就是以管理社会公共事务、提供公共产品和公共服务、维护和实现社会公共利益为目的，拥有法定的或授予的公共权力的所有组织实体。公共组织包括政府与非营利组织。依据当代中国社会的现状，我国的公共组织大致可以分为政府组织、政党、事业部门、公共企业和第三部门组织。私营组织指资产属于个人私有，以追求本组织的私人利益为取向，具备与生产经营和服务规模相适应的资金和从业人员，具备固定的经营场所和必要的措施，符合国家法律、法规和政策规定的经营范围的一个个体、私营组织。

目前就国内而言，组织还要包括各类国际性组织，这类组织类型复杂，我们主要关注的是目前在华设立的中外合资企业、外商独资企业、中外合作经营企业等。社会数字治理要将社会各种类型组织进行细分，一般以法人组织为一个主要的分支单元，再往下分三个单元，最后细分到最小组织下的员工岗位。社会数字治理要协调好社会管理的分权过程，进行事前事中事后的责任考核，责任考核到每个组织每个责任人。这样才能符合“建设人人有责、人人尽责、人人享有的社会治理共同体”社会治理的具体要求。

社会数字治理首先要将社会中各类型的组织进行组织分类，然后运用互联网信息化计算机技术在社会各治理主体与被治理主体之间建立点对点的交流沟通平台，实现社会治理各相关主体之间线上线下的沟通，交换社会数字治理相关信息。各类型组织依靠科学的契约管理明确各自所要实现的组织治理相关目标和任务。社会治理事务以行业分类为基础，建立不同类型组织的治理责任清单，构建行业社会治理信息元数据库框架，依据组织之间、组织与组织成员之间事先约定的协调沟通的制度规则建立起组织内外的合作网络，开展各项与治理相关的事务。依据社会治理责任清单，结合组织内外的合作网络结构，通过区块链点对点技术建立分布式账户，通过在自治体内将与治理相关的信息发布的形式实现自治体内治理信息全覆盖。

第三节　社会数字治理与公正

一、社会公正促进社会的和谐

“公正意指公平正直，合乎法度，对人处事合法合理，是非清楚，赏罚分明，不偏袒任何人，为公众利益着想，得到社会上大多数人的承认。”[①] 公正是指社会的一种基本价值观念与准则，与一定的社会基本制度相联系，并以此为基准规定社会成员具体权利和义务，规定资源与利益在社会群体之间、社会成员之间的适当安排和合理分配。社会公正是人们永恒追求的理想社会状态，公平正义是建设中国特色社会主义国家的内在需求。我国社会主义制度的设计与安排要充分考虑社会公正问题，因为公正问题与我国法律、制度、规则及社会理性密切相关，是建设我国社会主义法治社会的重要基础。社会和谐需要公正的制度来保障，社会和谐能够促进社会的高质量发展，社会和谐受到多种因素影响，如利益分配的公正性、法律等制度执行的公正性、机会平等的公正性等。每项社会公正制度都有其内在价值，对社会公正制度内在价值的发现够能让制度更好地服务于人们在社会中的各项活动，但是制度社会价值的实现取决于执行力。再有价值的制度如果不执行，制度的理论价值也不能转化为现实成果，而且也就不能为国家和社会提供价值。社会主义制度的优越性必须与制度优良的执行力相结合才能惠及社会的某些组织和某些群体。分析社会制度公正性的价值和制度执行力的价值够能为社会公正制度的创新提供动力，进而为构建持续稳定的和谐社会提供源源不断的制度来源。

① 汪建成 . 公正——法治的核心 [J]. 法学评论，1999（1）：38-43.

二、法治社会促进公正

2014年10月23日中国共产党第十八届中央委员会第四次全体会议审议通过了《中共中央关于全面推进依法治国若干重大问题的决定》。文件主要是对社会主义的法治国家、法治政府、法治社会一体化建设提出了全面的战略部署。在文件起草组第一次全体会议上，习近平总书记深刻论述了全面推进依法治国的重大现实意义和深远历史意义，深入剖析了当前立法、执法、司法、守法等方面存在的突出问题，提出文件起草工作必须遵循的基本要求——“就全面推进依法治国提出指导思想、基本方针、奋斗目标，明确战略重点、主要任务、重大举措，为实现社会公平正义、建设法治中国提供根本指引”[①]。法治社会的建设就是要将以前不全面的法治社会建设为全面的法治社会，需要通过法治框架下的社会治理来实现全面的法治社会。因为目前夹杂在法治社会中的人治现象仍然存在，困扰着全面法治社会建设的进程。通过法治框架下的社会治理来去除落后陈旧的人治现象需要运用社会治理和社会信用体系的一系列工具。

社会治理是实现法治社会的重要内容和途径，社会治理需要社会数字信用化技术的协助。数字信用化技术能够让社会治理体系的手段变得灵活多样，精准切入社会治理的关键领域，让正义法治制度在该领域得到落实。法治社会定义为：与国家政治生活相对应的社会生活的民主化、法治化和自治化。法治社会以社会为本位，本质是公民社会，与法治国家相对应，是一个相对独立的概念，并不是法治国家的一个组成部分。社会生活和社会经济生产的各项制度规则，以及社会各类型组织的内部自治制度需要符合社会法治化的要求。我们尝试着对法治社会的基本内容进行一个框架性描述，其应包括三个方面。第一，制度面。社会生活的方方面面均有国家正式法律与社会自治规则及习惯等非正式制度形成的完备的、融贯的、科学的规则系统。在这一层面，多元的规则所形成的广义规则系统具有基本的、共同的属性要求，即良善规则或法之合法。第二，心理面。社会群体和成员在思想、观念上对规则之治的理念与精神认同，并由此在行动和生活中自觉服从与践行，即法之认同。第三，秩序面。由上述二者作为内在支撑的社会自主运行，社会各类组织、成员与国家各职能部

① 周光杨 .《中共中央关于全面推进依法治国若干重大问题的决定》诞生记 [EB/OL].(2014-10-29)[2014-10-30]. http://www.gov.cn/xinwen/2014-10/30/content_2772420.htm.

门形成分工协作，构筑跨越统治与自治的共治秩序。法治社会建设涉及的内容非常广泛，全面法治社会的建立需要从多层次多层面上去规划目标。在制度层面上，组织治理要考虑到内在制度和外在制度的统一，制度的执行需要在法治轨道上运行，权力行使人的权威来源于法治规则，只有在组织内成员对权威来源的合法性确认的前提下，信任感才能产生，才有可能让组织成员自觉服从和认真执行。这个过程有赖于社会治理和社会自治的实践活动的成功开展。

社会治理和法治社会让社会走向信任，当整个社会共同体实现最大限度的信任时，就有可能实现社会公共利益的最大化。现实中的社会是一种金字塔结构的科层制，这种结构的最大特点是不同的组织或个体之间的地位是不平等的，而社会治理则通过对社会信用体系理论和工具的运用，实现公平正义的法治社会，让所有的组织或个体在一个相对平等的基础上同台竞争，来实现各自的自我社会价值。

三、公正是建立理想社会秩序的条件

公平正义是社会和谐的基本条件。随着经济社会的快速发展，社会分工精细化程度越来越高，社会管理的步伐逐渐跟不上社会分工的速度，这将导致部分社会领域的监管缺失，增加社会不同程度的不和谐因素。社会管理需要用社会治理来取代原先落后的管理理念，社会治理将结合更多的社会资源参与到社会管理中，将以前社会等级制的自上而下的单轨管理转化为自上而下与自下而上相结合的双规制治理模式。这一新的治理模式的建立，需要在依据现代科学技术和理论的基础上，建立有别于过去的社会管理秩序，在一个共同体社会中，建立起一个从单一中心化转为多中心化和去中心化的社会治理与自治一体化的结合体。国家法律法规等制度体系及现行的国家政策精神，赋予每个处在一定社会关系中从事实践活动的人及其群体责任和权力。由于每个个体和群体在社会上的角色不同，其责任和权力的大小也有区别。但是不外乎行使权和监督权，社会治理人人有责、人人尽责，在社会治理的过程中会形成以前没有过的、需要逐步开发的监督权。看到违法违规行为，你就要通过制止、举报、揭发等手段去行使自己的监督权。如果为了个人的利益而视而不见、装聋作哑就是失责。当然这种社会治理模式呈现出来的是权责关系，其责任需要客观地被确认和记录，并可能需要通过现代信息科学技术的处理来落实权责关系。

公正而又理想的社会治理秩序，是在社会制度创新和技术创新相结合的基础上形成的。社会的公平公正不是平白无故地得到的，而是需要通过社会民众的共同努力和协调合作来实现。公正而又理想的社会治理秩序能够实现社会效益的最大化。公正是建构社会治理体系的基本价值取向和重要原则，社会治理让公正的理念渗透到社会生活、社会生产、社会交往等各个领域，人们在公正力量的引导下，激发出社会活力和创造力，并共同建设社会公众喜闻乐见的理想的社会秩序。

四、公正制度的落实与激发社会活力的凝聚

有组织的社会活动，是伴随人类社会的发展而逐步形成和发展起来的。专业化组织结构包括为实现组织目标建立起来的大中型科层制组织，各种科层制组织的叠加形成了更为庞大的社会管理体系。复杂的科层制组织，很难实现韦伯描述的科层制管理的理想状态。随着社会科技的高速发展，科层制组织管理模式已经很难适应社会发展的需求，科层制组织上下层次间的各种信息不对称情况越来越严重。组织内的机会主义者利用信息的不对称性，阻碍了组织内外的制度的顺利执行。尤其是利用组织信息的不对称性，变相抵制国家法律制度落实到各级组织。

习近平在党的十九大报告中指出：破除妨碍劳动力、人才社会性流动的体制机制弊端，使人人都有通过辛勤劳动实现自身发展的机会。因此，要实现组织内外的人才流动，通过落实各项人才政策，让人才发挥应有的作用。这就需要建立和完善强有力的能够深入组织内部的社会人才合理利用的监管体系。这需要改变原来的社会管理模式，用社会治理模式，打开大中型科层制组织层级间的信息不对称局面，让浪费社会人才资源、打压人才合理竞争的组织和个人承担责任。通过社会治理的组织治理，促进组织内外的人才，通过公正、合理、顺畅的渠道，在组织内外实现人才纵横向的合理流动。运用社会数字治理信用化系列工具，收集组织内与人才管理相关的诚信信息，通过诚信能力的客观性评价，将该组织的人才管理与和责权利相关的奖惩信息向社会公布，让社会人力资源配置效率得到提高，从而增强社会活力，不断提高社会创造力。

五、社会治理现代化和社会公正的维护

建设人人有责、人人尽责、人人享有的社会治理共同体的前提，是在尊重国家法律的基础上，使责权利关系得到均衡，也就是要求权力运行在法治轨道上，是衡量权力行使人权力行使的能力。人人有责，从责权利关系上说就意味每个人都要用好自己手中的权力。每个社会人在组织中的角色不同，权力的性

质、范围、大小不同，每个社会人都应该尊重和珍惜自己手中的权力。根据2018年3月出版的《中华人民共和国宪法》序言：在我国，剥削阶级作为阶级已经消灭，但是阶级斗争还将在一定范围内长期存在。中国人民对敌视和破坏我国社会主义制度的国内外的敌对势力和敌对分子，必须进行斗争。作为一个中国公民，有权利和义务对破坏社会主义制度的敌对势力和敌对分子做坚决的斗争。作为职业人，当在自己的组织内发现破坏组织制度的现象时，要站出来和违法、违规、违反制度的任何人作坚决的斗争。这是作为一个中国公民和普通员工的责任。作为社会自然人，当在自己的社区内或者公共场所发现破坏社会公共制度的现象时，要站出来和违法、违规、违反制度的任何人作坚决的斗争。这是作为一个社会自然人的责任。社会公正需要社会每一个人来维护，建设人人有责、人人尽责、人人享有的社会治理共同体，提高每个人的责任意识，将有利于维护社会公正。人人尽责，需要每个公民认真学习国家宪法、法律等各项制度规则。社会治理的各个协作平台将为人人学法、用法等提供便捷。

六、实现社会治理公正，凝聚社会群体人心

公平是指在特定的社会历史条件下，人们按照一定的社会评价标准（制度规则、道德习俗等），对以利益分配对称为核心的人与人之间的社会关系的现实状态所做出的应当、合理的规范要求和价值评判。《布莱克法律词典》认为，公平是指法律的合理、正当适用。公平是一定社会关系下的相对的公平，其标准是历史的。就不同的社会制度而言，人们评价某一社会制度更公平，是相对于以前的社会制度而言的，人们评价同一社会制度时，公平总是相对于某一特定尺度而论的。在认识和评价是否公平的问题上，人们总是从特定的目的出发，评价的标准和尺度带有明显的主观色彩和极大的差异性。"马克思关于未来理想社会的设想，无论是按劳分配的共产主义低级阶段，还是按需分配的共产主义高级阶段，基本原则都是公平正义和人的解放，人的自由全面发展是最高的公平正义。"[①] 公平的含义括包括机会平等和结果平等两个方面。机会平等理论认为，在一个社会体系中，当面临同样的竞争时，所有人都平等地站在同一起跑线上，而社会根据起跑后的最终结果，给予不同的人以不同的奖

① 郭强，社会主义与公平公正平等笔谈 公平正义是社会主义第一价值观 [J]. 科学社会主义，2013（3）：4.

励；相反，结果平等理论是一种“补偿式平等”，力求通过设计社会制度，使之既有效率又能兼顾到社会弱势群体的长期利益，这也是福利国家主义的一个基本概念。公平既涉及法律、制度、道德、利益、机会、福利等，还涉及多种理论。其中，公平理论认为，人们不仅关心通过自己劳动所收获的报酬的绝对数目，还关注该数目与其他人的比较。人们将努力、经验、教育和能力等投入与诸如收入水平、提升、赞誉等产出进行比较。当人们觉得自己的投入产出比率与他人的相比不平衡时，就会产生紧张。当人们为追求他们所认为的公平和公正而努力时，紧张就转变成激励的基础。实事求是地衡量责权利关系，可以凝聚群体人心，或者说形成组织中的凝聚力，这对提升组织应对风险的能力和组织自身的发展壮大非常重要。组织中的中高层管理者，如果一味追求个人利益，而不去深入基层，用科学的方法去测量与组织利益分配相关的公平感，群体将不会凝聚，群体情感就会被触犯。一般这类组织中的高层管理者会龟缩在一个很小的集团内活动，不敢推心置腹地和组织内的批评者公开辩论。尤其是在国有组织内，这类情况尤为严重，缺乏凝聚群体智慧和群体创造力的组织，应对风险的能力是很弱的。国有大中型企业大批破产、僵尸企业存在就是一个个例证。国有资产大量流失，说明制度对机会主义的阻击没有形成有效手段。能够开展组织之间和组织成员之间公平竞争的可能性不大。在形式主义、官僚主义盛行的组织中，权力压制人才，制度成为选择性报复正义的批评者的工具。不以激发组织活力的公平利益分配，依靠与权力者亲疏关系所形成的人为制造的贫富悬殊危害极大。

社会治理和自治将与社会数字治理信用化技术相结合，通过信息化互联网的计算机技术的运用为组织建立公平衡量的系列指标，选择诚信的第三方专业机构，定期对组织内的公平问题进行检测。通过组织、组织成员之间的责任纵横向的连接，找到责任者，找到贡献者；实现真正意义上的符合客观事实的，契合按劳分配制度原则的分配方案；符合客观事实的贡献者，被选入组织的核心层，进行精心培养，成为组织栋梁；人事升迁有理有据，符合功绩制制度原则，这些都是形成群体凝聚力的基础。

第四节　协同治理下有效的公平竞争

一、公平竞争需要制度保障

党的十九届四中全会《中共中央关于坚持和完善中国特色社会主义制度、推进国家治理体系和治理能力现代化若干重大问题的决定》明确提出“社会治理是国家治理的重要方面。必须加强和创新社会治理，完善党委领导、政府负责、民主协商、社会协同、公众参与、法治保障、科技支撑的社会治理体系，建设人人有责、人人尽责、人人享有的社会治理共同体，确保人民安居乐业、社会安定有序，建设更高水平的平安中国。”。在这五千多字的公报里，“制度”一词被反复提及，标志着我们党对于加强制度建设和制度创新的迫切需求：提高社会治理“制度”创新的质量，让社会治理的创新制度解决社会中的实际问题；通过社会数字治理信用化技术工具的运用，将国家的各项制度的执行得到切实落实，以实现中华民族的伟大复兴。

随着我国社会主义建设的不断深入，人民的物质文化生活的质量不断提高，人民对未来美好生活的需求日益迫切，社会治理将为社会在民主、法治、公平、正义、安全、环境等方面水平的提升，促进社会进一步向前迈进提供动能。从社会现实看某些脱离社会主义发展方向的社会问题多与违反社会主义制度相关联的社会诚信（信用）缺失有关。主要表现在：个人信用失常，企业与中介组织信用恶化，银行信用受损，政府信用降损，道德失范、信仰危机和社会风气败坏。导致的后果是很多人对学习社会主义法律知识没有了兴趣。这个可以让行业组织的体制外第三方社会调查机构介入，在社会多方监管的前提下，通过社会问卷调查的形式，为法治建设获取相关数据。全面法治社会的确立，不仅关系社会各种资源的合理配置，还关系经济社会能否实现高质量的发展。任何人和部门所拥有的权力都是制度和法律规范下的权力，个人和部门权力不能凌驾于法律之上。当权力大于法律时，权力对诚信的轻蔑、对法律的无视，会使诚信缺失现象泛滥，会给社会诚信建设带来难题。

二、人人有责、人人尽责，需要一个低成本的协同治理平台

今天的中国，社会治理将会迈向党委、政府、社会、公众共同治理的新局面。按照国家宪法、法律、政策等精神，社会治理可运用更多社会科学的理论工具和现代信息技术手段，建立纵横向的协同治理与自治相结合的互联网＋模式，对于组织治理和自治更多地按专业类型分割，在组织的每一个网络平台上建立完善契约管理制度；通过智能合约、共识机制、信任机制的建立，逐步消灭人的“有限理性”和“机会主义行为”，从而使社会治理的网络平台成为人人有责、人人尽责、人人享有的社会治理共同体的社会共治平台。社会治理人人有责的“责”意味着存在责权利关系，即与每个人的责任、权力和利益相联系。根据 2018 年 3 月新出版的《中华人民共和国宪法》序言：中国人民对敌视和破坏我国社会主义制度的国内外的敌对势力和敌对分子，必须进行斗争。《中华人民共和国宪法》第五条：“中华人民共和国实行依法治国，建设社会主义法治国家。国家维护社会主义法制的统一和尊严。一切法律、行政法规和地方性法规都不得同宪法相抵触。一切国家机关和武装力量、各政党和各社会团体、各企业事业组织都必须遵守宪法和法律。一切违反宪法和法律的行为，必须予以追究。任何组织或者个人都不得有超越宪法和法律的特权。”在任何场所、地点、时间发现一切违反宪法和法律的行为，作为中国公民，一旦发现这种违法行为，有权力追究，或通过相关部门的协助予以追究。如果一个组织和个人能够及时制止这类违法违规行为，就会鼓励更多的人站出来维护国家的法治权威。这些维护社会公平正义的组织或个人，或许是社会相对弱势的群体和个体。从公平正义的角度看，维护社会公平正义、维护社会主义制度尊严的个人和组织，后期需要得到保护，需要从技术上采取一系列的措施，并且作为社会治理制度体系中的一部分，这样才能让更多的个人和组织团结起来，维护国家法律制度的尊严。马克思说过：“人们为之奋斗的一切，都与他们的利益有关。”[①] 所以，在责权利关系的平衡中，对于权力的规范，需要利益这把钥匙。面对客观责任必须反应迅速，善于运用社会数字治理信用化提供的工具，对责任与贡献进行必要的奖罚，奖惩的额度需要科学衡量，责任者惩，被罚款，举报者奖，得善财，以确保责权利关系下的利益得到平衡。探讨保护和奖励举报人的制度建设，应在对举报人进行奖励的同时，保护举报人的相关信息不被泄密。

---

① 中共中央编译局．马克思恩格斯选集 [M]. 北京：人民出版社，1991：21.

这样能够将学习法律制度，从为保护个人权利不受侵犯而学习法律制度知识的目标转变成为以理想社会目标实现为目的法律制度学习。

三、科技人才的公平竞争

创新驱动是人才驱动，是组织治理的核心，公平竞争则是推动我国经济进入高质量发展的基础。社会信用体系的信用信息记载是以客观状况为基础的，创新贡献就是要以为社会实际创造的价值多少来衡量。

2018 年第十次中国公民科学素质调查结果显示，我国具备基本科学素质的公民比例达 8.47%；有研究显示，在世界创新型国家发展过程中，具备科学素质公民达 10%，创新实力、人才培养才能达到相应水平，为创新发展提供持续支撑。大学、医院、科研院所等是知识密集型行业，科学素养相对较高，达到或超越 10% 是没有问题的，为行业内人人创新提供了有力的支持。如果能够调动人人参与创新，将对推动整个社会的创新活动的全面开展具有重要意义。习近平在 2016 年哲学社会科学工作座谈会上的讲话指出："哲学社会科学创新可大可小，揭示一条规律是创新，提出一种学说是创新，阐明一个道理是创新，创造一种解决问题的办法也是创新。"[①]创新需要不断积累经验，从小到大逐步进行。众多小的创新能够汇集在一起，也许就能够实现大的突破，形成大的创新成果。这就需要通过组织的协同创新来完成。"人们的创造力天赋确实存在差别，爱因斯坦、爱迪生、毕加索和莫扎特都是拥有超创造力的人，毫无疑问，超常创造力很少见，一项研究调查 461 位男性和女性的终身创造力的研究发现，拥有超常创造力的人少于 1%，而有 10% 的人拥有高创造力，另外有大约 60% 的人有一定的创造力，这表明我们大多数人都是有创造性潜力的，关键是我们要学会释放它。…….基于大量研究提出了个体的创造力本质上需要专业知识、创造性思维技能、内在任务动机，……创造性的人经常与热爱他们的工作有关"。[②]虽然在一个组织中，不难找到创新人才，但在组织主导下创新，能不能实现预期的创新目标，这个与组织创新治理密切相关。让组织内部成员认同组织内的创新发展的价值观，自觉投身组织倡导的创新活动中去，需要从组织中每个成员的利益分配和社会性需求入手，建立公开、公平和公正

① 习近平：在哲学社会科学工作座谈会上的讲话(全文).中国新闻网：http://www.chinanews.com/gn/2016/05-19/7875385.shtml.

② 斯蒂芬·P.罗宾斯.组织行为精要[M].柯将华，译.北京：机械工业出版社，2003：4.

的绩效评估体系。一般而言，公平性、竞争性、激励性、合法性、保密性、经济性是薪酬福利体系设计应坚持的六项基本原则。其中，公平性原则包括内、外部公平，即表示无论在企业内还是企业外，都要使员工感觉到自身所做的贡献与得到的薪酬相匹配；在现代企业中越来越重视保密性原则，这是由逐渐激烈的市场竞争和严重的人才流失问题造成的；企业的竞争性和激励性能够提高员工的积极性，但是这种方式会使企业负担增加，人力成本也有所提高，所以相关人员在运用有限资金时要采用合理的方式；保密性原则不能滥用，一旦滥用可能滋生腐败，需要依法依规实施。

四、职业人公平竞争

“公平竞争宣言对公平竞争的主要威胁来自当今人们过分地强调赢得比赛胜利的重要性。”[①] 奥林匹克运动场上的运动员的体育竞技，所有的运动员都想自己能够获取一个好的成绩，如果过分强调结果，不考虑过程的合规性，就可能触犯规则而产生舞弊行为，这个就涉及竞技场上对规则的诚信问题。随着我国社会经济的快速发展，社会专业化、精细化分工不断提高，城市化的过程导致农村人口向城市集聚，来自不同地域的人们集聚在一起进行经济生产和社会生活，地域的不同带来了不同的价值观和不同的生活习俗，也引起了各种观点上的冲突。这些来自五湖四海的人来到同一个组织中，为实现组织目标，就要避免在实现组织任务时可能出现的各种冲突。一旦组织内外制度执行不力，组织内部制度不健全，必然在组织群体之间形成不公平的竞争。权力者就会运用主观标准来评价组织中的每一个人，而人们为了摆脱对自己不利的职场局面，不得不增加职场内的一些活动，以使自己在组织中的各种与利益相关的待遇不受影响，这就给组织的发展造成了负面影响。

现代社会信息化技术不断发展，交通设施越来越完善，世界各国的人们交往越来越频繁，世界被称为地球村，国与国之间的科技竞争将变得越来越激烈。组织之间的竞争需要通过科技创新来实现不断的超越。组织中对权力的规范将是一个非常现实的问题。用主观评价职场中的每一个人，将对职业人的公平竞争带来巨大阻碍。事实上，在组织中，若既无善意信仰的个人或者群体，又无法阻拦机会主义的制度，那就必然存在利益小集团、潜规则、权力寻租、权力资本化、搭便车等现象。随着国家越来越重视创新，以及各项政策的不断

① 佚名．公平竞争宣言 [J]. 体育文化导刊，1995（5）：30-32.

出台，职场上竞争舞弊行为更为隐蔽而复杂。所以，不管是人们价值观和习俗不同的问题，还是责权利关系中的权力运行失衡问题，都需要用制度来规范职业人的公平竞争，而这最终考验的是组织内的制度执行能力。

五、组织之间的公平竞争

组织竞争的背后在很大程度上说是人才的竞争。在任何一个组织中，只有通过群体的协调与合作，才能完成各项工作和任务，从而实现各项目标。然而，随着科技学术的快速发展，社会分工的精细化程度不断提高，导致组织之间的竞争加剧。组织之间的公平竞争面临着过于强调竞争结果而忽略组织之间的竞争过程的问题。导致组织竞争有失公平的不道德或违法行为一般被称为组织之间的不正当竞争。组织之间竞争面临着各种不确定性因素，合规组织可能会受到外部违法组织的侵害，而违法组织的违法或不道德行为会给予自己竞争的其他组织带来损害，从而使组织之间因违法违规和不道德的组织行为而产生了各种不正常的竞争冲突。因此，如何避免组织内外的各种利益冲突所引发的组织与组织之间的矛盾，减少组织之间因不公平竞争所带来的损失，就成了社会和政府必须正视和妥善解决的一个重要问题。随着市场经济专业化程度不断加深，社会分工越来越精细化。这需要组织之间公平竞争。在竞争公平的前提下，才能促进社会分工的合理化和高效率。

组织内部和组织之间的公平竞争需要制度来规范。组织内部和组织之间要通过一个有约束力的协议（契约）来执行各项制度，因为组织竞争中各种违法违规现象都与组织中的个人或群体有关。协议（契约）即便是规范的，但还是会涉及制度的执行力问题，这是个“拜占庭将军问题”，组织中公平竞争制度需要组织成员共同执行，是个统一的行动计划。在执行该行动计划的过程中，组织内部也有可能有个别几个成员并不愿意执行该计划，甚至会破坏行动计划。为了克服这个问题，需要运用现代信息化计算机技术下的区块链技术，设计出符合组织制度执行和控制的分布式账户和共识共治机制，使组织内某些违反协议（契约）的小群体或者个人获得惩罚。

第五节　社会治理与社会大团结

一、组织凝聚力和组织成员团结

社会主义核心价值观：富强、民主、文明、和谐、自由、平等、公正、法治、爱国、敬业、诚信、友善。社会主义核心价值观是中国梦不可或缺的价值内核。可以通过社会数字治理信用化实现社会大团结，进而实现中国梦。社会大团结是促进经济高质量发展，维护社会稳定，构建社会主义现代化强国的基础。

社会主义核心价值观是维持社会经济持续健康发展和社会和谐稳定的基础。社会主义法治框架下的国家治理是依法治理社会主义民主政治生活的基本需求。通过社会诚信建设与法制建设共同维护和保障公民的基本权利，是我国实现社会平等、自由、公正、公平、正义的制度保证。社会诚信即诚实守信，是我国千百年来一直传承和弘扬的传统美德。目前，我国正在建设的社会主义信用体系以树立社会诚信文化理念为根本，是社会主义道德建设的重点内容。通过社会信用体系建立守信激励和失信约束的奖罚机制，增强社会的诚信水平和诚信意识，从而实现社会稳定，激发社会活力。人们通过诚实劳动、信守承诺、诚恳待人实现社会大团结。依法治国是建设社会主义法治国家的基础。社会治理和自治必须以国家的法律、法规、标准、契约为依据，以德治与法治相结合，这是加快推进社会治理现代化的基础性保障。

社会职业群体是社会主义建设的主要力量，存在于现代社会各种类型的组织中。随着社会经济的高速发展，社会分工的精细化程度越来越高，以往陈旧的工业化社会管理模式越来越不适应信息化社会管理的需要。在此背景下，世界主要的发达经济体和国家纷纷提出了社会治理理论，希望能够改造现有的管理社会的机器——科层制（等级）组织。然而，仅仅依靠理论是不行的，需要用科学理论，通过制度创新、技术创新，为社会治理提供有力的工具，以补齐管理社会机器的科层制（等级）组织的各种短板。

社会经济的快速发展、社会分工的不断精细化促进了社会各类型组织的管理模式不断演变。以人为本的、理性化的组织治理理念为组织与管理提供了新的方法。社会治理下的组织创新治理，重视对人的管理，因为对物的各种管理是通过人的管理来完成的。以人为本的、理性化的组织治理理念关键在于组织通过一系列协议（契约）管理，使成员之间遵守自己的承诺，并诚信地去执行与协议（契约）相关的各项规章制度。这样就能够提高管理效率，提高组织工作业绩。社会治理下的组织治理注重内外沟通与协调，增强责任意识。以人为本的管理方式注重调动人的积极性，要求对组织成员的心理和行为进行准确的引导，通过组织内的协调、沟通、合作，让组织成为一个有凝聚力的群体，实现组织的各项目标。只有更多的组织成员成功才能促进组织成功，而更多组织的成功就是国家的成功。现代社会越来越依赖科技创新来推动经济发展和促进社会和谐。为此，实现组织之间各项创新目标，需要公平竞争来提高创新效率；将面临科学的公平管理问题，公平标准和法律制度建设与社会理性相关，组织需要给予每个成员公平的待遇，这要求管理者树立公平的理念，并形成共识，自觉遵守组织内的各项制度、规范。随着社会的快速发展，组织结构与规模越来越复杂，将面对不断壮大起来的、更为复杂的科层制（等级）组织，其原先内部模糊的责任边界需要通过一定的技术手段重新界定，否则将严重影响组织创新效率和日常工作。通过社会治理及相关技术的参与，清晰地描述责权利关系，将责任的解释建立在真凭实据的基础上，通过社会数字治理信用化的技术工具，来解决组织与管理中因为信息不对称而形成的各种诚信问题。

如果一个组织中的群体有凝聚力，就可以促使组织不断壮大，有利于社会大团结。这有赖于发挥社会主义制度的优越性，保持良好的社会道德和伦理，更需要社会的诚信治理。社会治理和社会信用体系的建设，将促进个人、群体和组织之间相互尊重、互相平等、互相帮助，形成符合时代潮流的社会主义新型人际关系。

二、共产主义信仰者

1848 年《共产党宣言》的发表开启了人类历史的新篇章，其不仅没有因为随着岁月流逝而失色，反而通过世界各国的社会实践，越来越显现出其理论价值，成为世界各国改造社会的一项重要理论和工具。1917 年 11 月，列宁领导的俄国十月社会主义革命取得了胜利，并建立了无产阶级专政的国家政权。1921 年 7 月 23 日，中国共产党第一次全国代表大会在上海召开，以马克思列宁主义为其行动指南，在中国共产党的领导下，推翻了半殖民地半封建的社会，于 1949 年中华人民共和国成立到 1956 年基本完成社会主义改造，随之而来的是世界各国的共产主义信仰者的不断涌现。共产主义信仰无论在社会主义国家抑或资本主义国家，都产生了深远而又深刻的影响。

社会主义是共产主义的初级阶段，共产主义社会的根本目标是消除阶级，实现社会的共同富裕。社会主义高级阶段是共产主义社会的实现。共产主义社会的实现需要大量的共产主义信仰者，才能加快社会主义初级阶段的建设速度，快速朝着共产主义社会方向发展。共产主义是一种政治信仰或社会状态，需要通过社会实践验证其理论的正确性。随着社会信息化网络化技术的更新变革，新产业、新业态、新模式的不断形成，与社会发展相关的社会文化、社会生产力、社会关系三者之间的结构与资源配置也将发生变化，深刻影响着社会管理的方式，原先工业革命所形成的社会管理模式将被全新的数字化社会治理所取代。共产主义的社会实践活动会有更先进的技术手段来测量，并以此引导社会由社会主义初级阶段进入社会主义高级阶段。

社会主义建设中的各项制度对社会主义建设非常重要。执行有效的社会主义制度将有机会解决空谈远大理想的问题。另外，以诚信管理为基本原则，分析社会主义建设中各种实践活动的优劣，通过数字化的客观性判断，获得客观的实践活动数据，为社会主义建设的实践活动提供指导。通过社会的创新治理，来提高整个社会的信任度，极大地降低了社会管理成本。

社会信任离不开社会道德诚信的建设，可以通过社会诚信治理来完善社会信任制度系统。人们之所以守信，是因为受到法律制度的制约，不敢做出背信弃义的行为，之所以信任他人，是因为相信这些社会机制的有效性。系统信任是社会制度的产物，是建立在法律制度基础上的一种社会现象；系统信任不依赖人们之间的熟悉程度或者交往时间的长短，而是以正式的、合法的契约和社会规章制度为载体的新型信任模式。它依靠的不是契约、法律、制度的某一条款、某一部分，而是对整个法制系统和制度系统的基本精神的信任，也就是坚持法律是信任的基础。也有人认为，社会信任是文化价值观的产物，人们之所以守信或信任他人，是因为文化中含有倡导诚信的道德规范和价值观念并得到了人们的认可和内化。社会诚信治理可以运用社会信用体系的系列工具，建立遏制社会失信行为的信用制度，提高社会群体和个体的诚信意识和自我约束能力，并将诚信文化融入社会生活的方方面面，建立与社会高质量发展相适应的信任社会。快速建立与社会高质量发展相适应的信任社会，需要更多的既有共产主义信仰又有业务技术能力的人的参与。而社会数字治理信用化的建设将加速推进社会治理现代化建设的进程，从而准确地检测到更多的有业务技术能力的共产主义信仰者，为社会治理各项目标的实现提供源源不断的人才。这些具有业务技术能力的共产主义信仰者将被安排到社会主义建设的重要岗位上。

三、社会主义制度信仰者

毛泽东同志曾指出："现在我们实行这么一种制度，这么一种机会，是可以一年一年走向更富更强的，一年一年可以看到更富更强些。而这个富，是共同的富，这个强，是共同的强，大家都有份。"[①]社会主义制度最大的优越性在于共同富裕。

党的十八大以来，以习近平同志为核心的党中央，明确坚持和发展中国特色社会主义，总任务是实现社会主义现代化和中华民族伟大复兴，"明确中国特色社会主义事业总体布局是'五位一体'、战略布局是'四个全面'，强调坚定道路自信、理论自信、制度自信、文化自信"[②]。中国社会主义制度具有鲜明的中国特色和明显的制度优势，制度优势来源于自我完善和自我创新能力。制度的自我创新涉及经济、政治、文化、社会、生态、文明等各个领域。

社会主义制度信仰者，不仅参与制度的宣传教育，还涉及对社会主义制度价值的科学衡量，是社会主义公平正义制度建设和执行力提升的引路人。社会数字治理信用化，从执行制度的行为人对制度执行诚信的行为模式入手，通过对执行制度行为人的诚信度的积累，逐步明确各执行制度主体的诚信度。个体和组织对制度执行的诚信度，可以引导社会对该个体和组织形成信任。制度执行诚信教育能够促进信任组织、信任社会的形成，但制度诚信仅仅依靠教育是不够的，还需要社会治理下的社会诚信管理。通过制度诚信教育和制度诚信管理，大力培养社会主义制度的信仰者，推动中国社会营造一个高度信任的社会环境。

从研究结果来看，中国社会在一定程度上仍然保留着很强的家族意识及对陌生人的不信任。但是，相互依恋关系不适应现代化大生产，甚至在很多方面有碍于社会的发展，要使经济现代化，必须扩大组织规模和交易范围。熟人相互之间依恋关系的特殊信任，形成了中国社会低信任关系。这与中国长期的封

① 毛泽东．毛泽东文集：第6卷[M]．北京：人民出版社，1999：495.

② 习近平．决胜全面建成小康社会 夺取新时代中国特色社会主义伟大胜利 ｜ 在中国共产党第十九次全国代表大会上的报告[M]．北京：人民出版社，2017-11-19.

建社会的统治有关，封建社会统治阶层存在着依附关系，表现为上级决定下级的前途和政治命运，下级将个人的政治发展前途寄托于上级身上，而不是由功绩制度来保障。社会主义制度下上下级之间的关系，要能够在社会法律规范下，体现出为社会做贡献所形成的公平竞争关系，通过诚信制度的执行，为国家和自己所在的组织创造价值，从而体现出社会主义制度的优越性，实现社会共同富裕和繁荣。封建社会依恋或依附关系，对我国经济社会高质量发展形成巨大的威胁，同时对我国建立社会主义法治国家造成阻碍。由此可知，培养和造就一大批中国特色社会主义制度信仰者和践行者任重道远，需要社会各界的不断努力。

狠抓制度执行力，坚持制度面前人人平等。为制止阻碍和破坏执行制度的各种行为，需要社会主义制度信仰者这一新时代人才的不断涌现，只有这样，才能坚决纠正有令不行、有禁不止的行为的蔓延，才能稳固社会主义制度根基、趋利避害、扬优势、补短板。

四、构建社区自然人基层治理和基层自治网络

从网格化管理到网络化治理的创新升级，意味着“一元领导”到“多元共治”的转变，改变主要依靠命令和动员的方式来实现，将更多主体纳入社会治理体系中，重新明确党组织、政府、企业、社会组织和民众等主体间权、责、利的边界，不仅要强化党的全面领导能力、提升政府的现代治理能力，还要进一步释放市场力量以增加公共服务供给体系的活力。所以，构建社会治理网络，首先考虑的是如何化解科层制组织内部的信息不对称所引发的机会主义倾向。要将科层制组织内部分割出更小的责任单元，来对科层制组织存在结构科层化和功能科层化进行分离，只有将虚拟分解后的科层制组织植入针对性的制度规范，才能生成对每一人都能够形成的结构性约束力。但是，这仅仅是一种结构，还要形成网络化治理自上而下的治理与自下而上的自治的互动，在制度规范等原则的基础上控制的网络权威体系，通过合作、协商、沟通等关系形成对权利关系的共识。所以，被分割出来的组织和个体的责任主体，需要区分是独立责任还是连带责任，需要进行客观的责任分配，实现责任的精准定位，不管是领导还是群众都有可能被责任定位。

对社区自然人的治理，也要确立一个治理中心。社区自治是社区居委会领导下的社会自治组织，最小的组织是居民小组，通过网络进行自治活动。社区

治理和自治，按照自下而上的组织层级推演，分为居民个体、小组、居委会（村委会）、总部（党委、街道主任、街道管理委员等）。

五、构建职业组织基层治理和基层自治网络

构建职业组织基层治理和基层自治网络与社区自然人基层治理和基层自治网络差别不大。

但职业组织内的职业人是双重身份，在社区、公共场所是自然人身份，在组织中是职业人身份。同样由于社会角色的转换，其所承担的责任也不同。职业人基层治理，一般按照组织指挥链上承载的各级职权链，将组织分割成更小的责任主体。社会治理中的组织自治，通过由职工代表大会领导下的组织自治。组织治理和自治，按照自下而上的组织层级推演，分为岗位成员、小组、科、总部（党委、董事长、厂长、职工代表大会、总部最高管理委员会等）。

对于社会中各种类型的小型公营组织和私营组织，可以由社会第三方信用服务机构提供相关服务。其他社会专业化的服务组织，也可以通过各种形式为各类小型组织提供与治理相关的技术和服务。

六、社会大团结

抗战歌曲《团结就是力量》由牧虹作词、卢肃作曲，产生在 1943 年 6 月晋察冀边区平山县的一个小村子。“团结就是力量，团结就是力量，这力量是铁，这力量是钢，比铁还硬，比钢还强。向着法西斯蒂开火，让一切不民主的制度死亡。”这是首抗战歌曲，是在抗战最艰苦的时候，写出来的。其在边区广泛流传，极大地促进边区军民的团结。中国梦的基本内涵是实现国家富强、民族振兴、人民幸福。今天的中国要实现中国梦，同样需要社会上下团结一致。

随着我国社会经济的快速发展，社会分工的精细化程度越来越高，人们的社会活动范围在不断扩大，市场交易的层次更加复杂，人们的行为方式变得更加多样化，为此带来了诸如隐瞒、欺诈、腐败、偷盗等许多社会问题，这些问题不仅存在于社会的各类组织中，还存在于社会群体中。对实现中国梦和社会大团结带来不利的影响。因此，国家需要更好的制度来适应社会经济不断发展的需要。

在中国的农业文明时代，封建社会管理主要通过封建官僚的权力实现对社会的统治；在西方资产阶级的工业革命时代，资本主义社会主要依靠法律和制

度来管理社会；社会主义社会是比资本主义社会更为高级的社会，法律和制度更具有正义性。

改革开放 40 多年来，我国社会的所有制结构、技术能力、资源配置都做出了很大的调整，促进了社会生产力水平的不断提高。社会管理模式为适应社会经济的高质量发展，需要采用更为先进的社会治理模式来替代传统的管理模式，这就是社会治理理论下的组织治理与组织自治。在社会治理模式下不仅要更加尊重法治和制度，还要能够体现社会道德与伦理。

实现中国梦需要社会大团结的和谐环境。社会群体团结的纽带离不开社会法治和道德、伦理建设，离不开社会成员的诚信品德和对信用契约的遵守。这对社会制度的创新提出了更高的要求。要创新更有价值的制度，提高制度的绩效，应依靠更多的社会力量，共同维护社会群体之间的秩序、平等、和谐和团结。为此国家提出了建设人人有责、人人尽责、人人享有的社会治理共同体。马克思在《论波兰》中指出："要使各民族真正团结起来，他们就必须有共同的利益。"[①] 我国是个多民族国家，随着社会经济的快速发展和城市进程的加快，五湖四海的人们聚集在一起，带来的不同价值观和生活习俗等引起了各种不适应。聚集在一起的职业群体，需要道德和伦理来维护秩序与公平，才能形成职业群体之间的凝聚力，从而为完成组织内的各项任务和组织的发展壮大提供基础性保障。但是来自不同地域的人们对道德和伦理的认同程度是不同的，所以需要在法治框架内，建立制度并通过协议（契约）形成共识并共同遵守，运用社会治理和社会信用体系下的一系列工具，实现社会秩序、和谐、公平、团结。这是一个既不影响博大精深的中华文明延续，又能够尊重法律、公序良俗的最为便捷的解决方案。

实现中华民族伟大复兴的中国梦，需要社会主义制度来保障，而执行好社会主义的各项制度是我们每个人的责任和义务。中国梦的实现需要许多国家政策和制度的落实，并且这些政策和制度要得到切实执行，将会涉及政务诚信、商务诚信、社会诚信和司法公信领域。中国社会治理和社会信用体系不是计划经济下的产物，而是在社会科学理论指导下的组织与治理的实证科学。国家法律制度的遵守和国家政策的落实，要与社会各类组织中事先设立的与法律、制度、规范等相关的培训科目相结合，以此为前提，获得与组织治理能力不断提升相适应的执行能力。

① 宋月红，当代中国民族区域自治的建设和发展 [J]. 前线，2017（8）：39-44.

邓小平认为："我们这么大一个国家，怎样才能团结起来，组织起来呢？一靠理想，二靠纪律，组织起来就有力量。没有理想，没有纪律，就会像旧中国那样一盘散沙，那我们的革命怎么能够成功？我们的建设怎么能够成功？"[①]他通过总结政治与军事活动的经验认为，人的团结是最重要的，"要团结就要有共同的理想和坚定的信念，没有这样的信念，就没有凝聚力。没有这样的信念，就没有一切"。上述理想、纪律的获取。一要依靠教育宣传能力；二要依靠技术能力；三要依靠诚信能力；四要依靠执行能力的不断提升。

社会大团结，来自社会各类型组织之间的内外团结。要团结就要有共同的理想和坚定的信念，信念是力量、目标和成功的基础。信念的力量来自共产主义信仰、道德信仰、制度信仰。而社会数字治理信用化的系列工具，将力争营造一个更有利于共产主义信仰者、道德信仰者、制度信仰者成长的环境。同时，如果社会治理的每一个环节都能够做到缜密可控，就能够让社会主义制度的优越性惠及更多的社会群体，进一步形成更大范围内多层次的社会大团结。

① 邓小平文选（第3卷）[M]. 人民出版社，1993：111，190.

参考文献

[1] 尹利民 . 精细化治理的理论与实践——社会治理精细化 : 是什么？何以实现？ [J]. 国家治理 , 2018(13): 2–12.

[2] 新华社 . 中国共产党第十九届中央委员会第四次全体会议公报 [EB/OL]. (2019–10–31)[2019–10–31]. http://www.qstheory.cn/yaowen/2019–10/31/c_1125178191.htm.

[3] 俞可平 . 治理与善治 [M]. 北京 : 社会科学文献出版社 , 2000.

[4] 杨和平 . 从治理的角度论社会管理与社会自治的关系 [J]. 山东行政学院学报 , 2013(5): 56–58.

[5] 安仲文 , 高丹 . 行政管理学 [M]. 大连 : 东北财经大学出版社 , 2013.

[6] 刘雪松 , 宁虹超 . 社会治理与社会治理法治化 [J]. 学习与探索 , 2015(10): 69–73.

[7] 赵传君 . 社会治理法治化的深层思考 [J] 对外经贸 , 2015(1): 121–122.

[8] 郁建 , 兴任杰 . 中国基层社会治理中的自治 . 法治与德治 [J] 学术月刊 , 2018(12): 64–74.

[9] 戴小明 , 林孝文 . 论现代治理体系中的德治与法治 [J]. 湖北社会科学 , 2016(7): 31–39.

[10] 施雪华 , 张琴 . 国外治理理论对中国国家治理体系和治理能力现代化的启示 [J]. 学术研究 , 2014(6): 31–36.

[11] 郑钧蔚 . 社会治理理论的基本内涵及主要内容 [J]. 才智 , 2015(5): 262.

[12] 徐丹 . 美国社区治理中的第三部门研究 [D]. 武汉 : 华中师范大学 , 2014.

[13] 巴纳德 . 经理人员的职能 [M]. 王永贵 , 译 . 北京 : 机械工业出版社 2007.

[14] 巴纳德 . 组织与管理 [M]. 杜建民 , 译 . 北京 : 北京理工大学出版社 ,2014.03. 第 19–20 页

[15] 彼得·布劳 , 马歇尔·梅耶 . 现代社会中的科层制 [M]. 马戎 , 时宪民 , 邱泽奇 , 译 . 上海 : 学林出版社 ,2001.

[16] 张翼飞，郑莉．“社会”为何需要“治理”——西方社会治理问题的起源及其启示 [J]. 湖南师范大学社会科学学报，2017(4): 102–109.
[17] 张文显．法治与国家治理现代化 [J]. 中国法学，2014(4): 5–27.
[18] 严新明．公共管理学 [M]. 北京：科学出版社，2007.
[19] 格奥尔格·威廉·弗里德里希·黑格尔．法哲学原理 [M]. 范扬，张企泰，译．北京：商务印书馆，1961.
[20] 孙福川，王明旭．医学伦理学 [M]. 北京：人民卫生出版社，2013.
[21] 谭功荣．公务员制度比较研究 [M]. 重庆：重庆出版社，2007.
[22] 谭昭．中国县级党政领导班子年轻化建设的实践研究 [D]. 西安：西北大学，2010.
[23] 燕继荣．社会变迁与社会治理——社会治理的理论解释 [J]. 北京大学学报：哲学社会科学版，2017(5): 69–77.
[24] 尚巧艳．马克思主义法治理论视域下社会治理法治化研究 [D]. 兰州：兰州理工大学，2018.
[25] 杨士龙．发达国家热议六大社会治理难题 [J]. 瞭望，2015(10): 76–78.
[26] 陈凌昔．基于监管需求的医师信用指标体系的构建 [D]. 北京：北京中医药大学，2016.
[27] 亚当·斯密．道德情操论 [M]. 北京：西苑出版社，2005.
[28] 王东胜．社会信用体系原理 [M]. 北京：中央广播电视大学出版社，2011.
[29] 周飞跃．制度经济学 [M]. 北京：机械工业出版社，2015.
[30] 孙磊．信用体系演化的经济学分析 .[M] 北京：中国金融出版社，2010.
[31] 李帮义，王玉燕．博弈论与信息经济学 [M]. 北京：科学出版社，2017.
[32] 汪海运．风险治理中的责任困境与机制建构 [J]. 新西部：下旬·理论，2015(11): 78–79.
[33] 俞可平．全球化：全球治理 [M]. 北京：社会科学文献出版社，2003.
[34] 龙静云，熊富标．论作为社会资本的诚信与企业诚信治理 [J]. 江汉论坛，2011(1): 57–62.
[35] 安建增．政治哲学视野中的自治理论研究 [M]. 芜湖：安徽师范大学出版社，2015.
[36] 章敏敏．自治与我国城市社区社会组织自治概念辨析 [J] 城市，2018(5): 19–25.
[37] 王旭．国家权威、自治与公共理性——一种当代中国行政法学思想观念的叙事 [J]. 求索，2010(5): 45–47.
[38] 李永，胡文娟．论民法中的“意思自治原则”[J]. 法制博览，2014(3): 259.
[39] 童建军．习近平德治思想研究 [J]. 社会主义核心价值观研究，2017(3): 13–29.

[40] 新华社 . 习近平 : 坚持依法治国和以德治国相结合 [EB/OL].(2016-12-9)[2016-12-10]. http://www.xinhuanet.com/politics/2016-12/10/c_1120093133.htm.

[41] 熊建明 . 社区自治 : 架构国家权力的合法性基础 [J]. 南昌大学学报 : 人文社会科学版 , 2007(6): 47-52.

[42] 陈伟东 . 中国城市社区自治 : 一条中国化道路——演变历程、轨迹、问题及对策 [J]. 北京行政学院学报 ,2004(1): 63-68.

[43] 民政部就《城乡社区服务体系建设规划（2016—2020 年）》的主要内容和相关工作措施等答问 .[EB/OL].(2016-10-28)[2016-11-14].http://www.gov.cn/xinwen/2016-11/14/content_5132242.htm.

[44] 中共中央 国务院关于加强和完善城乡社区治理的意见 .[EB/OL].(2017-6-12)[2017-6-12].http://www.gov.cn/xinwen/2017-06/12/content_5201910.htm.

[45] 于志娟 . 中国钢铁行业产能过剩的统计测度与成因分析 [D]. 天津财经大学 , 2016.

[46] 邱晓华 . 论中国经济应当如何实现高质量发展 [EB/OL].(2019-11-18)[2019-11-18].http://www.china-cer.com.cn/zhonghong/201911181231_2.html.

[47] 吴忠民 . 公正新论 [J]. 中国社会科学 , 2000(4): 50-58.

[48] 斯蒂芬 · P. 罗宾斯 . 组织行为精要 [M]. 柯将华 , 译 . 北京 : 机械工业出版社 ,2003.

[49] 席恒 . 公与私 : 公共事业运行机制研究 [M]. 北京 : 商务印书馆 , 2003.

[50] 周义程 . 公共利益、公共事务和公共事业的概念界说 [J]. 南京社会科学 , 2007(1): 77-82.

[51] 何增科 . 社会维稳体制改革 : 走向可持续的稳定 [J] 社会治理法治前沿年刊 , 2012(1): 177-182.

[52] 张博 . 中国社会治安综合治理问题研究 [J]. 商业故事 , 2015(4): 124-125.

[53] 王磊 , 雷厉 . 新时代社会治安综合治理的路径 [J]. 南方论刊 , 2019(10): 47-48.

[54] 刘军 . 列宁国家制度创新思想及其当代价值 [EB/OL].(2020-04-24)[2020-10-20]. http://www.wuhunews.cn/lilun/p/2682548.html.

[55] 王一鸣 . 高质量发展离不开高效能治理 [EB/OL].(2019-11-18)[2019-11-18]. https://money.163.com/19/1118/22/EUA1N7G400258152.html.

[56] 杨述明 . 现代社会治理体系的五种基本构成 [J]. 江汉论坛 , 2015(2): 57-63.

[57] 雍兰利 , 叶微波 . 简论技术创新以及非技术创新 [J]. 科技进步与对策 , 2006(11):159-161.

[58] 肖显静 , 赵伟 . 从技术创新到环境技术创新 [J]. 科学技术与辩证法 , 2006(4): 80-83.

[59] 刘尚希 . 降成本关键是降低宏观成本 [J]. 山东经济战略研究 , 2018(5): 37-38.

[60] 郭生祥 . 信用经济学 [M]. 北京 : 东方出版社 , 2007.
[61] 陈东 , 黄旭锋 . 机会不平等在多大程度上影响了收入不平等?——基于代际转移的视角 [J] . 经济评论 , 2015(1): 3–16.
[62] 齐中英 , 朱彬 . 公共项目管理与评估 [M]. 北京 : 科技出版社 , 2004.
[63] 周国庆 . 辨析公平、公正、正义的基本含义 [J]. 延边大学学报 : 社会科学版 , 2009(5): 108–114.
[64] 张军 . 中国不止一个模式 [EB/OL].(1986–8–19)[2016–01–12]. http://www.wuhunews.cn/zjsp/p/810181.html.
[65] 2019 年全球及中国贫富差距分析报告 : 贫富差距使国家幸福感下降 [EB/OL].(2019–12–10)[2019–12–10]. https://www.sohu.com/a/359443876_120113054.
[66] 中共中央 国务院关于新时代加快完善社会主义市场经济体制的意见 [EB/OL].(2020–5–11)[2020–05–18]. http://www.gov.cn/zhengce/2020–05/18/content_5512696.htm.
[67] 大数据战略重点实验室 . 区块链 3.0: 秩序互联网与主权区块链 [M]. 北京 : 中信出版集团股份有限公司 , 2017.
[68] 朱萌萌 . 数字技术在电子商务网站移动客户端中的应用 [D]. 北京 : 北京工业大学 , 2013.
[69] 能向群 .Web2.0 时代的网络传播——SNS: 网络人际传播的现实化回归 [J]. 河北大学学报 (哲学社会科学版 , 2006,31(2): 130–131.
[70] 毛乐乐 . 浅谈我国移动新媒体与传统媒体的现状和发展趋势 [J] 新闻世界 , 2015(1): 54–55.
[71] 唐庆鹏 . 新媒体“去中心化”的政治学解读 [J]. 福州大学学报 : 哲学社会科学版 , 2018(6): 16–22.
[72] 何蒲 , 于戈 , 张岩峰 , 等 . 区块链技术与应用 前瞻综述 [J]. 计算机科学 , 2017(4): 1–7.
[73] 书皮说 . 报告精读 | 新媒体蓝皮书 : 中国新媒体发展报告 No.10(2019)[EB/OL].(2019–6–25)[2019–07–02]. https://www.pishu.cn/zxzx/xwdt/534392.shtml.
[74] 吕欣 . 以互联网深化应用推进政府治理现代化 [J]. 工程研究 : 跨学科视野中的工程, 2015(2): 198–202.
[75] 张琳婧 . 社会治理——治理理念的高度升华 [J]. 东方企业文化 , 2014(11):220.
[76] 陈莹 . 试析大数据时代的社会治理困境及创新发展 [J]. 学理论 , 2015(34): 87–88.

[77] 中国计算机学会大数据专家委员会 . 中国大数据技术与产业发展白皮书 (2013)[EB/OL].(2013-12-01)[2018-01-20]. https://max.book118.com/html/2018/0120/14973525/.shtm.

[78] 孙德尔 . 区块链技术与区块链思维 [J]. 内蒙古民族大学学报 : 社会科学版 , 2019(3): 120-124.

[79] 大数据战略重点实验室 . 块数据 3.0: 秩序互联网与主权区块链 [M]. 北京 : 中信出版集团 , 2017.

[80] 林钧跃 . 基于信用管理视角的《社会信用法》立法思考 [EB/OL].(2019-6-15 日)[2019-06-20]. https://www.sohu.com/a/321841644_777813.

[81] 张坦 , 黄伟 , 石勇 . 专题 : 大数据与信用评价系统——ISO 8000(大) 数据质量标准及应用 [J]. 大数据 , 2017(1): 1-11.

[82] 柯武刚 , 史漫飞 . 制度经济学 : 社会秩序与公共政策 [M]. 韩朝华，译 . 北京 : 商务印书馆 ,2000.

[83] 安振华 . 一切以人民为中心——延安时期的群众工作 . [EB/OL].(2018-09-18)[2018-09-18]. http://dangshi.people.com.cn/n1/2018/0918/c85037-30299313.html.

[84] 毛泽东 . 关于领导方法的若干问题 [M]. 北京 : 人民出版社 , 1953.

[85] 詹姆斯 · 索罗维基著 . 群体的智慧——如何做出世界上最聪明的决策 [M]. 北京 : 中信出版社 , 2010.

[86] 许斗斗 , 宁杰 . 国家治理中人民主体的责任价值 [J]. 学术研究 , 2017(1): 22-26.

[87] 张文显 . 法学基本范畴研究 [M]. 北京 : 中国政法大学出版社 , 1993.

[88] 埃米尔 . 涂尔干 . 社会分工论 [M]. 渠东 , 译 . 北京 : 新知三联书店 , 2013.

[89] 许斌龙 . 法理学视野下的权力概念 [J]. 党政论坛 , 2008(17): 41-43.

[90] 朱启才 . 经济学中的权力范式及其运行关系研究 [J]. 财经研究 ,2008(12): 97-106.

[91]] 张屹山 王广亮 . 经济学研究的权力范式导论 [J]. 学习与探索 , 2008(1): 141-146.

[92] 肖丽 , 梁晓雅 , 陆雄文 . 组织情境下的权力研究述评 [J]. 外国经济与管理 , 2012(3): 72-80.

[93] 冯绍君 . 利益分化与利益协调 [J]. 山东大学学报 : 哲学社会科学版 ,1990(1): 114-116.

[94] 鲁贵卿 . 管理中的“责权利” 平衡之道 [J]. 施工企业管理 , 2016(3): 81-83.

[95] 关庆利 , 张健 , 孙维胜 . 现代企业发展三要素及其权重分析 [J]. 经济与管理研究 , 1997(1): 34-36.

[96] 杨世忠 . 责权利关系定量分析初探 [J]. 经济与管理研究 , 1997(1): 29-34.

[97] 潘春辉 . 责权利的传统意识、现代视角及其在单位管理实践中的运用 [J]. 领导科学 ,2019(5): 37–39.
[98] 任志刚 . 在美国 ,“把权力装进了笼子”, 但是装进了谁的笼子? [EB/OL].(2019-09-19) [2019-09-19]. http://www.kunlunce.com/ssjj/guojipinglun/2019-09-19/136730.html,.
[99] 张永忠 . 现代化视野中权力资源的配置 [D]. 北京 : 中共中央党校 , 2005.
[100] 刘爱莲 , 安秋亭 . 中国特色社会主义社会治理主体探微 [J]. 桂海论丛 , 2016(1): 89–93.
[101] 顾肃 . 民主治理中的责任政府理念与问责制 [J]. 学术界 , 2017(7) 70–78.
[102] 蒋俊杰 . 政府失灵的形成与治理对策 [J]. 中共福建省委党校学报 , 2001(9): 44–48.
[103] 张景方 . 建设责任政府强化政府问责制 [J]. 青年与社会 : 上 , 2015(12): 1–2.
[104] 高扬 , 彭懿现子 . 治理现代化视域下社会组织的功能异化与治理风险 [J]. 知与行 , 2016(2): 92–96.
[105] 林钧跃 . 为什么主流经济学中没有“信用经济学”分支? [EB/OL]. (2019-04-15) [2019-04-15]. https://www.sohu.com/a/308002647_777813.
[106] 罗伯特 · B. 登哈特 . 公共组织理论 : 第三版 [M]. 扶松茂 , 译 . 北京 : 中国人民大学出版社 , 2003.
[107] 金敏 .《管子 · 明法》与《韩非子 · 有度》比较 [J]. 中外法学 , 1997(6): 111–113.
[108] 曹胜亮 . 全面推进依法治国的困境与求索——以国家治理体系和治理能力现代化为视角 [J]. 法学论坛 , 2015(1): 20–30.
[109] 周静 , 辛清泉 . 金字塔层级降低了国有企业的政治成本吗? ——基于经理激励视角的研究 [J]. 财经研究 , 2017(1): 29–40.
[110] 吴信如 , 宏观经济学 [M]. 上海 , 立信会计出版社 ,2003.
[111] 吴晶妹 , 林钧跃 . 信用经济学 [M]. 北京 : 高等教育出版社 , 2015.
[112] 朱顺泉 . 信用评级理论、方法、模型与应用研究 [M]. 北京 : 科学出版社 , 2014.
[113] 杨娅婕 . 马克思产权理论的现实意义 [J]. 经济研究导刊 , 2011(8): 1–2.
[114] 邱虹 . 对马克思产权理论的再认识 [J]. 科教文汇 , 2006(6): 191–192.
[115] 于榕 . 经济转轨中的国企产权改革与公司治理结构——中俄比较 [D]. 辽宁大学 , 2012.
[116] 徐传谌 , 张万成 . “经济人”假设的发展 [J]. 当代经济研究 , 2004(2): 27–31.
[117] 孙绍荣 . 制度经济学的新进展——制度工程学 [J]. 企业经济 , 2016(6): 5–10.

[118] 叶蜀君 . 信用风险的博弈分析与度量模型 [M]. 北京 : 中国经济出版社 . 2008.
[119] 鲍芳 , 程雪芳 . 合作博弈中的夏普利值应用 [J]. 决策与信息 (下旬刊), 2014(7): 87.
[120] 科斯 , 哈特 , 斯蒂格利茨 , 等 . 契约经济学 [C]. 李风圣 , 译 . 北京 : 经济科学出版社 , 1999.
[121] 周金泉 . 一种阶梯层次信用评估方法和评估系统 . 中国 ,109754132 [P].2019-05-14.
[122] 刘凤良 , 周业安 , 陈彦斌 , 等 . 行为经济学理论与拓展 [M]. 北京 : 中国经济出版社 , 2008.
[123] 李存金 . 行为经济学的理论、 方法与应用 [J]. 求实 , 2004(S1): 89-90.
[124] 明海英 . 行为经济学 : 揭示经济行为背后的情境因素 [EB/OL].(2018-09-15) [2018-09-15]. https://mp.weixin.qq.com/s?src=11&timestamp=1603520928&ver=2663&signature=yosUCEZjMPI4pxh30YLA7kKBdjQ6DOUF6pKwT2vbI45fpI2PcszAr3tOZOWKhyOamgwZsLMUg-rM8bSg2KG3kD9tBGSosEh0ughUHOptov-FMdDBN2GC84vWYIfbkLeY&new.
[125] 萨迪 . 网络层次分析原理及其应用 : 基于利益、机会、成本及风险的决策方法 [M]. 鞠彦兵 , 刘建昌 , 译 . 北京 : 北京理工大学出版社 , 2015.
[126] 方邦鉴 . 信用管理与信用风险防范 [M]. 北京 . 中国国际广播音像出版社 , 2006.
[127] 肖道斌 , 信用权的学理探微——论信用权纳入民事权利体系的理论基础 [J] 法制与社会 , 2010(20): 16-18.
[128] 吴晶妹 . 三维信用论 [M]. 北京 : 当代中国出版社 , 2013.
[129] 黄燕 . 我国科技信用评价体系研究 [D]. 武汉 : 湖北大学 , 2008.
[130] 吴晶妹 , 王银旭 . 以诚信度为基础的个人信用全面刻画初探——基于 WU’s 三维信用论视角 [J]. 现代管理科学 , 2017(12): 3-5.
[131] 赵斌 , 陈玉保 . 企业伦理与社会责任 [M]. 北京 : 机械工业出版社 , 2011.
[132] 河南大学经济学院团委 . 正 “经” 说 | 期末 , 你诚信了吗? [EB/OL].(2019-01-13)[2019-01-13]. https://www.sohu.com/a/288716562_100006025.
[133] 孙磊 . 信用体系演化的经济学分析 [M]. 北京 , 中国金融出版社 , 2010.
[134] 林钧跃 . 高级信用管理师 (中国就业培训技术指导中心组织编写)[M]. 北京 : 中国劳动社会保障出版社 , 2010.
[135] 加强新时代公民道德建设 为实现中华民族伟大复兴中国梦凝心铸魂——中央

宣传部负责人就《新时代公民道德建设实施纲要》答记者问 [EB/OL].(2019-10-27) [2019-10-27]. http://www.gov.cn/xinwen/2019-10/27/content_5445557.htm.
[136] 王晓辰 , 高欣洁 . 亲组织不道德行为的多层次模型 [J]. 心理科学进展 , 2018(6): 1111-1120.
[137] 宋立义 . 高质量发展对社会信用体系建设的新要求 [J]. 中国发展观察 , 2019(14): 38-39.
[138] 谢志强 . 创新社会治理 : 治什么 谁来治 怎么治 [J]. 党政视野 , 2016(8): 105-106.
[139] 孟迎辉 . 政治信仰与苏联剧变 [J]. 当代世界与社会主义 , 2008(4): 167-170.
[140] 阮传胜 . 公权力与私权利的边界 [EB/OL].(2012-11-12)[2012-11-12]. http://theory.people.com.cn/n/2012/1112/c49152-19553545.html.
[141] 林钧跃 . 社会信用体系 : 社会治理工具的最佳选择中国信用 ,2018([EB/OL]. (2018-12-27)[2018-12-27]. www.sohu.com/a/284836240_777813.
[142] 潘享清 . 现代国家治理体系中的几个核心要素 [J]. 中国行政管理 , 2016(5): 6-8.
[143] 柯武刚 , 史漫飞 . 制度经济学 : 社会秩序与公共政策 [M]. 韩朝华 , 译 . 北京 : 商务印书馆 , 2000.
[144] 全国组织机构代码管理中心 . 组织机构基本信息国家数字档案馆建设实录 [M]. 北京 : 中国质检出版社 , 2012.
[145] 杨述明 . 现代社会治理体系的五种基本构成 [J]. 江汉论坛 , 2015(2): 57-63.
[146] 沈岿 . 社会信用体系建设的法治之道 [J]. 中国法学 , 2019(5): 25-46.
[147] 洪漪 , 赵栋祥 , 赵一鸣 . 大数据环境下的信息架构与数据模型 [J]. 信息资源管理学报 ,2018(1):29-38
[148] 辛雅青 , 李镕臣 . 基于制度基础观的战略管理研究述评 [J]. 经济论坛 , 2015(8): 105-109.
[149] 陈金龙 . 论中国制度优势形成的内在机理 [J]. 湖湘论坛 , 2020(3): 5-12.
[150] 丁程 . 试析功绩制的价值依归 [J]. 理论观察 ,2007(5): 70-71.
[151] 李保东 . 结构方程模型在组织认同研究中的应用 [M]. 北京 : 经济管理出版社 ,2014.
[152] 张平华 . 连带责任弹性不足及其克服 [J]. 中国法学 , 2015(5): 118-139 页 .
[153] 段文波 . 要建事实理论视角下民事案件证明责任分配实证分析 [M]. 厦门 : 厦门大学出版社，2014.
[154] 韩强 . 论政治社会学的研究对象 [J]. 理论学刊 , 1999(4): 90-94.

[155] 徐炜 . 政治社会学的研究对象及其理论取向 [J]. 武汉大学学报 (人文社会科学版), 2000(3): 361–364.
[156] 钱志勇 , 凌华 , 陈怡 , 等 . 连带责任内部份额划分探析 [J]. 特区法坛 , 2013(6): 13–16.
[157] 刘一霖 . 关于民商法中连带责任的探析 [J]. 经济与法 , 2016 (6): 264.
[158] 周庆智 . 层社会自治与社会治理现代转型 [J]. 政治学研究 , 2016(4): 71–80.
[159] 商巍 . 社区自治与基层社会治理模式的重构分析 [J]. 法制与社会 , 2015(8) 201–202.
[160] 赵斌 , 陈玉保 . 企业伦理与社会责任 [M]. 北京 : 机械工业出版社 , 2011.
[161] 李文红 , 蒋则沈 . 分布式账户、 区块链和数字货币的发展与监管研究 [J]. 金融监管研究 , 2018 (6): 1–12.
[162] 长铗 , 韩锋 , 杨涛 , 等 . 区块链 : 从数字货币到信用社会 [M]. 北京 : 中信出版社 , 2016.
[163] 邹均 , 张海宁 , 唐屹 , 等 . 区块链技术指南 [M]. 北京 : 机械工业出版社 , 2016(11): 7.
[164] 韩镇阳 , 宫宁生 , 任珈民 , 等 . 一种区块链实用拜占庭容错算法的改进 [J]. 计算机应用与软件 , 2020(2): 226–233.
[165] 黎江 , 何京汉 . 区块链、分布式账本技术解读 [J]. 金融电子化 , 2016(3): 56–58.
[166] 许崇正 . 论分工与人的全面发展 [J]. 学术月刊 , 2006(10): 61–68.
[167] 王建军 . 分工概念的再界定及其与产业组织演进的关系 [J]. 企业经济 , 2008(3): 56–59.
[168] 刘军 , 解战原 . 马克思分工概念的两重涵义 [J]. 北京交通大学学报 : 社会科学版 , 2006(2): 45–48.
[169] 方鑫 , 马克思分工理论视域中人的自由全面发展 [J]. 长春工业大学学报 : 社会科学版 , 2011(1): 92–94.
[170] 刘旭雯 . 人工智能视域下的分工与人的全面发展——对马克思分工理论的思考 [J]. 社会主义研究 ,2019(4): 25–31.
[171] 倪勇 . 论正义问题 [J]. 武汉大学学报 : 人文科学版 , 1998(1): 14–18.
[172] 张钦朋 . 制度的正义功能及其实现 [J]. 中国特色社会主义研究 , 2013(5): 72–76.
[173] 黑格尔 . 法哲学原理 [M]. 范扬 , 张企泰 , 译 . 北京 : 商务印书馆 ,1997.
[174] 胡运权 , 郭耀煌 . 运筹学教程 [M]. 北京 : 清华大学出版社 , 2012.
[175] 李劲 , 李蕊 . 论改革开放以来中国社会阶层结构的变迁 [J]. 学理论 , 2013(29): 76–77.

[176] 李路路 . 改革开放 40 年中国社会阶层结构的变迁 [J]. 武汉大学学报 : 哲学社会科学版 , 2019(1): 168–176.

[177] 渠滢 . 我国政府监管转型中监管效能提升的路径探析 [J]. 行政法学研究 , 2018(6): 32–42.

[178] 谢军 , 王艳 . 责任冲突 : 含义、实质及意义 [J]. 道德与文明 , 2007(2): 80–83.

[179] 柳学永 , 叶素贞 . 企业社会责任 : 经典观点与理念的冲突 [M]. 北京 : 经济管理出版社 , 2013.

[180] 徐业坤 . 权力运行规范化中存在的问题和对策研究——基于国家治理现代化视角 [J]. 理论观察 , 2017(9): 63–66.

[181] G. HARDIN. The Tragedy of Commons[J]. Science,1968(162): 1243–1248.

[182] M. HELLER. The tragedy of the anti–commons: property in the transition from Marx to market[J]. Harvard Law Review, 1998, 111(3): 621–688.

[183] 徐国民 , 董妍 . 论社会分工与社会和谐 [J]. 求索 , 2009(8): 48–50.

[184] 廖志诚 . 新时代社会科学工作者的使命 [EB/OL].(2019–03–06)[2019–03–06]. http://theory.gmw.cn/2019–03/06/content_32609052.htm.

[185] 李大勇 . 社会治理中的分工与合作——以社会分工理论为分析框架 [J]. 信访与社会矛盾问题研究 , 2016(5): 29–41.

[186] 卓越 , 邹之坤 . 中国特色社会主义核心价值理念研究 [M]. 北京 : 中国社会科学出版社 , 2013.

[187] 施敏 , 陈超慧 . 法治社会辩析 [J]. 胜利油田党校学报 , 2016(1): 90–94.

[188] 江必新 , 王红霞 . 法治社会建设论纲 [J]. 中国社会科学 , 2014(1): 140–157.

[189] 周庆国 . 论公平、公正、正义与平等的相互关系 [J]. 南昌航空大学学报 : 社会科学版 , 2009(2): 49–53.

[190] 洋龙 . 平等与公平、正义、公正之比较 [J]. 文史哲 , 2004(4): 145–151 页 .

[191] 傅强 . 凯 · 尼尔森 . 对机会平等和结果平等理论的互镜与兼顾 [J]. 创新 ,2016(5): 63–69.

[192] 佚名 . 全民共享科技创新 . [EB/OL].(2018–09–15)[2018–09–16]. http://www.gov.cn/xinwen/2018–09/16/content_5322369.htm.

[193] 张玉梅 . 心理学理论在薪酬福利设计中的应用浅析 [J]. 企业改革与管理 , 2015(8): 74.

[194] 王桂枝 . 大学生党员的共产主义信仰强化之路 [J]. 世纪桥 , 2012 (15): 18–19.

[195] 杨建华 . 论社会信任的重构 [J] . 杭州 : 我们 , 2011 (11): 22–23.

[196] 习近平 . 决胜全面建成小康社会 夺取新时代中国特色社会主义伟大胜利——在中国共产党第十九次全国代表大会上的报告 [M]. 北京 : 人民出版社 , 2017.
[197] 王飞雪 , 山岸俊男 . 信任的中、日、美比较研究 [J]. 社会学研究 , 1999(2): 69–84.
[198] 王雪竹 . 基层社会治理 : 从网格化管理到网络化治理 [J]. 理论探索 , 2020(2): 76–80.
[199] 中共中央编辑委员会 . 邓小平文选 : 第 3 卷 [M]. 北京 : 人民出版社 , 1993.